KB200503

# 성서 이야기

# 성서이야기

## 3 신약편 상

이누카이 미치코 지음 / 이원두 옮김

한길사

# 성서이야기
## ❸ 신약편 ⑶

차례

# 제II기

TOC

# 제1기

제1장 **때가 되다**

## 1. 동트기 전

모든 사물과 사상(事象)의 성숙과 성취에는 시간이 필요하다. 씨앗이 땅속으로 들어가 즉각 싹이 트는 것은 아니다. 아주 미미하고 느리지만 확실한 변화를 내부에 간직한 채 자신을 둘러싸고 있는 대지의 온기와 미풍 그리고 햇볕과 빗방울을 기다리는 것이다. 반짝거리는 바늘로 대지를 찌르는 서리가 땅을 쓰다듬어 주는 물방울로 바뀌고 외계의 색깔이 싸늘한 금속빛에서 부드럽고 밝은 빛깔로 변하며 마른 나무와는 어울리지 않는 봄의 비바람이 지난해의 낙엽을 몽땅 쓸어가고 온 천지에 새로운 숨결이 되살아날 때를 씨앗은 어두운 흙 속에서 서서히 변화하며 기다리는 것이다. 때가 찬 뒤라야 비로소 씨앗은 껍질을 터트린다. 그리고 씨앗의 생명의 연장인 동시에 씨앗과는 전혀 다른 새로운 것이 탄생한다. 씨앗이 그때까지 살아온 세계와는 다른, 보다 넓은 천지로 그 새롭고 다른 것은 쑥쑥 자라 나온다.

구약시대는 씨앗의 비유를 빌려 말한다면 대지의 품, 어둠 속에 최초의 씨앗을 파종한 시대였다. 바람에 실려 아무 데나 떨어진 것이 아니라 선택되고 음미된 특정한 곳에, 어느 특정한 때에 하나님의 씨앗은 파종된 것이다.

특정한 곳이란 '강과 강 사이 지역'(메소포타미아)에서 태어난 아브라함의 영혼을 말한다. 특정한 때란 아브라함이 유일 절대신의 존재를 확신하고, 영혼 깊은 곳에서 속삭여 오는 그 유일 절대신, 즉 하나님의 소리를 듣고 거기에 다다르기로 결심한 순간을 말한다. 나아가서 그 속삭임에 이끌려 유목민답게 정든 땅을 떠나 수많은 가축떼와 함께 초원으로, 암석사막지대로, 혹은 대추야자나무가 무성한 오아시스로, 천막을 지고 아득한 팔레스티나의 푸른 초승달 지역으로 향하던 때를 말한다. 그것은 기원전 2000년경으로 추측된다. 이렇게 그는 유일신인 하나님을 믿는 사람들의 조상, 곧 '아버지'(함 라 아브)가 되어 아브라함이라고 이름을 바꾸게 되었다.

그 이후 세월은 서서히 돌고 돌았다.

아브라함의 자손들에게는 수많은 사건이 일어났다가는 사라졌다.

'젖과 꿀이 흐르는' 즐거움과 평안의 '약속의 땅'을 향해 모세의 인도로 광야를 방황하기를 40년. 불타는 가시떨기나무 가운데서 그 모세에게 자신의 본성을 알려주고 시내(시나이) 산 위, 우레 소리 속에서 십계를 내려준 일. 젊은 여호수아를 앞세워 난공불락의 요새 여리고를 함락시켜 요단(요르단) 강을 건너 새싹이 돋아나고 있는 가나안으로 들어갔던 일. 이스라엘이 열두 지파로 나뉘어 가나안에 정착했던 일. 이윽고 열두 지파 가운데 하나인 유다의 후예에서 왕을 선택, 다윗에 이어 솔로몬이 기원전 1000년경 예루살렘을 수도로 하여 왕국의 번영을 자랑하던 일. 레바논 백향목으로 예루살렘에 아름다운 성전을 세웠으나, 영화에 취한 나머지 교만이 생겨 마침내 왕국이 분열되고 이에 때맞추어 등장한 동북의 거인 앗수르(아시리아)의 침략시대. 뒤이어 바빌론에게 패퇴, 성전은 파괴되고 사람들은 포로가 되어 아득한 바빌론으로 끌려갔던 일. 바빌론을 대신하여 패권을 잡은 페

르시아의 관용정책에 따라 포로의 일부가 예루살렘으로 귀향한 사건. 그리
고 페르시아도 그리스 마케도니아의 알렉산드로스 앞에 멸망하고 그리스
세력이 다신교를 앞세워 예루살렘을 다스리던 시대. 푸른 지중해 저편에서
세력을 키워온 로마제국이 그리스를 일소하고 새로운 지배자가 되어 현란
한 문명을 바탕으로 역사상 일찍이 볼 수 없었던 거대한 영토를 장악, 예루
살렘도 당연하다는 듯이 속령에 편입시킨(기원전 63년) 뒤 폼페이우스 정
권의 괴뢰 헤롯(헤로데)이 로마의 명령을 받아 '유대인의 왕'으로서 성전을
재건하여 예루살렘을 실질적으로 로마에 넘기고 만 기원전 19년…….

그 동안 아브라함 자손은 '모래알처럼' 늘어나 때로는 하나님을 잊기도
하고 배반하기도 했으며 때로는 회개하면서도 새삼 지상의 영화에 마음을
빼앗기기도 했다. 그러나 또다시 회개하여 하나님의 언약을 소망하고, 희
망을 불태우기도 하고, 또는 실의의 나락에 떨어져 살아왔다. 하나님의 약
속은 기회가 있을 때마다 새롭게 되풀이되었다. 특히 하나님의 말씀을 맡
은 예언자들이 앗수르 전성기 때부터 때의 흐름을 누비듯이 화려하게 나타
나기 시작해 차츰 목소리를 높여가면서 하나님의 약속은 무(無)가 아니라
는 것, 때가 되면 반드시 이루어진다는 점을 강조하였다. 예를 들면 '이사
야'(여호와는 구원)가 있다. 그는 맡겨진 하나님의 말씀을 이렇게 외치고
있다.

헛된 제물을 다시 가져오지 말라.
……
너희는 스스로 씻으며
스스로 깨끗하게 하여
내 목전에서 악업을 버리며
악행을 그치고
선행을 배우며 공의를 구하며

학대받는 자를 도와주며
고아를 위하여 신원하며
과부를 위하여 변호하라.
(그렇게 하면) 너희 죄가 주홍 같을지라도
눈과 같이 회어질 것이요
진홍같이 붉을지라도
양털같이 되리라.
· 「이사야」 1 : 13~18

뉘우쳤다가도 다시 언약을 잊어버린 채 진심이 깃들지 않은 제물만 제단
에 바치고 겉치레로만 계명을 지키는 것으로 만족하는 완고한 마음과 연약
한 심령을 향해.

보라
심판의 날이 다가오리니……
이스라엘의 빛은 불이요
그 거룩한 자는 불꽃이라.
하루 사이에
그의 형극과 질려가 소멸되며
그 삼림과 기름진 밭의 영광이 전부 소멸되리니…….
· 「이사야」 10 : 17

그 정화(淨化)의 불꽃에 살아남을 자는 얼마 되지 않는다.
그러나 정화의 도구인 재난이 이방제국의 압정과 지배의 형태로 나타났
을 때 어린 양의 깨끗한 마음으로 그것을 참아낼 자들이 남아 있는 한,

(보라, 그때 주가 오시리니, 빛과 함께 오시리니.)
그는 목자같이
양 무리를 먹이시며
어린 양을 그 팔로 모아 품에 안으시며…….
• 「이사야」 40 : 11

또 바빌론이 아시리아의 뒤를 잇는 격동의 시기, 또 다른 예언자 예레미
야는 다음과 같이 노래했다.

주 하나님의 말씀…….
내가 내 양 무리의 남은 자를
그 몰려갔던 모든 지방에서 모아내어
다시 그 우리로 돌아오게 하리니.
……
내가 그들을 기르는 목자를
그들 위에 세우리니…….
• 「예레미야」 23 : 3

사슬에 엮이어 바빌론의 대하로 끌려간 뒤 그곳에 정착한 무리는 말할
것도 없고 그리스 시대, 알렉산드리아까지 '흩어져 간 사람들'(디아스포라)
도 이들 예언을 되새겨 읽으면서 결국 오게 될 목자를 기다렸다. 그러나 누
구보다도 절박한 마음으로 예언서의 말씀을 기회 있을 때마다 되새기고 있
는 사람들은 로마제국 식민 속령의 일개 거점으로 떨어진 예루살렘과 그
주변 유다 마을 백성들이었다.
극히 실제적이고 현실적인 로마인은 광대한 영토와 수십 종족에 달하는
이민족을 장악한 지배자에 걸맞게 도량을 베풀었다. 그러나 그 내면에는

힘없고 가난한, 그리고 찬란한 로마문명과는 비교가 되지 않는 피지배 민족의 낮은 문명에 대한 경멸도 섞여 있음이 분명했다. 시시한 여호와를 믿는 백성이 예배를 드리고 모세라는 사람이 남겨놓았다는 바보스러운 율법서를 낭독하기 위해 회당(시나고그)을 여기저기 세워 안식일마다 집회를 가지는 것에 대해 전혀 신경을 쓰지 않았다. 못 본 척 내버려두었다.

예루살렘 성전만 하더라도 그들의 것이라지만 궁극적으로는 지배자 로마에 머리 숙여 복종하는 헤롯의 소유물인 이상, 큰 제사 때마다 모여드는 예배객을 상대로 가게를 차려 그 장소 값으로 받은 매출의 일부를 성전에 적을 둔 제사장과 율법 해석학자들에게 바치는 것을 알고도 모른 척했다. 원칙대로라면 그것은 세금으로 거두어들여야 할 몫이었다. 로마의 입장에서 볼 때, 그 모든 것은 아주 작은 일에 지나지 않았다. 중요한 것은 피정복의 유대인들이 로마 주권을 거스르지 않고 일반적인 세금 징수와 질서에 복종하는 것이었다. 반란 따위는 꿈도 못 꾸게 하는 것이 무엇보다 중요한 일이었다. 백부장을 우두머리로 한 백 명 단위의 주둔군 소대를 요소요소에 배치했고 보다 큰 마을에는 천부장이 이끄는 천 명 단위의 부대를 배치하여 백성의 동향을 감시했다. 야심만만한 로마인 빌라도를 유대 지방 전권 총독으로 삼아 그와 호흡이 잘 맞는 헤롯과 함께 전 유대인을 장악케 하고 있었다.

아첨과 복종에는 반대급부가 따르게 마련, 헤롯은 예루살렘 언덕에 장려한 궁전을 가질 수 있게 되어 '왕'이란 호칭에 걸맞는 호세(豪勢)를 자랑했다. 보다 소박한 의미에서 볼 때 헤롯의 나날은 만족스러운 것이었다. 그 이상 더 바랄 것이 없었다. 그는 사치와 안락에 취해 자신의 욕망을 채우기 위해서라면 잔학과 불의를 서슴지 않았다.

그러나 예루살렘에서 유다 언덕, 요단 계곡에서 갈릴리 들판에 이르는 지역에서 소박한 나날을 보내고 있는 백성들로서는 일상 속으로 파고드는 로마 계율과 권위가 낯선 것일 수밖에 없었다. 그들은 고향 땅에 살면서도 고향을 잃어버린 자들의 비애를 뼈저리도록 느낄 수 있었다. 율법이 엄격하게 금하고 있는 각종 향락이 이교 로마문명의 하나로서 주둔군의 막사안과 총독 저택의 연회자리에 가득 넘쳐 흘렀다. 유대 백성들에게는 그것이 거룩한 도성에 대한 모독이었다. 모든 우선권은 로마인이 가지고 있었다. 땀흘려 가꾼 첫 수확물은 로마 권위의 총본산인 원로원을 위해 세금으로 바쳐야 했던 것이다.

눈을 들면 싫더라도 보지 않을 수 없는 성전조차도 지금은 로마 권력의 간접적인 증거에 지나지 않았다. 그 옛날 솔로몬이 세웠고 느헤미야가 정성 들여 수리한 성전이 위로와 격려를 가져다 주었던 데 반해 지금은 뼈저린 굴욕과 비통을 맛보게 할 뿐이었다.

이대로 우리는 망하고 마는 것은 아닐까?

마음속 깊이 그러한 위기감을 한두 번 느껴보지 않은 사람이 없었다.

"하나님의 언약을 받은 백성이 정말 우리인가? 약속의 나라는 과연 오는 것일까……."

> 너희는 정답게
> 예루살렘에 말하며
> 그것에 외쳐 고하라.
> 그 복역의 때가 끝났고
> 그 죄악의 사함을 입었느니라.
> 외치는 자의 소리여 가로되
> 너희는 광야에서
> 여호와의 길을 예비하라.

이사야는 그렇게 노래했지만, 그러나 그것은 언제인가? 위안도 받지 못한 채 그들은 예언서를 정신없이 읽어 내려갔다.

내가 들은즉 그 세마포 옷을 입고
강물 위에 있는 자가
그 좌우 손을 들어 하늘을 향하여
영생하시는 자를 가리켜 맹세하여 가로되
반드시 한 때 두 때 반 때를 지나서
성도의 권세가 다 깨어지기까지
그렇게 되면 이 모든 일이 끝나리라 하더라.

자신도 포로가 되었던 예언자 다니엘이 바빌론의 대하, 유구한 유프라테스 강변에서 분명히 노래한 '한 때', '두 때'란 언제를 말함인가?
위기감과 끝없는 굴욕, 비통과 초조는 그대로 절박하게 기다리는 마음의 한 단면이기도 했다.

내가 내 양 무리의 남은 자를
그 몰려갔던 모든 지방에서 모아내어
다시 우리로 돌아오게 하리니.
내가 그들을 기르는 목자들을
그들 위에 세우리니……

강대한 통일국가 로마의 빈틈없는 행정 아래서 그들은 기다렸다. 기다리기에 지쳤으나 그래도 기다렸다.
그러나 실은 그때(기다리는 때)야말로 하나님의 '때'였던 것이다. 어두운 겨울이 지나가고 봄의 빛줄기는 바로 눈앞에 와 있었다. 어두움의 절정은 바로 빛이 가까워졌음을 의미하는 것이 아닌가.
아브라함을 통해 '구약시대'라는 흙 속에 뿌려져 2천 년 동안, 비록 사람들 스스로는 모르고 있었다 하더라도 차츰차츰 익어온 약속의 씨앗이 씨앗의 연장이면서도 전혀 다른 생명이 되어 흙 속에서 솟아나 공간적으로나 시간적으로나 비교가 안되는 넓은 세계로 싹을 돋아오르게 할 때가 바로 눈앞에 와 있는 것이다. 로마 황제 티베리우스(Tiberius : 성서에는 디베료로 표기. 서기 14년에 즉위한 로마제국 제2대 황제-옮긴이) 14년, 서기 27년이었다.

## 2. 소리

요단 강은 저 멀리 만년설을 이고 있는 북방, 시리아의 헤르몬 산에서 발원하여 여리고 동남의 사해로 들어간다.

늦가을이었다.

중동의 맑은 하늘이기는 하지만 키 큰 파피루스 갈대가 우거진 강변의 풀섶에는 이미 여름의 여운은 흔적도 없었다. 투명한 하늘은 오히려 날카로움조차 느끼게 했다.

강 오른쪽, 여리고가 코앞에 바라다 보이는 강 기슭, 베다니라 불리는 마을에서도 멀지 않은 강변에 어느 날, 그 지역 전통의 긴 자락 베옷과는 다른, 그렇다고 로마식도 아닌 낯선 차림의 장년 남자가 홀연히 나타났다. 햇볕에 그을린 그는 "약대(낙타) 털옷을 입고 허리에 가죽띠를 띠고 있었다" (마태복음 3 : 4).

강변에는 길이 나 있었다. 요단 방면에서 예루살렘으로 올라가는 간선로였다. 성전의 가을 제사를 눈앞에 둔 시기여서 평소에도 붐비던 길이 부쩍 늘어난 사람들로 인해 더욱 붐비고 있었다. 장사치, 성전 입구에서 통행세를 걷는 세리(稅吏), 순찰병사들과 함께 뒤섞여 많은 사람들이 그 길로 지나갔다. 그래서 강변의 길을 가던 사람들은 서른 안팎으로 보이는 털옷 차림의 그 사람을 똑똑히 볼 수 있었다.

좁은 지역사회의, 더욱이 기억력이 뛰어난 장로들의 말을 들어볼 것도 없이 사람들은 그가 누구인지 금방 알아보았다. 마을과 마을로 수군대면서 번져갔던 그의 출생과 연관된 소문을 사람들은 기억 속에서 되살려냈던 것이다.

그는 유다 지파, 아인카리움 마을의 제사장 사가랴의 아들 요한이라고 사람들은 말했다.

> 이 아이여
> 네가 지극히 높으신 이의
> 선지자라 일컬음을 받고
> 주 앞에 앞서 가서 그 길을 예비하여
> 주의 백성에게
> 그 죄 사함으로 말미암는 구원을 알게 하리니.
> • 「누가복음」 1 : 76~77

태어날 때 예언을 받았다는 요한은 총명한 아이로 아인카림을 비롯한 주변 일대에 널리 알려져 있었다. 청년이 된 그는 어느 날 예루살렘과 헤브론 산을 잇는 깊은 골짜기 동편의 황량한 산 속으로 자취를 감추었다. 그리고 두 번 다시 마을로 나오지 않았다. 산 속에서 도대체 무엇을 하고 있는 것일까? 무엇으로 어떻게 연명하고 있는 것일까?

중동 암석산지에 엄청나게 서식하고 있는 메뚜기와 들에 군생하고 있는 꿀벌의 꿀을 따먹으면서 살았던 것으로 생각된다.

그렇게 몇 년인가가 흘러갔다. 자주 보지 않으면 낯이 설어진다는 속담대로 사람들은 그를 잊고 있었다. 그런데 그가 돌연 강변에 모습을 드러낸 것이다. 누군가의 부름을 받기라도 한 듯, 또 사라지던 날과 다름없이 당돌하게 그는 강변 길 위에 우뚝 서 있었다.

그렇다. 그는 '소리'의 부름을 받았던 것이다.
그리고 그 자신이 '소리'였던 것이다.

　　외치는 자의 소리여. 가로되
　　너희는 광야에서
　　여호와의 길을 예비하라.
　　사막에서 우리 하나님의 대로를
　　평탄케 하라.
　　골짜기마다 돋우며
　　작은 산마다 낮아지며
　　고르지 않는 곳이 평탄케 되며
　　험한 곳이 평지가 될 것이요.
　　• 「이사야」 40 : 3~4

　왕이 길을 떠나면 앞서 달리는 자가 소리 높여 왕의 행차를 알리고 사람들에게 험한 길의 정비를 강요하는 것이 중동지방의 오랜 관습이었다. 그래서 광야에서 외치는 소리는 선구(先驅)를 의미하는 것이었다.

　　외치는 자의 소리여
　　광야에서 외치는 소리여
　　주의 길을 예비하라.
　　그때 주의 영광이 나타날지니…….

　그를 발견한 사람들은 걸음을 멈추었다. 그러나 그를 '선구의 소리'로 받아들이지는 않았다. 왜냐하면 그는 걸음을 멈춘 한 사람 한 사람에게 범할 수 없는 품격과 태도로 성급히 그리고 엄숙하게 호소했기 때문이었다.

"회개하라, 하늘 나라가 가까이 왔다!"

그는 풀섶을 헤쳐 나가 한 사람 한 사람을 요단 강물 속에 끌어넣었다.

"회개의 징표로 씻는다."

그렇게 말하면서 복사뼈가 잠기도록 강물 속으로 불러들인 다음 두 손으로 물을 떠 머리에 뿌렸다.

> 대저 나는 내 죄과를 아오니
> 내 죄가 항상 내 앞에 있나이다.
> 내가 죄악 중에 출생하였음이여
> ......
> 우슬초로 나를 정결케 하소서.
> 내가 정(淨)하리이다.
> 나를 씻기소서.
> 내가 눈보다 희리이다.
> • 「시편」 51 : 3~7

여호와께서 모세에게 일러 가라사대

"너는 이같이 하여 그들을 정결케 하되, 곧 속죄의 물로 그들에게 뿌리고……."(민수기 8 : 7)

모세는 물두멍을 회막과 단 사이에 두고 거기 씻을 물을 담고, 자신과 아론과 그 아들들이 거기서 수족을 씻되 그들이 회막에 들어갈 때와 단에 가까이 갈 때 씻었으니 여호와께서 모세에게 명하신 대로 되니라(출애굽기 40 : 30~33).

씻다——이것은 유대 민족뿐만이 아니라 동양에서도 중근동에서도 예부터 중시되어온 상징적 의식이었다. 내면의 오염에서 벗어나는 것을 외면을

씻는 것으로 표현하고 상징하는 관습이 어느 민족에서나 생활 습관 깊숙이
자리잡고 있었다.

"회개의 징표로 씻자!"

요한의 외침을 사람들은 솔직히 받아들였다. 그러나 성전의 제사장이나
율법학자들과 요한의 차이는 '설치된 물두멍'으로 사람들을 인도하지 않은
것과 정해진 세례 헌금을 전혀 요구하지 않는다는 점이었다. 요한 자신을
위해서도 구하지 않았고 성전으로 올라가서 씻김의 징표를 봉헌하라고도
말하지 않았다. 그것은 사람들이 놀라기에 충분한 새로운 태도, 새로운 언
동이었다.

더군다나 이 새로운 언동에는 무엇인가 범할 수 없는 힘이 작용하고 있
는 것처럼 느껴졌다.

"이 사람이 아닐까, 어쩌면……."

물에서 나온 한 사람이 문득 중얼거렸다. 그것은 비록 강도의 차이는 있
을지언정 누구나 마음속으로 느끼고 있던 것을 말로 표현한 데 지나지 않
았다.

"오실 이란 바로 이 요한이 아닐까? 뿔뿔이 흩어진 여호와의 백성을 하
나로 모을 목자란 이 사람을 가리키는 것이 아닐까?"

속삭임은 요단 강변 길을 따라 예루살렘으로 올라가는 사람들의 입을 통
해 차츰차츰 퍼져나갔다. 과장에 과장이 거듭되다가 마침내 '그 사람'으로
단정되기에 이르렀다.

하나님의 거룩한 기름을 부어받은 자(메시아. 그리스어로는 그리스도,
라틴어로는 크리스투스), 다시 말하면 구세주가 그 옛날 약속의 땅으로 백
성을 인도했던 여호수아의 연고지에 나타났다는 소문이 번져나갔다.

권한도 희망도 무엇 하나 가진 것이 없는 피정복민의 비통감이 그들로
하여금 이처럼 조급한 단정에 매달리게 했다. 요단으로 요단으로, 사람들
은 앞을 다투어 몰려들었다.

이러한 소문과 사람들의 동태는 당연히 예루살렘의 제사장과 대제사장, 그리고 율법학자들 귀에도 들렸다. 그들의 직무가 모세 이래의 거룩한 기록의 해석과 전승, 그리고 가르침이었기 때문에 예언서와 「시편」 곳곳에 적혀 있는 '오실 이'에 대해 그들은 잘 알고 있었다. 그들 역시 기다리고 있었다.

율법서를 비롯한 다른 기록의 거룩한 지식과 학문의 전문가로 자처하고 있는 그들은 전문지식과 학문에 비추어 누가 그야말로 적혀 있는 대로 오실 이, 그리스도인지 판단할 권위와 권리는 그들에게 있다고 자부하고 있었다. 배움이 없고 무지한 일반 백성 사이에 퍼지고 있는 소문은 십중팔구 믿을 만한 것이 못된다고 생각했다. 그 때문에 그들 가운데 적지 않은 사람이 소문의 진위를 확인할 목적으로 군중에 섞여 요단 강변으로 걸음을 재촉하고 있었다.

요한 주변에는 이미 노인에서 아녀자에 이르기까지 엄청난 사람들이 몰려와 있었다. 그 가운데는 같은 유대 민족이면서도 동포가 땀흘려 가꾼 결실을 이교도 로마인을 위해 매정스럽게 거두어가는, 곧 부정한 돈을 다룬다 해서 비천하기 짝이 없는 계층으로 몰리던 세리도 섞여 있었다. 또 유대 민족에게만 약속된 하나님의 구원과는 아무런 관계도 없는 로마인들도 간혹 보였다.

제사장과 율법학자들은 인파가 짓밟아놓은 풀섶으로부터 한걸음 떨어진 곳에 자리를 잡았다. 속으로는 힐책할 말을 곱씹으면서……

그러나 물에 젖은 약대 털옷의 요한이 한걸음 빨랐다. 그는 선수를 쳤다. 성전의 권위자들이 찾아온 것을 보고 놀라 움직임을 멈춘 사람들의 머리 너머로 시선을 던진 그의 입에서는 광야를 휩쓰는 바람보다 더 날카로운 말이 쏟아져 나왔다.

　독사의 자식들아!

독사. 그것은 전갈과 함께 예루살렘을 비롯하여 중근동 도처, 특히 암석 지대에 서식하는 두렵기 짝이 없는 생물이었다. 암석과 같은 색깔이어서 사람들의 눈에 잘 띄지 않을 뿐만 아니라 조금도 소리 내지 않고 곧잘 사람들을 덮쳤다.

일단 물리고 나면 체내에 스며든 독을 제거할 방법이 없었다. 엎어지고 자빠지면서 몸부림치다가 물 한 방울 없는 사막에 쓰러져 죽을 수밖에 없다. 그 때문에 독사는 죽음을 부르는 독의 별칭이기도 했다.

요한은 거룩한 약속의 기록 주해자(注解者)들을 독사라고 매도한 것이었다. 율법 교수를, 영적(靈的) 지도자를 독사라고.

> 하늘아, 나의 말에 귀를 기울여라.
> 땅아, 나의 입에서 나오는 말을 들어라.
> 비뚤어지고 뒤틀린 세대
> 어리석은 백성아,
> 그들의 포도주는
> 뱀의 독으로 담근 독한 술이요
> 독사의 독이 그득한 술이다.
> • 「신명기」 32 : 1 ; 6 ; 33

누구 하나 움직이는 사람이 없었다. 제사장도, 학자도, 군중도 꼼짝하지 않았다. 너무도 놀란 나머지, 제사장과 학자들은 분노를 터뜨리는 것조차 한 순간 잊어버린 것 같았다. 요단 강의 물소리와 때때로 바람이 풀잎을 스치고 지나가는 소리만이 들렸을 뿐이다.

이윽고 세례 요한은 확인하듯, 다짐을 놓듯 강한 목소리로 입을 열었다. 여전히 자신의 상대를 군중들에게 손가락으로 가리켜 보이면서.

독사의 자식들아
누가 너희에게 다가올 징벌을
피하라고 일러주더냐?
회개의 알맞는 열매를 맺어라.
너희는 속으로
"아브라함은 우리의 조상이다" 하고
말하지 말아라.

이어서 그는 어안이 벙벙하여 멍한 눈으로 그를 바라보고 있는 수많은 가난한 백성에게로 눈길을 돌렸다. 들에서 땀흘려 일하는 농사꾼인 그들이 알아듣기 쉬운 비유를 들어 입을 열었다.

도끼가 이미 나무 뿌리에 놓였으니
좋은 열매를 맺지 않는 나무는
다 찍혀서 불 속에 던져진다.
나는 너희를 회개시키려고 물로 세례를 주거니와
내 뒤에 오시는 이는 나보다 능력이 많으시니
나는 그의 신끈을 풀기도 감당치 못하겠노라.
그는 성령과 불로 너희에게 세례를 주실 것이요
손에 키를 들고
자기의 타작마당을 정하게 하사
알곡은 모아 곳간에 들이고
쭉정이는 꺼지지 않는 불에 태우리라.
• 「누가복음」 3 : 9 이하, 「마태복음」 3 : 11 이하, 「마가복음」 1 : 7 이하

그것은 소박한 마음으로 오로지 그리스도를 기다리는 군중을 깨우쳐 주

는 것인 동시에 마음이 깃들지 않은 헛된 제물을 제단에 바치는, 믿음을 껍질로만 남게 하면서도 스스로 '가르치는 자'의 지위와 명예를 자랑하는 제사장과 학자들에 대한 선전포고이기도 했다.

또한 불행한 사람들을 도와주기에 앞서 율법의 한마디 한마디를 협소하게 자기 식으로 해석함으로써 불행한 사람들에게 새로운 짐을 지워주는 율법학자의 추상론에 대한 도전이었다.

광야에서의 십수년 간 세례 요한은 무엇을 보고 무엇을 들었던 것일까?

그가 본 것은 우선 그 자신의 사명이었다. 그것은 과도기의 중핵에 선 자의 사명이었다. 묵은 언약과 묵은 가르침에 바탕한 묵은 단계의 한 시대가 지나가는 밤처럼, 달려나가는 전구자(前驅者)의 발걸음처럼, 시간의 저편으로 허무하게 사라지는 아침처럼, 우렁차게 달려오는 본대(本隊)처럼 새로운 언약과 새로운 가르침이 오고 있는 중간에 그는 서 있었다.

가버려야 할 것과 와야 할 것과의 사이에는 변화가 가로놓여 있게 마련이다. 그 변화에 순응할 수 없는 자는 당연히 항거하게 된다. 새로워져야 할 모든 것은 사람의 마음에게도 새로운 결의를 갖추도록 요구한다.

새로운 눈과 새로운 마음이 필요하게 되는 것이다. 그러한 눈과 마음을 거부하는 낡은 자는 오게 될 모든 것에 대해 보다 격렬한 저항을 시도한다.

그러나 새로운 것은 반드시 오게 되어 있다.

씨앗이 터져 싹이 돋아나지 않는 한 생명을 완전케 할 수는 없다.

광야의 세례 요한은 발 소리를 들었다. 하나의 결정적인 개막을 동반한 발걸음 소리를 들었다. 그는 다가오고 있는 그 발걸음 소리를 사람들에게 알리기 위해 부름을 받은 것이었다. 그는 '소리'였다.

옛것을 고집하고, 이른바 옛것에 숨겨진 제1단계적 생명을 타파하고, 단지 형체만으로 격하된 옛것에 집착할 것을 사람들에게 가르치면서 자기만족에 도취해 있는 옛 '지도자들'을 규탄하는 소리이기도 했다.

독사의 자식들아
독의 자식들아!
쭉정이는 모아
꺼지지 않는 불에 태우리라.

그는 또 광야를 보았다.
씨앗이 싹으로 변했을 때, 그때까지의 좁은 땅속을 뚫고 무한의 우주, 넓은 공간으로 나오는 것을 보았다.
그와 동시에 낡은 언약은 새로운 언약으로 바뀌면서 그 스케일도 커질 것이었다. 하나님과 새로운 언약을 맺는 백성의 범위는 무한하게 넓어질 것이었다. 그리고 거기서도 다시 확대를 바라지 않는, 옛 범위를 고집하는 자와의 사투가 전개될 것이었다.

새로워져라,
거듭나도록 하라.

그러한 외침은 저항을 받을 수밖에 없는 것, 새로워지라는 것 자체가 이미 선전포고가 아닌가!
제사장과 학자들은 강변을 뒤로했다. 분노에 차서 세례 요한이 퍼부은 한 마디 한 마디를 분명하게 기억 속에 접어넣으면서도, 일말의 불안과 호기심 그리고 의심을 품은 채.
"그 자의 정체가 뭘까?"
가까운 장래에 제사장들은 다시 강변을 찾아올 것이 분명했다. 불안을 가라앉히고 마음을 놓을 수 있도록 약대 털옷 남자의 정체를 확인하기 위해 다시 올 것이 틀림없었다.
그들이 물러가자 세례 요한의 표정에 변화가 일고 있음을 군중은 읽을 수 있었다. 규탄의 대상이 없어진 지금, 그는 늠름한 풍채와 매력이 넘치는 군중의 인도자 모습으로 되돌아왔다. 눈빛에도 부드러움이 깃들어 있었다. 군중은 안도하면서 웅성거리기 시작했다.

"들어보자."

"물어보자."

"새로워지라는 건 도대체 무슨 뜻인가?"

알기 쉽게, 누구나 한번 들으면 금방 알아들을 수 있게 비유로 든 수확마당의 쭉정이라는 말이 그들의 마음속에 하나의 비전과 희구(希求)를 일깨워주고 있었다.

허망한 쭉정이가 되고 싶지는 않았다. 풍요한 알곡이 되어 구원받고 싶었다.

"무엇을 해야 합니까?"

사람들은 입을 모아 세례 요한에게 물었다.

제사장과 학자들이 입버릇처럼 강조하고 있듯이 제물을 제단에 바쳐야 하는 것일까. 땀흘려 씨를 뿌려 가꾼 곡식을 키질해서 율법서에 적힌 대로 10분의 1을 성전에 바쳐야 하는 것일까.

"마음을 새롭게 하기 위해서 무엇을 어떻게 해야 합니까?"

세례 요한의 대답은 다시 한번 그들을 놀라게 했다. 지금까지 배우고 들었던 것과는 전혀 다른 것이기 때문이었다.

"옷 두 벌 가진 사람은 옷 없는 사람에게 나누어 주고 먹을 것을 가진 사람도 그렇게 하여라."

사람들은 한동안 침묵했다. 서로 얼굴을 마주 바라보는 사람도 있었다. 비록 가난한 그들이었으나 보다 더 가난한 사람으로부터 도와달라는 요청을 한두 번쯤은 받은 적이 있었다. 빵 한 조각, 밀 한 움큼을 빌리러 온 사람이 있었다. 빌리러 온 사람의 태도가 마음에 들지 않아 거절하기도, 아예 무시한 적도 있었다. 어쩌면 그것이 내일의 내 모습일지도 모른다는 생각에서 도와준 사람도 있었다. 그러나 거절한 사람도 지금 다시 생각해 보면 그때 한 움큼 줬다 해서 당장 살림에 주름살이 끼는 것은 아니었다.

지금 요한이 말하고 있는 것은 '차고 넘쳐 처치 곤란한 것을 나누어주라'는 것이 아니다. 자비심을 불러일으키는 상대만 도와주라는 것도 아니다. 단지 가진 자는 가지지 못한 자에게 나누어 주라고 한다. 사람들은 소박한 머리와 마음으로 그 말을 되새겨 보았다. 하나님 나라를 준비하는데 그것만으로 충분한 것일까. 나누어 가지라는 뜻일까. 상대에 따라서는 결코 쉬운 일이 아니었다. 그러나 가난한 자와 걸인이 도처에 깔려 있는 이곳 사정을 감안할 때 세례 요한의 대답에는 강한 일상성이 깃들어 있었다. 그만큼 사람들의 심금을 울려주는 것이기도 했다. 입성을 갖추고 없는 돈을 이리저리 둘러대어 헌물(獻物)을 사서 예루살렘 언덕으로 올라가야 하는 '특별한 행사'와는 비교가 되지 않는, 아무나, 어디서든, 언제나 할 수 있는 것이었다.

'아무나 할 수 있는 것이 하나님 나라를 준비하는 일이라면…….'

자신들도 할 수 있는 것이 있을지 모른다고 군중에 섞여 있던 세리들은 생각했다. 불결한 자라는 낙인이 찍힌 채 점령자 로마의 비위를 맞추는 매국노로 경멸당하면서도 목구멍이 포도청이라 어쩔 수 없이 축복받지 못하는 직업에 매달려 있는 자신들에게도 할 일이 있을지 모른다는 생각이 들었다.

"그렇다면 우리는 어떻게 해야 합니까?"

세리 가운데 한 사람이 용기를 내어 세례 요한에게 물었다. 언제나 입버릇처럼 "너희들 배신자, 죄인" 하고 쏘아붙이는 제사장이나 학자들과는 인품이 다름을 그들은 이미 꿰뚫어보았기 때문에 물을 용기를 낼 수 있었다. 세리의 물음에 대한 요한의 답변은 그들의 의표를 찌르는 것이었다.

"정한 세 외에는 억지로 더 걷지 말라. 아첨과 부정을 멀리하라. 정해진 세금 외에 수수료 따위를 강제하지 말라."

가슴이 뜨끔한 자도 있었다. 마음에 뭔가 짚히는 자도 있었다. 그러나 그런 자들도 요한이 한 말은 얼마든지 받아들일 수 있었다. 마음만 먹으면 얼마든지 실천할 수 있는 일이었다. 세례 요한은 그들에게 성전으로 올라가서 제사장과 율법학자 앞에 엎드려 여러 사람들 앞에 자신의 비천함을 드러내며 참회하라거나 직업을 바꾸라는 따위의 거창한 말은 한마디도 하지 않았던 것이다.

군중을 헤치면서 로마 병사 몇 사람이 앞으로 나왔다. 권위와 권력의 앞잡이라고는 하지만 그들 역시 가난한 사람들이었다. 조국과는 멀리 떨어진 이곳, 분할통치 속령에 근무하면서 지역민들에게는 기피당하고 상관에게는 경멸당하는 신세였다. 쌓이고 쌓인 불만과 울분 때문에 때로는 자포자기했으며 난폭해지기도 하고 자기혐오에 빠지기도 했다. 가까이 오고 있다는 하나님의 나라가 무엇인지 비록 알지 못했으나 그들 역시 마음속으로 무엇인가를 찾고 있었다. 누구나(세리조차도) 할 수 있을 것 같은 일을 요구하는 세례 요한의 말에 이끌려 로마 병사도 용기를 낼 수 있었다. 성전이 어떻고, 유다 하나님이 어떻고를 앞세우지 않는 세례 요한에 마음이 끌렸던 것이다.

"그럼 우리는?"

군중 속에서는 적지 않은 동요가 일어났다. 하나님의 나라는 선택받은 아브라함의 자손, 다시 말하면 유대 민족에게만 언약된 나라가 아닌가. 오실 이는 유대 민족만의 그리스도가 아닌가. 이교 로마, 그것도 유대 민족을 정복한 통치자들의 앞잡이에게 하나님의 나라가 허용될 수 있단 말인가.

그러나 세례 요한은 로마 병사의 물음도 역시 변함없는 태도로 받아들였다. 그가 로마 병사의 물음을 받아들여 준비하고 기다려야 할 하나님의 나라에 대한 답변을 시작하는 순간, 보이지 않는 곳에서 하나의 한계가 허물어졌다. 그 한계란 하나님 나라가 전구(前驅) 백성인 유다에만 국한되어 있다는 점이었다. 하나님의 입장에서 말한다면 하나님은 인류의 근원(창세

기 1 : 22)이며 땅 끝의 모든 백성에게 구원을 베푸는(이사야 45 : 22) 만
민의 주님으로 자리하고 있는 것이다. 다만 유일신으로서의 자신의 존재를
최초로 나타내어 보인 상대가 선민(選民) 아브라함의 자손이었을 뿐이다.
그러나 이러한 하나님의 뜻이 역사 안에서, 백성의 마음속에서 구원과 평
안은 선민만을 위한 것으로 한계지어졌던 것이다.

강변의 풀섶을 스치고 지나가면 두번 다시 돌아오지 않는 바람처럼 세례
요한 앞에서 옛 시대는 사라지고 있었다.

> 여호와께서
> '열방'의 목전에서
> 그 거룩한 팔을 나타내셨으므로
> 모든 땅 끝까지도
> 우리 하나님의 구원을 보았도다.
> • 「이사야」 52 : 10

"남의 것을 강탈하지 말라. 권력을 앞세워 심술을 부리지 말고 듣고 본
것이라고 하여 진위를 확인함이 없이 사람을 고발하지 말라. 가난한 자들
에게 공물을 요구하지 말고 너희 봉급으로 만족하라."

그 정도로 정말 괜찮을까? 자질구레한 사건이 줄을 잇는 일상 속에서 그
정도만으로 구원의 준비가 된단 말인가? 그러나 그런 것은 모두 세리에게
는 세리 나름대로, 군인에게는 군인 나름대로 농사꾼이나 목동에게는 또
그들 나름대로 한 사람 한 사람이 경험한, 그리고 한 사람 한 사람에게 빈
틈없이 맞아떨어지는 것들이었다. 요한의 한마디 한마디는 극히 개인적인
깨우침이 되었다. 더군다나 그런 것들을 알아듣기 쉽게 알리는 요한의 말
투에는 말로 표현할 수 없는 위엄이 서려 있었다.

"역시 이 사람이 아닐까?"

"우리를 인도할 목자란 이 요한을 가리키는 것이 아닐까?"

실제 약대 털옷을 입은 그는 세례를 받으라고 강조하면서 날마다 물살이 급한 요단 강에서 수많은 사람에게 세례를 주고 있지 않은가.

여호와는 나의 목자시니
그가 나를 쉴 만한 물가로 인도하시는도다.
• 「시편」 22 : 1

주의 많은 자비를 좇아
내 죄과를 도말하소서.
나를 씻기소서.
내가 눈보다 희리이다…….
• 「시편」 51 : 1~7

"그렇다! 이 사람일 것이다……."

로마 병사들은 유대인들이 주고받는 '이 사람'의 의미를 알지 못했다. 그러나 그들은 만족했다. 세례 요한에게서 '스승'을 발견한 것이었다.

세례 요한은 군중의 마음을 읽을 수 있었다. 성취(완성)의 때는 바로 눈앞에 와 있었다. 그러나 그 자신은 성취가 아니었다. 그것을 알려주지 않으면 안된다고 생각했다. 그는 소리 높여 외쳤다.

"나는 물로 너희에게 세례를 주거니와 나보다 능력이 많으신 이가 오시나니 나는 그 신들메를 풀기도 감당치 못하겠노라. 그는 성령과 불로 너희에게 세례를 주실 것이요……."(누가복음 3 : 16)

다시 한번 어린이도, 배움이 없는 자도, 로마 병사도 누구나 알아듣기 쉽게 일상적인 표현으로 말하는 것이었다.

신들메란 신발 끈을 말한다. 사막지대, 초원지대를 다니는 사람의 신발

끈에는 모래 먼지가 덕지덕지 달라붙게 마련이다. 먼 길을 걷다보면 신발 끈의 색깔조차 알아보기 어렵게 된다. 더군다나 그 끈은 땀에 젖은 발등의 살을 파고들어 통증까지 느끼게 한다. 대문 앞에 이르러 먼 길을 걸어온 사람이 맨 처음 하는 일은, 혹은 그를 맞아주는 사람이 맨 처음 하는 일은 신발 끈을 풀어 발의 먼지를 턴 다음 물로 씻으면서 뭉친 근육을 푸는 것이었다. 유목농경의 중근동에서 그것은 날마다 되풀이되는 습관이었지만 발을 씻어주는 것을 그들은 가장 천한 일로 여겼다. 따라서 요한의 비유는 듣는 사람들의 눈앞에 선명한 한 폭의 그림으로 비쳐졌다. 그 그림 한 장으로 오실 이, 성취의 사람과 전구자의 차이를 분명하게 나타낸 것이었다.

그 그림을 나타내어 보인 뒤 세례 요한은 목소리를 가다듬어 말을 이어 갔다.

"보라, 그 분은 내 뒤에 오신다…… 나보다 먼저 계셨던 분이 내 뒤에 오신다. 시간의 흐름보다 앞서 계셨던 자가 내 뒤에 오신다."

군중이 요한의 말허리를 자르면서 물었다.

"그러면 그는 어떤 사람입니까? 뒤에 오실 이는 누구이며 언제 오십니까?"

그들은 요한이 방금 한 말 속에 담긴 뜻을 깨닫지 못했다.

"……나보다 먼저 계셨던 분이……."

'나는 스스로 있는 자'라고 그 옛날 시내 산의 불타는 가시떨기나무 속에서 하나님은 모세에게 알려 주었다.

"내 이름은 존재. 이미 있었고 지금 있으며 언제까지나 있을 자. 시간의 흐름에 좌우되지 않는, 시간 안에 한번 나타났다가 곧 사라지는 우유(偶有)와는 본질적으로 다른 절대, 항상 스스로 있는 자, 곧 여호와니라."

그렇다! 세례 요한은 자기 뒤에 올 그리스도의 본성을 이때 분명히 알렸던 것이다. 마침내 때가 차서 오게 되는 그 사람은 만물·만인보다 먼저 있었던 자, 다시 말하면 신성(神性)을 가진 자, 만국·만민을 위해 시간의 흐름에 개입하는 절대자임을 알렸던 것이다.

나중에 세례 요한의 제자였던 한 사람은 '그 사람'에 대해 다음과 같이 기록하고 있다.

> 태초에 말씀이 계시니라.
>
> 이 말씀이 하나님과 함께 계셨으니 이 말씀이 곧 하나님이시니라. 그가 태초에 하나님과 함께 계셨고 만물이 그로 말미암아 지은 바 되었으니 지은 것이 하나도 그가 없이는 된 것이 없느니라……. 말씀이 육신이 되어 우리 가운데 거하시매……(이를 증거하기 위해 보냄을 받은 자) 요한이 그에 대하여 증거하여 외쳐 가로되 '내가 전에 말하기를 내 뒤에 오시는 이가 나보다 앞선 것은 나보다 먼저 계심이니라 한 것이 이 사람을 가리킴이라' 하니라.
>
> • 「요한복음」 1 : 1~15

## 3. 찾아옴

군중보다 더 절박하게 기다린 사람은 요한 자신이었다. 군중은 모르고 기다렸다. 요한 자신은 알고 기다렸다. 알고 기다리는 자의 설렘은 날이 갈수록 간절해졌다. 그는 세례 중에도 베다니로 통하는 들판 저편으로, 우뚝 솟은 여리고 요새 뒤로 눈길을 던져 보는 것이었다.

그러나 그 요한도 훗날 다음과 같이 고백하고 있다.

"그 사람이 그인 줄을 처음엔 알아보지 못했다."

안타깝게 기다리고 있던 전구자조차 눈치챌 수 없을 만큼 조용히 '그 사람'은 왔다. 광야에 외침이 울려퍼지기 시작한 지 한 달 만이었다.

'그 사람'은 북방 갈릴리 나사렛에서 와서 요한을 둘러싸고 세례의 차례를 기다리고 있는 군중 뒤편에 고요히 서 있었던 것이다. 그 줄의 후미에서 옷자락이 스칠 정도로 가까이 서 있던 사람들도 그에게 특별히 신경을 쓰지 않았다. 다만 몇몇 사람만이 속으로 중얼거렸을 뿐이다.

'음. 나사렛의 그 목수도 왔구먼.'

줄지어선 사람들이 조금씩 조금씩 앞으로 나아갔다. 사람들은 여느 때처럼 밀고 밀리면서, 세례 사이사이에 요한에게 이것저것 물음을 던지고 대답을 듣고 하며 만족한 듯 물러섰다.

어느덧 해가 기울고 있었다. 노을이 짙어지자 후미에 서 있던 사람들은 마음이 급해지기 시작했다. 어두워지면 여리고의 바위 그늘이나 북서쪽 사마리아 가도에는 강도가 출몰하기도 했다. 그래서 날이 완전히 어두워지기 전에 돌아가야 했다. 세례를 받은 사람은 서둘러 몸의 물기를 닦았다. 같이 온 사람의 세례가 끝날 때까지 기다릴 수가 없어 한걸음 앞서 저마다 길을 재촉하는 것이었다.

마지막 한 사람. 그가 남았다. 나사렛 목수 한 사람만 남았다.

큰 키에 이음새 없이 손으로 지은 흰옷을 입은 장년의 그는 느릿느릿 옷과 신발을 벗었다. 사람들에게 짓밟혀 지저분해진 풀섶을 조용히 지나 강물에 들어온 그는 세례받는 자세로 요한을 똑바로 바라보았다. 두 사람의 눈길이 마주쳤다.

"그 사람인 줄 나는 몰랐다……"

인척으로서의 '그'라면 세례 요한도 마땅히 알고 있었다. 어릴 적 어머니의 이야기를 통해서나 인척들 모임에서 들은 이야기를 통해서나 그는 '그'를 잘 알고 있었다. 임신 6개월째인 세례 요한의 어머니를 갓 임신한 '그'의 어머니 젊은 마리아가 유다 언덕 자갈길을 멀다 않고 위문차 찾아왔다는 옛날 이야기보다는 열두 살밖에 안된 '그', 예수가 관례에 따라 예루살렘 성전을 참배한 뒤 성전의 제사장과 율법학자들 앞에서 해박한 성서 지식을 피력함으로써 그들을 놀라게 했다는 이야기가 요한의 기억에 더 뚜렷이 남아 있었다. 그것은 온 마을에 퍼졌을 정도로 유명한 이야기였다.

소년 요한은 인척인 그 소년 이야기를 들을 적마다 자랑스러웠다. 하나님의 축복을 받은 사람이라고 생각했다. 만나보고 싶은 생각이 간절했다. 그러나 기회가 없었다. 세례 요한이 살고 있던 마을 아인카리움과 그의 마을 나사렛은 나이 어린 소년들이 아무 일 없이 오가기에는 너무 멀리 떨어져 있었다.

결국 세례 요한은 청년기를 맞음과 동시에 마음속에서 울리는 불가사의한 소리에 이끌려 암석이 많은 광야로 오고 말았다. 소년 예수가 성전에서 제사장과 율법학자들을 놀라게 한 날 이래, 두 사람은 만날 기회조차 갖지 못한 채 20년이 흘렀던 것이다. 그리고 지금……

눈앞에 서 있는 그를 요한은 알아보지 못했다. 인척인 그를, 또 '그 사람'인 그를……

너희는 주의 길을 예비하라.
그의 첩경을 평탄케 하라.
내 뒤에
'그'가 오시리니.

라고 알리는 사명을 진 자신이 목마르게 기다리며 준비해 온 사람임을 몰라 보았던 것이다. 세례 요한에게 그가 바로 '그 사람'임을 알려준 것은 그가 강물에 발을 들여놓는 순간 요한의 영혼 깊은 곳에서 속삭이는 소리였다. 지난날 광야로 불러내던 바로 그 소리였다.

"이 사람이 '그'이니라."

소리와 함께 의심할 여지가 없는 확신이 마음속에서 용솟음쳤다. 세례 요한은 경악했다. 현기증을 느끼면서도 그는 부르짖었다.

"내가 당신에게 세례를 받아야 할 터인데 당신이 어찌 내게로 오시나이까?"

　뒤에 오실 이는 나보다 먼저 있은 자, 존재 자체, 사람이 되어 오시는 하나님임을 알고 있는 요한은 세례받는 자세로 앞에 서 있는 사람을 어떻게 대접해야 좋을지 몰라 소리 높여 부르짖었다.

　세례가, 특히 회개의 징표로서의 세례가 하나님 자신과 무슨 관계가 있단 말인가! '죄를 씻는' 자체가 하나님에게로 마음을 돌리는 연약한 상징이 아닌가. 죄란 온갖 종류의 한계로 둘러싸인 우유(偶有)인 인간이 스스로 한계를 정해가는 내적인 족쇄인 동시에 자기 이탈이다. 그것은 바로 깨달아야 할 것을 깨닫지 못하는 어둠, 행해야 할 것을 행하지 못하는 어리석음, 거짓의 그늘, 증오와 배신, 그리고 불신이라고 불리는 끝없는 더러움이다.

　"설마 세례를 받으실 줄이야!"

　상대는 그러나 조용히, 자세를 흐트러뜨리지 않고 입을 열었다. 마치 세례 요한의 마음을 읽은 것처럼.

　"내게 세례를 베풀라. 우리가 이와 같이 하여 모든 의(義)를 이룸이 합당하니라."

　난해한 말이었다. 의를 이룬다고? 그것은 무슨 뜻일까?

　'낡은 약속'(구약)은 예수가 오는 것과 함께 사라지게 되어 있었다. 일거수일투족이 계명에 얽매여 있는 성가심과 차츰차츰 형식적인 것으로 격하되어가고 있는 필연적인 불완전성. 지나친 지방색에서 오는 좁은 세계. 전 인류에 미쳐야 할 구원과 평안은 최초의 메시지를 하나님으로부터 받은 백성의 지역성과 시대성의 한계 때문에 현저하게 특수화되고 말았다. 그러나 그러한 결함에도 불구하고 구약의 근저를 이루고 있는 것은 유일 절대자 존재의 인식과 죄의 어둠을 안에 품고 있는 보편적 인간성의 인식이었다. 인간 성품에 대한 인식이 있어야만 비로소 유일 지고자(至高者)의 구원을 구하고, 또 구하기 위해서는 회심(回心)의 표현이 필요했다. 이는 새로운 때가 되어 전혀 다른 지평선이 새 메시지에 의해 큰 스케일로 열려도 변하지 않는 것이었다.

새로운 지평선을 여는 사람은 옛 역사 태내(胎內)의 율법에 기록된 그러한 인간성의 승인을 스스로 '씻김을 받는'(세례를 받는) 상징으로 재확인해야 하는 것이었다.

회개할 필요가 전혀 없는 하나님의 아들이라도 육신을 가진 '인자'(人子)가 되어 인간 세상의 한계 안으로 들어온 이상, 몸을 굽혀 인간의 차원으로 스스로를 낮추어 인간과 동렬에 서지 않으면 안되었다. 회개를 필요로 하는 죄인(인간)과 똑같이 죄의 결과를 뉘우치는 표징을 육신에 새겨야 했다. 그렇게 하는 것만이 인자를 대표해서 하나님의 아들이 마침내 십자가 위에서 그 몸에 가진 일체의 죄를 제(除)하는 것이 가능하게 되는 것이다. 티끌처럼 흩어진 인간의 성품을 다시 모아 약속의 나라로 인도하는 것이 가능해지는 것이다. '인자'가 '인자들'과 동렬에 서는 것, 그것이야말로 구원의 '의'(義)였다.

세례 요한은 한마디도 못하고 그의 말에 따랐다. 제 정신이 아니었다. 물을 떠서 예수의 머리에 끼얹었다. 물줄기가 빛을 띠면서 흘러내렸다. 그와 동시에 요한은 보이는 세계 '땅'과 보이지 않는 세계 '하늘'을 가로막고 있는 막이 돌연 열리고 있음을 보았다. 열린 하늘에서 한 마리 비둘기가 곧장 내려오는 것이 보였다. 바로 그때, 한 소리가 울려나왔다.

이는 내 사랑하는 아들이요,
내 기뻐하는 자라……

아득한 옛날 죄악으로 가득 찬 땅에 낮과 밤의 40일 동안 홍수가 덮쳐 의인 노아와 그 가족만이 방주에 들어가 구원받았을 때, 새로운 삶의 시작을 알려주었던 것도 비둘기였다(창세기 8 : 8~12).

또 구약 가운데 가장 서정적인 「아가」는 하나님과 사람이 새로운 우애로 맺어지는 상징으로서의 '혼인'을 읊을 때, 여명(黎明)의 사자로서 비둘기를 등장시키고 있다(아가 2 : 12).

지금, 비둘기가 다시 등장했다. 성령의 상징으로서, 그리고 새 언약의 시대, 신약시대가 오고 있음을 알리는 성령으로서.

> 다 이루는
> 때를 이루려는
> '그 사람'이 왔다…….
> '이' 사람이 그 사람이다.
> 이 사람은
> 하나님의 아들
> '성령이 그 머리 위에 있는' 아들…….

옛 약속(구약)에서 하나님은 유일자로서 계시되었다. 새로운 약속(신약)의 여명과 함께 한걸음 전진하여 하나님이 홀로 있는 이른바 고독한 '독신적 존재'가 아니라 유일 절대의 본성 가운데 '삼위'임을, 곧 성부 하나님, 성자 하나님, 성령 하나님이 상호 인식하고 사랑하는 공동체적인 일체임을 요한에게 세례를 받는 그리스도를 통해 어렴풋하게나마 나타내었던 것이다. 그러나 이 계시는 야단스럽고 거창하게 대중들 앞에 주어진 것은 아니었다. 전구의 사자 요한에게만 은밀하게, 평범하게, 오히려 쓸쓸하게 요단 강변에서 주어졌던 것이다.

> 참 빛,
> 곧 그가 세상에 계셨으나
> 세상이 그를 알지 못하였고…….
> •「요한복음」 1 : 10

## 4. 40일의 낮과 밤

"성령이 곧 예수를 광야로 몰아내신지라"고 복음사가 마가는 기록하고 있다. 같은 복음사가이지만 마가가 유대 습관과 옛 율법서와 그리고 역사서인 구약을 잘 알지 못하는 로마의 개종자를 독자로 상정하고 기록한 반면, 유대의 옛 가르침에서 개종한 사람들을 위해 기록한 마태는 "성령에 이끌리시어 광야로 가서 40일을 밤낮으로 금식했다"고 특별히 밝히고 있다.

이 기록을 통해 마태는 신약이 구약의 연장이며 구약의 싹을 꽃피우는 것인 동시에 성취임을, 또 같은 소재의 변혁임을 독자들에게 알리려 했던 것이다.

40일 낮.

40일 밤.

옛 가르침(유다이즘)에서 개종한 사람이라면 이 전통적 두 마디 말에서 많은 것을 상기할 수 있었을 것이다.

아득한 옛날, 이집트 노예생활에서 풀려나 약속의 땅으로 향하던 유다의 조상들이 광야를 헤맨 세월이 40년. 그 도중에 하나님의 십계를 받아 하나님과 언약을 한 모세가 하나님과 대화를 나누느라고 시내 산 정상에서 보낸 시간이 40일 밤과 40일 낮. 구약의 역사를 통해 모세 이외 단 한 사람 '하나님 계심'을 볼 수 있게 선택된 사람. 제2의 모세로 불리는 선지자 엘리야가 하나님의 계시를 받기 위해 부름을 받아 시내 산까지 갔던 여로가 40일 밤과 40일 낮. 아니 모세는 말할 것도 없고 아브라함도 태어나기 훨씬 이전, 아직 빙하시대로 불리던 무렵, 노아는 방주에 몸을 싣고 밤낮으로 40일 동안 쏟아져내린 대홍수와 40일 동안 지표를 덮고 있던 물 속에서 살아남지 않았던가.

유대 민족에게 40이라는 수는, 더욱이 밤에도 자지 않고 신의(神意)를 기다렸던 40일의 낮과 밤은 항상 새로운 삶, 새로운 계시의 서문(序文)과도 같은 의미를 가지고 있었다. 따라서 새로운 약속을 알려야 하는 공생애 (公生涯)를 시작하기 앞서 '예수'(하나님은 구원이시다) 역시 40일 낮과 40일 밤을 필요로 했다.

열린 하늘에서 '내 기뻐하는 자', '내 사랑하는 아들', 다시 말하면 신성 (神性) 계시가 있은 직후. 신성은 뒤로 물러나고 인성(人性)만이 전면으로 나온 상태에서 40일 밤낮 동안 고뇌와 기근, 그리고 유혹의 시험을 견디어 내야 했다. 인간으로 명명된 모든 사람이 각자의 멍에를 지고 많든 적든 간에 어떤 형태로든 겪어야 하는 괴로움과 어둠. 그 힘의 크기와 무게를 인자 예수도 맛보아야 했던 것이다.

> 주께서 친히 징조로
> 너희에게 주실 것이라.
> 보라.
> 처녀가 잉태하여
> 아들을 낳을 것이요
> 그 이름을 임마누엘(하나님〔엘〕이 우리와 함께 하신다〔임마누〕)이라
> 하리라.
> •「이사야」 7 : 14

> 내가 내 양 무리의 남은 자를
> 그 몰려갔던 지방에서 모아내어
> 다시 그 우리로 돌아오게 하리니.
> •「예레미야」 23 : 3

임마누엘은 우리 인간의 모든 조건을 먼저 몸소 체험하지 않으면 안되는 것이다.

40일 밤낮, 광야에서 사탄의 시험을 받았다고 복음서는 기록하고 있다. 사탄이란 어둠의 힘을 가리키는 호칭이다.

요한이 세례를 주던 그 강변으로부터 얼마 안되는 곳에서 광야는 시작된다. 오늘날, 요단 강변에서 예루살렘으로 가는 사람들은 오른쪽으로 하염없이 펼쳐지는 '시험의 언덕'을 보게 된다. 울퉁불퉁한 자갈길, 걷기조차 힘든 험한 길. 이 형용하기 어려운 음산한 회갈색의 암석사막은 멀리 남방의 네겝(네게브)에서 이집트로, 시나이로 처절하게 펼쳐진다. 또한 이곳은 뾰족한 바늘투성이로 땅바닥을 기듯이 덮고 있는 메마른 암녹색의 사막 관목 사이나 구둣바닥을 파고드는 자갈 틈 사이로 모래색 몸을 하고 숨어 있는 독사와 전갈이 우글거리는 지대이다. 지금은 자동차 도로가 뚫려 있어 볼 수 없지만, 예수 당시만 하더라도 암석지대에는 맹수도 적지 않았을 것이다. 구약의 율법은 살쾡이와 늑대 고기를 먹지 말라고 거듭 강조하고 있는데, 늑대는 아마도 비열하고도 잔인한 하이에나였을 것이다.

그곳은 '시험의 언덕'이란 이름에 어울리는 곳이었다. 나중에 예수가 즐겨 찾아갔던 '조용한 곳'과는 달랐다.

인간 성품의 기호(嗜好)로 시험의 언덕으로 간 것이 아니었다. 인간의 성품은 어떤 조건에서도 그처럼 황량하고 음산한 언덕을 좋아하지 않는다. 예수를 그곳으로 인도한 것은 '성령'이었다.

세례 요한이 식량으로 삼았던 야생 벌꿀도 메뚜기도 없는, 아니 물 한 모금 없는 곳이었다. 원싯적부터 수많은 사람들로 하여금 범죄를 서슴지 않게 했던 기아의 고뇌. 아무리 강건하고 의연한 정신력이라도 견딜 수 없는 압박감을 느끼게 하는 황량한 적막. 침구 하나 갖추지 못한 채 견디어내야 하는 추위와 더위. 밤마다 스며드는 유혹.

하늘은 닫히고 신성은 숨어버린 상태에서 예수의 인성은 모든 정신적 불안과 육체적 고통, 쇠약, 그리고 거기에 기인한 공포와 환영을 철저히 맛보아야 했다.

> 나는 벌레요
> 사람이 아니라
> ……
> 환난이 가깝고
> 도울 자가 없나이다.
> 많은 황소가 나를 에워싸며
> 내 힘이 말라 질그릇 조각 같고
> 내 혀가 잇틀에 붙었나이다.
> 주께서 또 나를 사망의 진토에 두셨나이다…….
> • 「시편」 22

극도의 쇠약이 사고력의 마지막 한 조각까지 빼앗아간 40일째, 사탄(어둠의 힘)이 환영처럼 예수 앞에 나타났다.

하나님이 육신을 입고 이 세상에 왔으나 세상은 그것을 알지 못했다. 빛이 세상에 왔으나 세상은 그 빛을 알지 못했다.

그러나 단 한 사람만이 그것을 알고 있었던 것이다. 사탄이었다.

빛을 가장 먼저 아는 것은 어둠이다. 어둠은 빛을 피해야 하기 때문에 빛을 알고 있다. 사탄은 이겨야 했다. 자기가 지배하는 '때' 안에서 육신을 입고 개입해 온 자에게 이기지 않으면 안되었던 것이다.

> 내가 너로 여자와 원수가 되게 하고
> 너의 후손도
> 여자의 후손과 원수가 되게 하리니
> 여자의 후손은

네 머리를 상하게 할 것이요
너는 그의 발꿈치를 상하게 할 것이니라.
• 「창세기」 3 : 15

보라. 처녀가 잉태하여
아들을 낳을 것이요
그 이름을 임마누엘이라 하리라.
• 「이사야」 7 : 14

흑암에 행하던 백성이
큰 빛을 보고
사망의 그늘진 땅에 거하던 자에게
빛이 비춰도다.
한 아기가 우리에게서 났고
한 아들이 우리에게 주신 바 되었는데
그 이름은
기묘자라. 모사라.
전능하신 하나님이라.
평강의 왕이라.
• 「이사야」 9 : 2~6

이새(다윗 왕의 가계)의 줄기에서
한 싹이 나며
그 뿌리에서 한 가지가 나서 결실할 것이요
여호와의 신, 곧 지혜와 총명의 신이요
모략과 재능의 신이요

지식과 여호와를 경외하는 신이
그 위에 강림하시리니.
•「이사야」 11 : 1~2

의인들보다 훨씬 민첩한 어둠의 힘은 예수의 본성을 알고 있었다. 하와(여인)의 후예. 이새 가계의 여인(마리아)에서 난 싹인 예수의 본성을 사탄은 알고 있었던 것이다.

그렇다면 우선 그 본성을 좇아 본성에 걸맞는 시험을 해보자. 모세 이래 나타내어 보인 하나님의 힘의 계시를 찾아 시험해 보자. 그에게 짓밟히기 전에 함정을 파보자. 그의 발꿈치뿐만 아니라 전신을 물어뜯어 찢어버리자.

"네가 만일 하나님의 아들이라면……."

어둠의 힘은 말했다.

"이 돌무더기를 떡덩이로 만들어 보라."

먹을 것이라고는 눈을 씻고 보아도 찾을 수 없는 광야에서 굶주리던 그 옛날 유대 백성에게 하나님의 힘은 하늘에서 떡(만나)을 내려주었다. 하나님이 '살리는 자'라면 '양식' 역시 하나님이 주재할 것 아닌가. 하나님의 아들이라면 양식을 주재하는 하나님의 힘을 나타내 보인다 하여 안될 것이 없지 않은가. 설령 그 계시가 어둠의 힘의 명령에 따른 것이라 할지라도.

"돌을 떡으로 변하게 하라."

예수는 변하게 하라고 제시된 돌 위에 쇠약해진 몸을 누인 채 어둠에서 나오는 소리를 듣고 있었다.

어둠의 힘이 모세의 고사를 인용하고 있는가. 그렇다면 역시 모세의 고사를 인용하여 대답해 주자.

네 하나님 여호와께서 사십 년 동안에 너로 광야의 길을 걷게 하신 것을 기억하라. 이는 너를 낮추시며 너를 시험하사 네 마음이 어떠한지 그 명령을 지키는지 아니 지키는지 알려 하심이라. 너를 낮추시며 너로 주리게 하시며 또 너도 알지 못하며 네 열조도 알지 못하던 만나를 네게 먹이신 것은 사람이 떡으로만 사는 것이 아니요 여호와의 입에서 나오는 모든 말씀으로 사는 줄을 너로 알게 하려 하심이라.

• 「신명기」 8 : 2~3

예수는 대답했다.

"기록되었으되 사람이 떡으로만 살 것이 아니요, 하나님의 입으로 나오는 모든 말씀으로 살 것이라……."

하나님의 모든 말씀은 진리와 생명과 평안이다. 그것은 생명과 생명의 양식인 떡을 포함하여 만물을 창조한 말씀이다. 하나님의 말씀이야말로 진정한 떡인 것이다. 사람은 육신을 살리는 떡만으로는 살 수가 없다. 그 이상의 것을, 다시 말하면 평안을, 진리를 끊임없이 찾고 구하면서 살아가야 하는 것이다.

한동안 침묵이 흘렀다. 이어서 어둠의 힘은 예수를 유다 언덕 위의 예루살렘 성안에서도 가장 높은 곳, 성전 꼭대기로 데리고 갔다. 거기서는 게드론 계곡을 비롯하여 베들레헴의 작은 마을과 흰돌이 많은 유다 언덕길이 손에 잡힐 듯 내려다보였다.

"네가 만일 하나님의 아들이라면……."

어둠의 힘은 같은 말을 되풀이했다.

"여기서 뛰어내려라. '저가 너를 위하여 그 사자들을 명하시리니 저희가 손으로 너를 받들어 돌에 부딪히지 않게 하리로다'(시편 91 : 11~13)라고 기록되어 있지 않은가……."

어둠의 힘, 마귀는 언제 어디서나 예지와 진리, 그리고 선(善)의 단편을 이용한다. 유혹은 바로 거기에 있다. 시험 역시 거기에 있는 것이다. 가장 두려워해야 할 유혹은 정면에서 악의 모습으로 나타나는 것이 아니다.

어둠의 힘이 거룩한 기록의 단편을 들고 나온다면 예수 역시 같은 기록을 다시 인용하여 대답하는 것이 상책이라고 생각했다. 싸움은 같은 장소에서 같은 무기로 맞서야 한다.

"그러나 거룩한 기록에는 이렇게 적혀 있느니라."

예수는 말을 이어갔다.

"'주 너희 하나님을 시험하지 말라'(신명기 6 : 16)고."

이번에는 마귀가 예수를 아주 높은 산꼭대기로 데리고 갔다. 아득히 지평선이 하늘과 맞닿은 언저리에 환영이 하나둘 나타났다. 이윽고 그 환영은 하나의 거대한 두루마리 그림이 되어 예수의 눈앞에 전개되는 것이었다. 그것은 인류 역사가 탄생된 이래로부터 아득한 미래, '때'의 끝에 이르기까지 교체되면서 나타나는 무수한 나라들의 그림이었다. 권세, 권력, 영화, 영광이 찬란하게 번쩍거리는 두루마리 그림이었다.

"보아라."

마귀는 장중하기 짝이 없는 그 두루마리를 가리키면서 입을 열었다.

"이 모든 것을 네게 주리라. 이들을 지배할 권능을 주리라."

아아, 이 얼마나 좋은 기회인가! 유례 없는 절호의 기회가 바로 눈앞에서 손을 내밀고 있지 않은가! 시간의 흐름 속에 구슬처럼 엮여 있는 무수한 왕국, 다시 말하면 지상의 지배권이 주어진다면 '평화의 왕'이라고 이사야가 예언했던 예수는 어떻게든 그 권능을 사용하여 국가간에는 평안을, 백성들 마음속에는 선과 지(智)를 창조할 수 있게 되는 것이다. 다툼과 증오, 그리고 거짓이 사라지고 부정은 자취를 감추게 될 것이다. 지상낙원이 건설되어 백성은 안락 속에서 이 세상 끝날까지 살 수 있을 것이 아닌가. 사람의 지혜와 마음은 하나님의 권능을 바탕으로 하여 꽃을 피우게 될 것이며 가난은 사라지고 질병은 모두 낫게 되고 고뇌 역시 자취를 감출 것이며 서로 사랑을 나눔으로써 이 세상은 행복으로 가득 차게 될 것이다. 그리고

사람들은 그 안락과 행복을, 지상을 창조한 주 하나님을 찬양하면서 살아
갈 것 아닌가.

"이들 모든 나라, 현세의 역사를 전부 너에게 주리라."

하나님의 나라를 선교하는 데 이보다 더 좋은 기회가 있을 수 있을까?

"만약……"

어둠의 힘, 마귀는 다시 한번 눈부신 영화와 권세를 보여주면서 이 절호
의 기회에 대한 교환조건을 제시하는 것이었다.

"네가 이 자리에 엎드려 나에게 경배한다면……"

지금 예수에게 제시된 교환조건과 비슷한 유형은 중세에서 근대에 이르
기까지 여러 서양 문학작품의 테마가 되었다. 영혼을 팔아 지식과 학식 일
체를 수중에 넣는다는 이야기. 마귀와 타협함으로써 사랑과 향락을 품안에
넣는다는 이야기. 현세와 영생을 흥정한다는 이야기. 메피스토펠레스와 파
우스트의 핵심은 바로 그런 것이 아닌가!

"내게 경배한다면 이들 나라들을 네게 주마. 내가 지배하고 있는 이 지상
의 모든 영화를 이 세상 끝날 때까지 너에게 주마."

사탄은 마침내 자신의 본성을 드러내고 말았다.

쇠약해질 대로 쇠약해진 예수의 입에서는, 그러나 격렬한 말이 쏟아져
나왔다.

> 사탄아 물러가라!
> 주 너의 하나님께 경배하고
> 다만 그를 섬기라.
> 너희는 다른 신들, 곧 네 사면에 있는
> 백성의 신들을 좇지 말라.
> •「출애굽기」 20 : 3~4, 「신명기」 6 : 13

다시 말하면 구원이란 현세가 지배하는 지상낙원을 이룩하는 데 있지 않음을 예수는 명백히 밝혔던 것이다. 하나님의 나라는 지상의 나라에서 시작되는 것이지만 지상의 나라만으로 끝나는 것이 아니다. 지상의 '때'와는 다른 차원에 '하나님의 나라'가 존재하며 '때'로 불리는 우유(偶有)를 아무리 완벽하게 지배한다 하더라도 그것만으로는 하나님의 나라에 이를 수 없음을 예수는 사탄에게 알리고 있었다. 현세와 때에 대한 권능을 일시적으로 가진 것처럼 보이는 어둠의 힘(마귀)은 따라서 하나님 나라에 대해서는 어떠한 권능도 가지지 못하고 있으며 또 거기(하나님 나라의 권능)에 이길 수도 없는 것이다.

　　하나님만이 나의 주!

예수는 황량한 시험의 언덕으로 다시 돌아왔다. 어둠의 힘이 파놓은 함정이 무너진 것이다. 사탄은 물러갔다. "정해진 때가 이를 때까지 얼마 동안 떠나니라"라고 복음사가 누가는 주의 깊게 적고 있다. 인자들의 구원을 바라지 않는 마귀가 자신의 모든 지혜와 능력을 다 짜내어 결정적인 싸움을 벌이려고 다시 예수 앞에 나타나는 것은 3년 뒤, 바로 조금 전에 예수와 함께 성전 꼭대기에서 내려다보았던 유다 언덕 겟세마네 감람 동산에서 골고다에 이르는 지역에서였다. 그는 물러갔다. '그때'까지, 가능한 모든 준비를 갖추려고.

예수의 마음속에, 또 신변에 하나의 변화가 일고 있었다. 하늘이 다시 열린 것이다. 그리고 하늘과 함께 그의 앞에는 한 시대가 열린다. 공생애(公生涯) 3년이란 시대가 시작된 것이다.

## 5. 최초의 제자

예루살렘 언덕 위의 제사장과 율법학자들은 그들이 받은 치욕을 잊을 수 없었다. 강변에 서 있던 약대 털옷 사나이의 소문은 더욱 번져나갔다. 그냥 두고 볼 수 없는 중대사태라고 판단했다.

그들은 하나님의 약속과 하나님의 나라에 대해, 아니 하나님 자체에 관한 모든 것을 알 권한과 권리를 가지고 있었다. 자신들의 지도를 받고 있는 군중 앞에서 규탄당한 사건을 그냥 넘긴다는 것은 말이 안된다고 생각했다.

자신들의 지배력이 미치지 않는 곳에서 군중들이 그 사나이의 인력(引力)에 끌려드는 것을 방관만 할 수는 없는 일이었다. 협의와 궁리를 거듭한 끝에 아득한 옛날, 야곱 시절에 나누어진 열두 지파 가운데 제사장 직분을 맡았던 유서 깊은 레위 지파 가운데에서 몇 사람을 뽑았다. 제사장은 그들에게 신신당부했다.

"그가 무엇을 하는 자인지 확인하도록. 그 자의 정체를 알기 전에는 돌아올 생각을 말라!"

레위 지파 대표는 이렇게 해서 요단 강변을 찾아갔다. 몰려 서 있는 군중을 곁눈질하면서 이번엔 선수를 뺏기지 않으려고 신중하게, 그러나 단도직입적으로 그에게 물었다.

"당신은 누군가?"

세례 요한으로서는 신들메의 비유를 든 이상, 분명히 밝혀둘 필요가 있었다. 때는 이미 와 있었기 때문이었다.

"나는 그리스도가 아니다."

"그럼?"

레위 지파 대표 가운데 한 사람은 거룩한 기록의 한 구절을 상기하고는 서둘러 한마디 덧붙였다.

"엘리야인가? 선지자 엘리야의 재림인가?"

　두 사람(엘리야와 엘리사)이 행하며 말하더니
　홀연히 불수레와 불말들이 두 사람을 격하고 엘리야가 회오리 바람을
타고 승천하더라.
　　• 「열왕기 하」 2 : 11

　거룩한 기록에는 엘리야의 육신의 죽음에 대한 언급이 없다. 그러므로
그는 죽지 않은 것으로 믿어왔다. 그 때문에 승천한 사람은 다시 내려온다
고 몇 세기에 걸쳐 전해내려오고 있었다. 더군다나 "독사의 자식들아!" 하
고 호통친 약대 털옷 남자의 격렬한 말투는 왕의 권세를 향해 불꽃 같은 규
탄을 서슴지 않았던 엘리야의 말투와 어딘가 비슷한 데가 있었다. 그렇다,
엘리야가 다시 온 것이 틀림없다!
　"엘리야인가, 당신은?"
　그러나 대답은 부정이었다. 초조해진 레위 사람은 다시 입을 열었다.
　"우리는 명을 받고 온 사람들이오. 당신의 정체가 무엇인지 알아보라는
명을 받았소. 지금 당신의 그 불명확한 대답만 가지고는 예루살렘으로 돌
아갈 수가 없소."
　병사와 세리, 그리고 농민들에게 알아듣기 쉬운 말로 설명했던 요한은
레위 사람들에게도 예외가 아니었다. 그들이 잘 알고 있을 「이사야」의 한
구절을 인용해서 들려주었다.
　"광야에서 외치는 소리, 주의 길을 예비하라고 한 그 소리가 바로 나요."
　그런 다음 요한은 침묵했다.
　대답인 것 같기도 하고 대답이 아닌 것 같기도 했다. 그러나 더는 들을
수 없다고 판단한 레위 사람들은 당혹스러움을 감추지 못한 채 성전으로
돌아갔다. 이번에는 바리새인 몇 명에게 요한을 찾아보도록 시켰다. 원래

바리새(파리사이)라는 말은 그리스어의 파리사이오이에서 파생된 것이다. 요한 당시 팔레스티나 유대인의 일상어인 아람어(예수도 요한도 이 말로 설교했다)로는 페르시인이라고 불렸다.

이들은 부조(父祖) 전래의 율법 일언일구(一言一句)를 상자 구석구석을 바늘로 헤집듯이 엄격하게 지키자고 주장하면서 그렇지 못한 일반 사람들과는 '일선을 긋는'(파리사이오이), '분리된'(페르시인) 자라는 뜻이었다. 정통파를 자칭하는 바리새인들의 총수는 요한 당시 약 6천 명쯤 되었다. 예루살렘과 그 주변의 지리적 면적과 인구를 생각할 때 6천 명은 대단한 세력이었으며, 따라서 상당히 큰 당파로 대접받았다. 비록 '재야'이기는 했으나 무시할 수 없는 강한 발언권을 가지고 있었으며 사회적으로도 필두의 지위를 누렸다.

대제사장, 율법학자, 레위 지파 사람들도 한 수 접고 들어가는 처지였다. 다시 말해서 바리새파까지 동원하지 않을 수 없었던 사실은 세례 요한의 존재가 예루살렘 유다 지도층을 얼마나 크게 동요시켰는가를 말해주는 하나의 증거가 되는 것이다. 요단 강변을 찾은 그들은 정통파 학식에 걸맞는 질문을 던지기 시작했다.

"죄를 씻는다고 했소? 죄를 씻자면 자신에게는 죄가 없어야 하는 것. 죄 없는 자는 그리스도뿐일 터, 아니면 승천이 허용된 엘리야거나……. 그 어느 쪽도 아닌 자가 어떻게 죄를 씻을 수 있단 말이오?"

전통적 학식뿐만 아니라 지성파의 대표를 자임하는 그들은 이 물음 안에 신중하게 몇 가지 논리를 숨기고 있었다.

마음 깊은 곳에 질펀하게 고여 있는 오탁(汚濁)의 죄를 씻는다고 선언하며 또 그것을 씻는 힘, 다시 말하면 구원의 힘, 하나님만이 가지는 그 거룩한 힘을 가지지 못하고 하나님으로부터 그 힘을 위탁받지 못한 세례자라면 당장 독성(瀆聖)으로 규탄할 수 있는 것이다. 또 만약에 씻는 힘과 권능을 가지고 있다고 대답한다면 그 증거를 요구할 수 있다. 그러나 그들이 보기에 요한이 그러한 증거를 가지고 있는 것 같지 않았다. 증거도 없이 힘과 권능을 가지고 있는 것처럼 행세한다면 그것 역시 독성과 허위라고 할 수 있었다.

바리새파 사람들에게는 하나의 확신이 있었다. 거룩한 율법과 예언서가 알리고 있는 그리스도가 오실 때는 누가 뭐라고 하든 반드시 정통파인 자신들에게 제일 먼저 알려주실 것이라는 확신이었다. 그 때문에 그들은 '바리새파 지도자들로부터 성전에서 정통 학문을 배운 적이 없는 이런 야생의 사내쯤이야' 하며 요한을 가볍게 보았던 것이다.

세례 요한은 반격하지 않았다. 다만 바리새인들의 논리에는 조목조목 대답했다.

"나는 준비하는 자라고 말했소. 전구라고 말했소. 회개의 세례를 주겠다고 했소. 회개란 자신이 죄인임을 인식하는 것 아니오? 내 권능은 회개의 세례에 국한되어 있소. 진정으로 죄를 씻는 자는 내 뒤에 오시는 이요. 보시오, 모든 것을 안다고 생각하는 자들이여, 당신 가운데는 이미 당신들이 모르는 자가 서 있소! 진정으로 죄를 씻는 자란 그 '모르는 자'를 가리키는 것이오. 그만이 죄를 씻을 수 있소. 성령과 불로 씻을 것이오. 그 힘은 물보다 훨씬 위대한 것이오. 나는 그의 신들메도 감당하지 못하오."

논리는 헛돌고 말았다. 바리새파는 작전을 다시 짜지 않으면 안되겠다고 생각했다. 약이 올랐지만 발길을 되돌릴 수밖에 없었다.


젊음은 새로움을 구한다.

외곬으로, 스스로를 변혁시켜 줄 그 무엇을 추구한다.

세례 요한의 주변에는 언제부턴가 젊은이들이 모이기 시작했다. 극소수에 지나지 않았으나 그들 모두는 세례 요한에게서 자신들의 영혼에 어떤 울림을 주는 새로운 생명을 발견한 사람들이었다. 젊음에 따르게 마련인 외곬 성향은 그들로 하여금 요한을 따르는 것이 자신의 안태(安泰)에 도움이 되지 않는다든가, 보수적인 지도자들의 규탄을 받게 된다든가 하는 현실적인 문제를 무시하도록 만들었다. 설령 그런 것을 생각했다 하더라도 위험과 신고(辛苦)가 따르면 따를수록 더욱 열성을 쏟았을 것이 분명했다. 그들은 레위 지파 사람들과 바리새인들이 요한을 어떻게 대했는지를 바로 눈앞에서 지켜보았다. 통쾌한 마음과 존경심을 동시에 느꼈던 것이다.

무리 가운데는 그 강변에서 거의 70킬로미터 북방인 갈릴리 호수에서 고기잡이를 생업으로 하는 젊은 어부가 같은 어부인 안드레라는 친구와 함께 섞여 있었다. 그의 아버지 세베대 역시 어부였다. 젊은이(그에게는 야고보라는 형제가 있었다)의 이름은 요한이었다. 요한은 분위기도 그렇지만 시인의 눈을 가지고 있었다. 날카로운 직관력으로 눈에 보이는 구상(具像)의 배후에 자리잡고 있는 보이지 않는 실재의 본질을 꿰뚫어볼 수 있는 눈을 가지고 있었다. 안드레는 재기(才氣)는 떨어졌지만 선량하고 소박한 사람이었다. 두 사람 모두 충실한 유대 사람답게 어릴 적부터 예언서와 모세 율법서, 다윗의 「시편」에 익숙해 있었다. 따라서 그들 역시 자신들이 '기다리는' 백성임을 알고 있었다.

그러나 이 두 젊은이는 숭상받고 숭상해야 할 거룩한 기록에 대한 해석을 제사장이나 학자들의 입을 통해 들을 때는 항상 무엇인가 부족한 것을 느꼈다. 그러한 부족감이 세례 요한을 만나고 나서는 깨끗이 사라지고 말았다. 두 사람은 이상한 힘에 끌렸다. 동시에 그들은 이처럼 끌리는, 이처럼 새로운 세례자가 자신은 신들메도 감당할 자격이 없다며 거듭 밝히고 있는 '그 사람'에 대한 선망과 호기심이 나날이 깊어지고 강해짐을 억제할 수가 없었다.

세례자와 함께 있으면 '그 사람'과 만날 수 있을 것이라는 기대 때문에 두 사람은 생업인 고기잡이도 잊은 채 강변에 머물러 있었다. 요한의 아버지도 마찬가지였다. 숙식은 가까이 살고 있는 또래의 집에서 쉽게 해결할 수 있었다. 또 때로는 돌을 베개삼아 들에서 잠을 잘 수도 있었다. 이른 봄, 2

월 그믐께의 기온은 견디기 어려운 것이 아니었다.

어느 날 오후, 정확히 말하면 바리새인들이 예루살렘에서 찾아왔던 그 이튿날(요한복음 1 : 29).

여느 때처럼 몰려든 사람들의 물음에 답하고 세례를 주고 하느라 쉴 틈도 없이 바빴던 하루 일과도 끝나 조용해진 시각, 요한과 안드레는 세례 요한의 태도가 평소와 달라졌음을 깨달았다. 그는 정신없이 자신에게 시선을 던지고 있는 두 사람이 보이지 않는 듯 오로지 환희와 감동에 찬 눈길로 강폭이 좁은 요단 저편 기슭을 응시하고 있었다. 세례 요한으로서는 잊을 수 없는 그날 저녁의 세례 이래 거의 두 달 동안이나 기다렸던 '그 사람'이 다시 찾아온 것이다. 젊은 두 사람도 당연히 요한의 심상찮은 시선을 좇았다.

그리고 강 건너편에 낯선 사람이 걸어가고 있음을 보았다. 청년기에서 막 장년기로 접어든 나이로 보였다. 한눈에 동족임을 알아볼 수 있는 큰 키의 그 사람은 어머니가 손으로 지은 듯한 이음새 없는 흰옷을 입고 있었다.

방심한 듯 그 사람을 주시하던 세례 요한은 문득 두 제자가 자신의 시선을 좇고 있음을 눈치챘다.

"보아라."

그는 강 건너편을 가리키면서 말을 이어갔다.

"보라, 하나님의 어린 양을……. 저분이 그 사람임을 처음에는 알아보지 못했다. 그러나 나는 보았다, 하늘이 열리면서 하나님의 성령이 비둘기처럼 내려와서 저분 위에 머무는 것을. 그렇다, 저분이 그 사람이다. 세상 죄를 지고 가는 하나님의 어린 양이 바로 저분이다……."

　　그는 실로 우리의 질고를 지고
　　우리의 슬픔을 당하였거늘
　　우리는 생각하기를
　　그는 징벌을 받아서 하나님께 맞으며

고난을 당한다 하였노라.
그가 찔림은 우리의 허물을 인함이요,
그가 상함은 우리의 죄악을 인함이라.
그가 징계를 받음으로
우리가 평화를 누리고
그가 채찍에 맞음으로
우리가 나음을 입었도다.
우리는 다 양 같아서 그릇 행하여
각기 제 길로 갔거늘
여호와께서는 우리 무리의 죄악을
그에게 담당시켰도다.
그가 곤욕을 당하여 괴로울 때도
입을 열지 아니하였음이여.
마치 도수장으로 끌려가는 어린 양과
털 깎는 자 앞에 잠잠한 양같이
그 입을 열지 아니하였도다.
• 「이사야」 53 : 4~7

여호와께서 애굽 땅에서 모세와 아론에게 일러 가로되
이 달로 너희에게 달의 시작, 곧 해의 첫달이 되게 하고
너희 매인이 어린 양을 취할지니
흠 없고 일년 된 어린 양을 취하여
그 양을 잡아 그 피로 집 문 좌우 설주와 인방에 바르고……
내가 그 밤에 애굽 땅을 두루 다니며 사람과 짐승을 무론하고
처음 난 것을 칠 때
그 피가 너희를 위하여 표적이 될지라.

> 내가 그 피를 볼 때에
> 너희를 넘어(유월) 가리니…….
> • 「출애굽기」 12 : 1~13

　동물. 특히 중근동의 경우 사람과 가장 친숙한 양을 희생으로 드리는 것은 유대 민족에게만 국한된 것이 아니었다. 사람은 희생으로 드릴 흠 없는 어린 양 위에 먼저 자신의 손을 올려놓는다. 그것은 그 양이 자신을 대신함을 나타내는 징표이다. 손을 올려놓음으로써 피, 다시 말하면 자신에게 가장 소중한 생명으로써 씻어야 할 자기의 죄를 양에게 대신 지워주는 것이다.

　나는 전에 마그레브 지방과 팔레스티나 지방을 여행한 적이 있었는데 그때도 여전히 양의 희생의례는 계속되고 있었다. 사막지방을 관통하여 첫번째 마을에 도착했을 때, 나를 태우고 온 중근동인 운전사가 10분 정도의 시간을 달라고 내게 부탁을 해왔다. 희생으로 드릴 어린 양을 그 마을에서 살 수 있는지 알아보기 위해서라는 것이었다.

　"보라. 세상 죄를 지고 갈 하나님의 어린 양을."

　"어린 양의 피의 표적이 없는 집은 모두 내가 치리니……."

　지난날의 그 많은 사건 가운데서 유대 민족으로서는 결코 잊을 수 없는 이집트 탈출의 '출발의 밤'(출애굽기 12장). 노예의 멍에를 벗고 약속의 땅으로 출발하던 날 밤 조상들은 양을 잡았다. 그 양의 피의 표적을 통해 지킴을 받았고 그 고기를 먹음으로써 그들은 옛 속박으로부터 벗어나 새로운 자유로 '유월'해 갔던 것이다.

　그 이후,

> 너희는 이날을 기념하여 여호와의 절기를(유월절) 삼아
> 영원한 규례로 대대에 지킬지니라.

이후에 너희의 자녀가 묻기를
'이 예식이 무슨 뜻이냐' 하거든
너희는 이르기를
'이는 여호와의 유월절 제사라,
여호와께서 애굽 사람들을 치실 때에
애굽에 있는 이스라엘 자손의 집을 넘으사
우리의 집을 구원하셨느니라' 하라.

• 「출애굽기」 12 : 24~27


다시 말하면 어린 양은 속죄를 의미하는 것이었다. 고역에서 벗어나 구원과 희망에 찬, 광명의 길로 떠남을 의미했다.

"보라, 하나님의 어린 양을."

세례 요한의 말이었으므로 젊은 요한과 안드레는 「이사야」의 예언 구절과 모세 5경 가운데 하나인 「출애굽기」의 고사(故事)를 상기할 필요도 없이 그대로 믿었다. 아주 알기 쉬운 말이었기 때문이다.

여호와께서
그로 상함을 받게 하시기를 원하사
질고를 당케 하셨은즉
그 영혼을 속건제물(贖愆祭物)로 드리기에 이르면
그가 그 씨를 보게 되며
그 날은 길 것이요
또 그의 손으로 여호와의 뜻을 성취하리로다.

• 「이사야」 53 : 10


세례 요한이 가리킨 그 사람의 뒤를 두 사람은 어느 사이엔가 좇고 있었다. 스승으로 생각했던 세례 요한을 뒤에 남겨 놓고 강을 건너 그를 좇아갔다. 깊이 생각하고 취한 행동이 아니었다. 다만 믿고 있던 사람인 세례 요한이 '저 사람이 바로 그 사람'이라고 한 한마디 말에 앞뒤 가릴 것 없이 달려간 것이었다. 흰옷의 그는 두 사람이 좇아오고 있음을 모르는 듯, 여전히 느릿느릿한 걸음걸이로 차츰차츰 짙어지기 시작한 어둠 속으로 걸어들어갔다. 그러나 잠시 뒤 그는 뜻밖에도 걸음을 멈추면서 뒤를 돌아보았다.

"무엇을 구하느냐?"

훗날 에베소(에페수스. 지금의 터키 서부에 위치해 있는 고대도시로 유명한 아르테미스 신전의 유적지가 있다─옮긴이)로 물러나 늙은 몸을 쉬고 있던 요한은 치솟아오르는 그리움을 억누르지 못한 채 첫 만남의 순간을 자세히 기록하고 있다.

돌연한 물음에 허를 찔린 두 사람은 마음속으로 묻고 싶던 그 많은 것을 한순간에 잊어버리고 말았다. 더듬거리는 동안 생각지도 않았던 말이 튀어나왔다.

"랍비(선생)여, 어디서 사시나이까?"

"와서 보라!"

대답은 짧고 명료했다.

요한은 "저희가 가서 계신 데를 보고 그날 밤 함께 거하니라"라고 영원한 로고스(말씀)의 집까지 따라가게 되었다고 기록하고 있다. 그날 밤, 그 사람이 입고 있는 옷의 주름 하나하나에서부터 그의 얼굴을 비추는 등불의 밝기에 이르기까지, 또 말씀 한마디 한마디의 억양을 선명하게 기억하면서도 요한은 자신의 생애를 일변시킨 그 모든 것을 생생하게 묘사하는 것이 그로서는 불가능하다고 했다. 나중에 가장 사랑받는 사도가 된 그는 만감이 깃든 펜으로 이렇게 적고 있다.

'그날 밤은 거기서 머물렀다.'

그러고 나서 잊을 수 없는 만남의 시각을 또 이렇게 기록하고 있다.

'그것은 네시였다.'

밤을 새우며 계속된 문답 저편에서 어떤 말들이 오고갔을까. 젊은 두 사람이 세례 요한이 말한 대로 그보다 더 위대하고 새로운 스승과 '주'를 찾았다는 흥분으로 밤을 꼬박 새운 것만은 사실이었다.

"날이 밝을 무렵 안드레가 나가서 그의 형제인 시몬을 만났다"고 요한은 기록하고 있는데, 한시라도 빨리 누군가에 이야기하지 않고는 견딜 수 없었을 것이다.

안드레의 형제 역시 요한과 마찬가지로 70킬로미터 동북의 갈릴리 호수(또는 티베리아 호수) 주민이었다. 그의 집은 호수 건너편 벳새다(예수의 고향 나사렛에서 동북으로 30킬로미터 거리)였다. 호수 이름을 따서 갈릴리 지방으로 불리는 그 일대는 바로 기원전 932년 무렵까지 통일 왕국이었던 이스라엘이 유다 왕국과 이스라엘 왕국으로 분열된 뒤 이스라엘의 수도가 되었던 사마리아이다. 나중에 많은 외국인(앗수르와 마케도니아인 등)이 이주해 옴으로써 여호와 하나님을 잊은 이교 이방이 되는 바람에 그 일대는 사마리아로 불리게 된 것이다.

요컨대 눈앞의 예루살렘을 수도로 하는 유대 땅에서 볼 때 갈릴리는 적대관계에 있는 사마리아를 거쳐서 갈 수밖에 없는 벽촌 중의 벽촌인 셈이었다. 그런 벽촌에서 형제는 무엇을 하러 요단 강변의 베다니까지 오게 되었을까? 예루살렘으로 통하는 강변 도로를 오가는 사람들에게 호수에서 잡아 말린 건어물을 팔러 온 것이었을까? 어쩌면 무엇인가 새로운 것을 추구하는 청년기의 호기심에 등이 밀려, 이미 갈릴리 지방까지 소문이 번진 세례 요한을 찾아 그 먼 길을 달려온 것이 아닐까?

어쨌든 안드레는 형제 시몬을 쉽게 찾을 수 있었다. 갈릴리 사람의 인척인 그곳 토박이의 오두막 돌집에 묵고 있던 시몬은 어부답게 이른 새벽에 일어나 집을 나선 것이 틀림없다. 아직 3월이 안된 계절이라지만 중동의 아침은 동이 틈과 동시에 밝아온다.

시몬을 만나자마자 안드레가 안타깝고도 간절하게 털어놓은 말 한마디 한마디는 예수를 모시고 요한과 안드레가 밤을 새우며 주고받은 말과 그 끝에 가지게 된 확신이 어떤 것이었는지를 분명하게 증명하고 있다.

"와서 보아라. 예언된 구세주, 그리스도를 우리가 만났다! 그리스도를 만나고 왔단 말이야! 와서 보면 알아!"

시몬은 원래 성질이 급한 사람이었다. 그러나 순정이 있었다. 깊이 생각하고 자문해 보기 전에 말과 행동이 앞서는 사람, 그러한 특징은 그가 죽을 때까지도 변하지 않는다. 그는 안드레의 말을 듣자마자 달려나갔다. 이른 아침에 누구를 찾아가는 것이 그 사람에게 폐가 되든 말든 그런 것에 신경을 쓸 시몬이 아니었다. 안드레와 함께 예수에게 달려온 시몬은 호기심에 찬 눈길로 예수를 응시했다. 무엇 하나 숨김이 없는 시몬의 솔직한, 그러나 호기심에 찬 눈길은 끝없이 깊은 예수의 눈길 속으로 빨려들어갔다. 깊은 눈길의 사람은 조용히 입을 열었다. 그러나 그의 말은 불가사의하기 짝이 없는 것이었다.

"네가 요나의 아들 시몬이로구나. 장차 베드로(아람어로는 게바, 반석이라는 뜻)라 하리라."

예수는 옛 기록에 몇 번이나 나오는 비유를 인용하고 있었다.

여호와는 내 생명의 능력이시니
환난 날에 그 장막 은밀한 곳에 나를 숨기시며
바위 위에 높이 두시리라.
　•「시편」 27 : 1~5

내게 귀를 기울여 속히 건지시고
내게 견고한 바위와
구원하는 보장이 되소서.

주는 나의 반석과 산성이시니······.
 •「시편」 31 : 2


나를 기가 막힐 웅덩이와 수렁에서 끌어올리시고
내 발을 반석 위에 두사
내 걸음을 견고케 하셨도다.
 •「시편」 40 : 2


'반석'(바위)의 의미를 이해하기 위해서는 팔레스타나 지방뿐만 아니라 중근동 일대를 실제 여행해 볼 필요가 있다. 발달된 농경기술과 관개농법으로 오늘날과 같은 녹지대가 조성되기 이전, 그 일대는 초원과 강변의 옥토를 제외하면 바위와 모래뿐인 땅이었다. 그리고 모래는 때때로 생물처럼 움직이고 이동한다.

강풍이 부는 날 나는 자동차로 사막지대를 지나간 적이 있는데 그때 대지는 파도처럼 일렁거렸으며, 모래언덕은 강풍에 실려 눈 깜짝할 사이에 없어지기도 하고 새로 생겨나기도 했다. 거짓말 같은, 믿기 어려운 광경이었다. 나는 그러한 사막의 변모를 사진에 담고 싶어 운전사에게 차를 잠깐 세워달라고 부탁했다. 그러나 경험 많은 그 중동인 운전사는 화난 얼굴로 나를 가로막는 것이었다. 사진을 찍는다고 차에서 내리겠다니, 모래구덩이에 발이 빠져버릴 거라면서 호통을 쳤다.

"아직도 무슨 말인지 모르겠소? 우리는 지금 위험하기 짝이 없는 여행을 하고 있는 중이요!"

내 눈에는 모두가 단순한 사막으로만 보였으나 그는 유목민 베두인족이 천 년 단위의 세월 동안 뼈아픈 체험을 거쳐 터득한 좁고 안전한 길을 찾느라 땀을 뻘뻘 흘려가면서 차를 몰고 있었던 것이다.

그날 저녁에 도착한 마을에서 나는 그의 말이 과장된 것이 아님을 알게 되었다. 그곳 사람들이 말리는 것도 뿌리치고 손수 운전으로 사막을 횡단하려던 가나안 일가족의 차가 모래더미에 빠져 흔적도 없이 사라졌다는 것이었다. 사막지대가 언제나 위험하다고는 볼 수 없다. 그러나 날씨 변화에 따라 덮치는 위험은 토착민이 아니고선 결코 실감할 수 없는 끔찍한 것이었다.

바위는 모래와 대조를 이룬다.

중근동의 바위는 바로 암석지대를 가리킨다. 미동도 하지 않는 요새처럼 단단하고 안전하다. 중근동의 모든 요새는 옛것이든 새로운 것이든 이 바위 위에 쌓은 것이다. 영원히 보존해야 할 무덤도 바위를 뚫어 그 안쪽 깊은 곳에 설치한다. 마을도 도시도 암석지대 위에 건설한다. 따라서 바위는 바로 반석이며 생명이자 생명을 지켜주는 것, 그리고 안전과 견고의 대명사가 된다.

그러므로 "장차 베드로(반석)라 하리라"고 했을 때 어눌하고 소박한, 그래서 옛 기록의 구절구절을 즉각 생각해 내지 못한 시몬이었으나 어떤 특별한 의미를 어렴풋하게나마 느낄 수 있었던 것이다. 이 어부는 만 2년 뒤 그리고 그의 생애가 끝날 무렵, 자신에게 지워진 '반석'(바위)의 사명을 보다 분명히 깨닫게 된다. 그렇더라도 첫 대면의 자리에서 서슴없이 그의 아버지 이름을 말함과 동시에 단정을 내리는 예수의 힘찬 그 무엇은 성급하고 정직한 시몬을 휩싸버리기에 충분했다. 그는 정신없이 그 자리에 엎드렸다.

제자는 이제 셋으로 늘어났다. 요한, 안드레, 시몬. 네번째 제자 빌립을 예수가 만나게 된 것은 그 이튿날이었다.

그날은 예수가 고향인 갈릴리를 향해 요단 강변을 떠나는 날이었다(요한복음 1 : 43). 갈릴리의 젊은 어부들과는 달리 예수가 요단 강변으로 온 데에는 분명 필연이라고 할 수밖에 없는 다른 목적이 있었다. 전구의 '소리'에게 때가 찼음을 알리고 직접 나타내 보이기 위해 세례를 받고 '의'를 이루

려, 40일 낮과 밤의 시련을 받기 위해 요단 강변으로 왔던 것이다. 목적을
이룬 지금, 요단 강변에 머물러 있을 이유가 없었다. 갈릴리 지방은 예수를
기다리고 있었던 것이다.

> 스불론 땅과
> 납달리 땅으로 멸시를 당케 하셨더니
> 후에는 해변길과
> 요단 저편 이방의 갈릴리를
> 영화롭게 하셨느니라.
> 흑암에 행하던 백성이
> 큰 빛을 보고
> 사망의 그늘진 땅에 거하던 자에게
> 빛이 비취도다.
> • 「이사야」 9 : 1~2

그 갈릴리로 돌아오는 길에 예수는 어부 시몬 베드로와 같은 벳새다 출
신인 빌립과 마주치게 되었다. 예수는 빌립에 대해서는 시몬 베드로 때처
럼 단정을 내리지 않았다. 아니 단정은 예수의 마음속에 이미 내려져 있었
다. 사람의 마음을 꿰뚫어보는 예수는 젊은 어부 빌립에게서 장차 가르침
을 위해 순교하게 되는 외곬의 사도를 본 것이었다.

"나를 좇으라!"

그 한마디로 충분했다. 빌립은 네번째 제자가 되었다. 한 마을 출신이라
는 정분도 있는데다가 무엇이든지 속에 접어두고는 견디지 못하는 시몬이
어서 요단 강변에서부터 '이 사람'에 대한 이야기를 빌립에게 털어놓았을
것이 틀림없다. 빌립 역시 소박하고 어눌하면서도 성급한 청년이었다. 지
금까지 어느 누구도, 같은 어부 친구를 제외하고는 그에게 먼저 말을 걸어

온 적이 없는, 또 말을 건네본 적도 없는 시골뜨기 청년은 명성이 자자한 요단 강변의 세례자가 선망의 눈길로 우러러볼 정도의 사람이 '나를 좇으라'고 불러준 데 대해 기쁨을 감추지 못했다. 그는 거의 달리다시피 평소에 알고 지내는 갈릴리 사람들을 찾아갔다.

편벽한 어촌 벳새다와는 비교가 되지 않는 가나(지금은 카후르 켄나로 불린다) 출신의 나다나엘은 시몬이나 빌립보다는 조금 사려가 깊은데다가 큰 마을 출신답게 세련된 사람이었다. 차림도 약간은 고급스럽고 멋이 풍겨나는 것이었다.

"내 말 잘 들어. 모세 5경에도, 예언서에도 기록되어 있는 '오실 이'를 만났어. 나사렛 사람이야. 요셉의 아들 예수라는 사람이야. 너도 함께 가서 만나보는 게 어때?"

흥분을 억누르지 못한 채 허겁지겁 이야기를 늘어놓는 빌립을, 요단 부근 여기저기에 무성히 자라고 있는 무화과나무에 등을 기대고 있던 나다나엘이 가로막고 나섰다. 무화과나무에는 어느덧 새싹이 돋고 있었다. 나다나엘은 순진하게 서두는 빌립에게 미소를 지어 보이면서 입을 열었다.

"세상 물정 모르는 녀석 같으니라구……, 잘 알아보지도 않고 따라나서다니……."

그는 점잔을 빼면서 말을 이어갔다.

"나사렛 출신이라구? 그런 벽촌에서 뭐가 나온단 말인가? 사람이든 물건이든 제대로 된 게 나올 턱이 있나!"

그러면서도 머릿속으로는 율법서와 역사서 그리고 예언서의 단편들을 떠올려 보았다. 그리스도와 나사렛의 관계에 대해서는 어디에도 언급된 것이 없었다. 적어도 나다나엘은 그렇게 느꼈다. 그리스도를 기다리는 자, 나다나엘 자신도 기다림에 관한 한 어느 누구에게도 뒤지지 않았지만 이들이 가장 경계해야 할 것은 미혹당하는 어리석음이라고 생각했다.

빌립은 속이 상했다. 망신을 당한 기분이기도 했다. 고사를 인용하여 반박할 만큼의 학식을 갖추지 못한 자신이 한스러웠다.

"어쨌든 와서 보면 알 게 아닌가!"

그렇게밖에 말하지 못하는 빌립을 나다나엘은 미소를 지으며 다독거려 주었다.

"그렇게 해야 네 기분이 풀린다면······, 좋아, 가보기로 하지."

가벼운 기분으로 따라나선 나다나엘은 그러나 경악하고 말았다.

"보라, 이는 참 이스라엘 사람이라······."

'그 사람'이 자기를 가리키면서 하는 말을 듣고 그는 놀라지 않을 수 없었다.

"저를 어떻게 아시고 계십니까?"

나다나엘은 저도 모르게 반문했다. 그리고 그 사람의 대답에 다시 한번 경악했다.

"이리로 오기 전, 무화과나무 아래에 서 있는 너를 보았느니라."

보고 있었다!

그 주변에는 아무도 없지 않았는가. 또 빌립과 자기, 두 사람은 외길로 달려오지 않았는가. 설령 이 사람이 자신들 모르게 거기 있었다치더라도 자신이 눈치챌 수 없게 앞질러 여기까지 와 있다는 것은 불가능하지 않은가.

'보라'는 단어는 유대에서 전통적으로 지식을 가리킨다. 인식을 가리키는 말이다.

(자신이 '그 사람'에게) 보이고 있었다. 알려지고 있었다. 나다나엘의 경악은 차츰 초자연적인 힘에 대한 경외로 바뀌어갔다. 인식이 바뀐 것을 보면 그 역시 소박하고 순진한 청년이었다.

"랍비여!"

나다나엘은 저도 모르게 입을 열었다.

"당신은 하나님의 아들이시니이다."

무화과나무 아래에 서 있던 자신을 '보고 있었다'면 빌립을 향해 '무엇 하나 제대로 된 게 없는 나사렛 사람'이라고 내뱉은 말도 들어서 '알고' 있을 터……. 허둥대면서 나다나엘은 말을 이어갔다.

"당신이야말로 이스라엘의 왕이로소이다."

청년의 순박함을 그 사람은 즐기고 있는 것같이 보였다.

"내가 너를 무화과나무 아래서 보았다 하므로 나를 하나님의 아들이라고 믿느냐?"

그러고 나서는 타이르듯이 말을 이어갔다.

"진실로 진실로 너희에게 이르노니 하늘이 열리고 하나님의 사자들이 인자 위에 오르락내리락하는 것을 보리라."

예수는 나다나엘을 보고 참 이스라엘 사람이라 하고, 나다나엘은 또 당신이야말로 이스라엘의 왕이라고 대답한 그 자리에 참으로 걸맞는 타이름이었다. 유일신 여호와의 신앙에 최초의 부름을 받은 것은 믿는 사람들의 아버지인 아브라함이었고 그의 손자 야곱이 하나님과 사람이 맺은 언약의 증인이 되기 위해 이삭과 리브가의 장막을 떠나 하란으로 향했던 첫날 밤 울려 퍼지는 여호와의 소리를 들으면서 꿈에 본 것이 수많은 천사가 하늘에서 오르락내리락하던 광경(창세기 28 : 12)이었기 때문이다.

> 나는 여호와니
> 너의 조부 아브라함의 하나님이요
> 이삭의 하나님이라.
> 너 누운 땅을
> 내가 너와 네 자손에게 주리니…….
> •「창세기」 28 : 13

하나님의 나라인 하늘이 천사들의 오르락내리락함을 통해 현세인 땅과 이어지는 그 약속을 꿈에서 본 야곱은 또 귀향하던 어느 날 밤, 짙은 어둠 때문에 얼굴도 모습도 보이지 않는 불가사의한 상대의 도전을 받아 밤새도록 씨름을 하게 된다. 날이 샐 무렵, 정체를 알 수 없는 상대는 깊게 울리는 소리로 이렇게 말했던 것이다.

"네 이름을 다시는 야곱이라 부르지 아니할 것이요, 이스라엘이라 부를 것이니, 이는 네가 하나님과 사람으로 더불어 겨루어 이기었음이라……."
(창세기 32 : 28)

선조 야곱 이스라엘처럼 나다나엘도 나중에 하나님의 언약의 증인이 되어 하늘과 땅이 이어짐을 보게 될 것이라고 예수는 그날 갈릴리 출신의 순진한 청년에게 말한 것이었다.

'진실로 진실로'라는 표현은 당시 그 지방의 특수한 어법이었다. 역어로는 뉘앙스가 잘 나타나지 않지만, 원래 '거짓 없는 진실을 고한다', '그렇게 되기를'(아멘), '분명 그렇게 된다'는 세 가지 의미를 함축하고 있다. 따라서 이런 어법은 극히 중요한 사상(事象)을 장중히 고할 때에만 사용한다.

"진실로 진실로 너희에게 이르노니 하늘이 열리고 하나님의 사자들이 인자 위에……."

예수는 나다나엘의 장래와 함께 자신이야말로 전 세계를 감싸안는 하늘 나라, 다시 말하면 새 이스라엘의 새로운 조상임을 그 한마디 안에 함축시키고 있는 것이었다.

최초의 제자 다섯 사람인 요한, 안드레, 베드로, 빌립, 나다나엘을 선택한 뒤 예수가 가려고 했던 곳은 갈릴리가 스불론과 납달리와 접하는 지점인 가버나움이었다. 그곳은 결국 예수의 선교 본거지가 된다.

가버나움에는 안식일마다 모세 율법서를 읽기 위해 모이는 회당이 있었다. 사람 키만한 선인장이 양편에 빽빽히 들어서 있는 흰 먼지투성이의 강변 길을 따라 갈릴리 호수가 오른쪽으로 바라보이는 회당을 중심으로 세리 사무소가 있는가 하면 로마 병사 주둔지도 자리하고 있어 어촌치고는 꽤

붐비는 곳이었다. '광야에 외치는 소리', 곧 선구자를 찾아가기 전, 예수는 이미 어머니가 살고 있는 나사렛을 떠나 가버나움에 작은 집을 마련해 놓고 있었다.

그러면 왜 하필 가버나움인가?

그곳은 유대 백성이 많이 몰려 사는 곳인 동시에 이방과 이방 사람들에게도 개방된 접경지였기 때문이다.

지금도 예수의 땅 팔레스티나를 여행하는 사람들은 반은 허물어진 채 선인장과 겨자꽃에 묻혀 있는 회당을 볼 수 있을 것이다. 예수는 여러 차례 바로 그곳에서 설교를 하였다.

제2장 **태양, 떠오르다**

## 1. 가나에서

  마을은 흥청거리고 있었다. 봄 기운이 날로 무르익는 계절이어서 그런
것은 아니었다. 대대로 내려오는 명문 집안에 혼례가 있기 때문이었다. 관
혼상제는 어느 지역, 어느 민족에서든 가장 큰 행사이다. 특히 당시 조금이
라도 이름이 알려진 집안의 혼례는 그 마을뿐만이 아니라 인근 마을 사람
들까지 초청해 며칠씩 밤을 새워 잔치를 벌이는 것이 관례로 굳어 있었다.
사람들도 일손을 쉬는 것을 당연한 것으로 생각했다. 부자는 잘 차려입고
상석에서 그럴듯하게 잔치를 즐기기 위해, 가난한 사람들은 잔치 시중과
부엌일을 돕기 위해 몰려드는 것이었다.
  가나에서 불과 7킬로미터밖에 떨어지지 않은 나사렛에서 예수의 어머니
마리아도 일손을 도울 사람의 하나로 잔치에 초대를 받아 왔다.
  가나 출신의 나다나엘은 말할 것도 없고 그의 친구 빌립, 베드로, 안드레
또 그들의 새로운 스승인 마리아의 아들 예수도 초대를 받았다.

　무화과나무 아래의 나다나엘을 예수가 알아본 사흘 뒤의 일이었다고 요한은 기록하고 있다. 그들이 가나의 혼례에 간 것은 선교 본거지, 가버나움으로 돌아가던 길목에서였다고 보는 것이 타당할 것 같다. 네 명의 복음사가 마태, 마가, 누가, 요한 가운데 가나 혼례의 일화를 기록하고 있는 것은 요한 한 사람뿐이다. 여기에는 까닭이 없는 것도 아니다.

　만 2년 뒤, 이 혼례가 치러지던 날과 같이 화사한 봄날, 골고다 언덕에서 십자가에 못박힌 예수를 남겨둔 채 베드로와 나다나엘은 겁에 질린 나머지 도망을 쳤지만 요한은 혼자서 마리아를 부축하고 그 자리를 지켰던 것이다. 그때, 못박히는 형벌의 단말마 가운데서 예수는 요한에게 마리아를 부탁한다.

　"보라, 네 어머니라."

　그 말을 들은 제자 요한은 그때부터 마리아를 자기 집에 모시게 된다.

　열두 사도 가운데 누구보다도 깊은 유대로 예수의 어머니와 맺어지게 되는 요한은 만년에 펜을 들어 복음서를 기록하면서 단순히 마리아를 잊지 않은 정도가 아니라 그만의 독특한 사상성과 명상성을 바탕으로 하여 예수의 어머니 마리아를 묘사하고 있다. 그는 예수의 구원사업에서 어머니의 역할을 옛 약속 '구약'에 나타나는 어머니 하와의 역할과 대비하면서 애정을 깃들여 마리아를 그려내고 있다. 그에게 마리아는 예수의 어머니, 우리 어머니의 이상인 '새로운 어머니'였던 것이다. 그리고 새로운 어머니의 역할이 보다 분명히 나타나고 있는 것이 바로 가나의 혼례와 골고다 언덕이었다고 요한은 느낀 것 같다. 또 다른 이유도 있다. 예수가 행한 최초의 기적이 한솥밥을 먹는 사이에서, 더욱이 사람을 맺어주는 '밥을 나누어 먹는' 자리에서, 또 두 사람을 사랑으로 한몸이 되게 하는 '혼인'의 자리에서 일어났다는 점이다. 그 깊은 의미를 요한은 나중에 최후의 만찬과 하나님 나라에서의 하나님과 사람의 혼인 비유 이야기를 듣고 깨닫게 된다.

　마리아도 예수도 그리고 그의 제자들도 가난했다. 그들은 화려한 혼인 잔치의 저 끝자리에 앉을 수밖에 없었다. 그곳은 술을 담아 놓은 돌항아리가 즐비한 바로 옆자리로 하인들의 움직임이 다 내려다보이는 곳이었다. 마리아는 여자답게, 어머니답게, 안쪽 자리의 주인과 주빈에게 신경을 쓰면서 주방 쪽도 눈여겨보고 있었다. 때로는 접시와 그릇 나르는 것을 돕기도 했다.

잔치는 중동 특유의 시끌벅적함 속에 무르익어갔다. 포도주가 몇 차례 돌자 좌중의 흥취도 고조되었다.

"술을 더 가져와라, 자 빨리 빨리!"

주인은 한껏 기분을 내면서 하인들을 재촉했다. 그러나 얼마 지나지 않아 하인들은 당황하기 시작했다. 술항아리가 벌써 바닥을 드러내기 시작한 것이다. 술 준비에 계산 착오가 있었다.

"어떡헌다? 달려가서 새로 사와?"

"그럴 순 없어. 길이 얼만데……"

이 지방 잔치답게 자리가 모자라 대문 앞과 뒷마당으로 밀려난 손님들도 눈치를 채고는 수군거리기 시작했다.

"술이 모자라나 봐. 준비성 없는 집이로군."

"아냐, 처음부터 준비를 그렇게 했나 봐. 적당 적당히 손님을 치르려구 말야!"

"주인한테 귀띔을 해줘?"

"쓸데없는 짓 그만둬. 애꿎은 하인들만 된통 야단맞을 게 뻔한데 뭣 때문에……"

하인들은 허둥대면서도 혹시나 하는 생각에서 술독을 들여다봤지만 바닥만 덩그러니 드러나 있을 뿐이었다.

마리아는 시종을 자세히 지켜보고 있었다. 하인들의 처지를 충분히 이해할 수 있었다.

그녀는 눈을 들어 바로 옆에 앉아 있는 아들을 바라보았다. 언제나 다름없이 조용히. 어릴 적부터 그랬듯이 어떤 범할 수 없는 기품으로 마을 사람들과 어울려 있는 단정한 예수의 옆얼굴을 응시했다. 이 젊은이가 범상한 사람이 아님을 누구보다도 잘 알고 있는 사람은 어머니인 그녀였다.


## 2. 마리아의 회상

30년 전 늦겨울.

황금빛 찬란한 저녁 노을 가운데 서 있는 젊은 그녀 앞에 불꽃과 같은 빛에 싸여 하나님의 사자 가브리엘(하나님의 강한 사자)이 나타나 이렇게 말하는 것이었다.

은혜를 받은 자여
평안할지어다.
주께서 너와 함께 하시도다.
마리아여 무서워 말라.
네가 하나님의 은혜를 얻었느니라.
보라 네가 수태하여 아들을 낳으리니
그 이름을 예수(히브리어 여호수아에서 파생된 것으로 '여호와의 도움', '하나님의 구원'이란 뜻)라 하라.
저가 큰 자가 되고
지극히 높으신 이의 아들이라 일컬을 것이요,
그 조상 다윗의 위(位)를 저에게 주리니
영원히 야곱의 집에 왕 노릇 하실 것이며
그 나라가 무궁하리라.
성령이 네게 임하시고

지극히 높으신 이의 능력이 너를 덮으시리니.
- 「누가복음」 1 : 28~35

당혹해하던 마리아가 대답했다.
"주의 계집종이오니 말씀대로 내게 이루어지이다."(누가복음 1 : 38)
그녀는 아기를 가지게 되었다. 그녀에게는 같은 나사렛 마을의 다윗 가문의 후손으로 목수인 요셉이란 정혼자가 있었으나 '남자'를 알지 못하는 그녀였다. 그러한 그가 임신을 했다. 지극히 높으신 자의 힘에 의해 역사에 개입할 절대자를 잉태한 것이다.
봄 기운은 사방에 가득했다. 들과 마을 그리고 마리아의 마음과 인류 역사에도 봄 기운이 무르익고 있었다. 밤이 어둠을 떨치고 밝아오기를 기다리고 기다리던 끝에, 지금 새벽을 맞고 있는 것이다. 생명이 되는 존재가 지금 역사 안으로 들어온 것이다.
기쁨으로 가득 찬 마리아는 돌이 많은 유다 언덕을 올라 6개월 전에 임신한 엘리사벳(하나님의 집)을 찾아갔다. 4개월 뒤 엘리사벳은 후에 세례 요한이라고 불리게 되는 아들을 낳게 된다. 생명을 안은 봄 자체인 마리아는 엘리사벳을 부둥켜안으면서 찬양의 노래를 불렀다. 이 노래는 후세 많은 음악가들에게도 영감을 준 그 유명한 '마그니피카트' 송가이다.

마그니피카트 아니마 메아 도미눔……

내 영혼이 주를 찬양하며
내 마음이 하나님 내 구주를 기뻐하였음은
그 계집종의 비천함을 돌아보셨음이라.
보라 이제 후로는
만세에 나를 복이 있다 일컬으리로다.

능하신 이가 큰 일을 내게 행하셨으니
그 이름이 거룩하시며
긍휼하심이 두려워하는 자에게
대대로 이르는도다.

· 「누가복음」 1 : 46 이하

만물은 어느 날, 미소 속에 노래하면서 빛 줄기 넘치도록 행복을 뿜어내었다.

그녀의 회임을 안 요셉에게는 그 봄이 찬란하게 빛나는 행복한 계절이 아니었다. 그는 괴로웠다. 마리아가 자기를 배반했다고는 생각지 않았다. 그러나 회임은 틀림없는 사실이었다. 율법과 마리아에 대한 사랑 사이에서 한없는 고뇌를 맛보아야 했던 그는 결국 율법에 따른 공적인 고소 대신 말없이 그녀 곁을 떠나기로 마음을 정했다. 그렇게 결심한 순간, 천사가 꿈에 나타나 그를 깨우쳐 주었다.

다윗의 자손 요셉아
네 아내 마리아 데려오기를 무서워 말라.
저에게 잉태된 자는 성령으로 된 것이라.
아들을 낳으리니 이름을 예수라 하라.
이는 그가 자기 백성을 저희 죄에서 구원할 자이심이라.

· 「마태복음」 1 : 20~21

열 달 뒤.

당시 로마 황제 아우구스투스와 시리아 총독 크레니오는 전후 두 번에 걸쳐 로마 대제국 내 인구조사를 실시했다. 이에 따라 모든 사람은 각자의 본적지로 가서 호적 신고를 하지 않으면 안되었다. 이미 겨울로 접어든 계절, 찬 서리가 내린 에바르 산과 가리짐 산을 옆으로 바라보며 60킬로미터 길을 걸어 요셉은 만삭의 마리아를 데리고 다윗 가의 본적지인 유다 언덕의 베들레헴(빵집)으로 갔다(나중에 '나야말로 하늘에서 내려온 빵'이라고 세상에 고하게 되는 자의 출생지가 '빵집', 즉 베들레헴으로 불리는 마을임은 얼마나 상징적인가!).

호적 신고를 위해 사방 각지에서 몰려든 수많은 사람들로 붐비는 베들레헴에 지친 몸으로 도착한 두 사람이 묵을 잠자리가 남아 있을 까닭이 없었다. 마을의 정 많은 사람이 몸이 무거운 마리아를 딱하게 생각했던지 자신의 마구간 한쪽을 비워주었다.

두 사람은 마른 짚을 깔아 잠자리를 마련했다. 마구간에서 출산을 맞게 되었다. 낮 동안 그렇게 붐비던 거리도 조용해진 심야, 아내의 산기에 허둥대는 요셉과 때때로 판자벽을 차는 말 몇 마리에 둘러싸여 마리아는 예수를 낳았다. 걸치고 있던 낡아빠진 베옷자락과 작은 짐보퉁이 속에 간직해 왔던 천조각을 배내옷 삼아 아기를 싸서 짚에 찔리지 않게 구유통에 눕혔다.

> 베들레헴 에브라다야
> 너는 유대 족속 중에 작을지라도
> 이스라엘을 다스릴 자가
> 네게서 내게로 나올 것이라.
> • 「미가」 5 : 2

지극히 높은 자의 탄생은 괴로운 여행길에 가난과 결핍 속에서 이루어졌다. 배내옷도 누울 자리도 태어난 아기에 속하는 것은 하나도 없었다. 그러나 그렇기 때문에 사람의 형상으로 '때'와 '역사'에 개입한 하나님의 인간에 대한 끝없는 존경이 나타나고 있는 것이 아닐까. 옷, 잠자리, 집, 부, 재물,

안일 등 썩어 없어질 것들 그리고 때때로 선인보다는 악인이 많이 소유하게 되는 일체를 배척하고 그것들과는 비교가 안되는 숭고한 '인간', 적나라한 '인간'만을 그날 밤의 은밀한 드라마의 중심에 가져다 놓은 것 자체가 하나님의 평가대상이 무엇인가를 말해주는 것이 아니었을까.

여기서 놀라운 것은 마리아의 침묵이었다. 요셉의 침묵이었다. 태어난 아기에 대해 알려진 모든 것을 그들은 새삼 떠벌리지 않았다. 그들은 하나님이 가장 즐겁게 생각하는 침묵을 지킴으로써 '말씀'을 후세로 내어보낸 것이었다.

구유통에 아기를 누인 다음 외풍을 막고 해산자리를 깨끗이 치울 틈도 없이 마구간 입구에서 누군가가 찾는 소리가 들려왔다. 육신을 빌려 온 하나님을 찾아 첫 예배자들이 온 것이었다. 그들이 지금까지 가난하고 솔직한 그리고 거친 이 지역의 목자(牧者)들이었던 것에도 깊은 의미가 숨겨져 있었다. 부와 권세, 그리고 지위와 영예는 대부분의 경우 사람들을 거룩한 것과 보다 높은 것으로부터 멀어지게 만들며 학문과 학식을 자랑하는 것 역시 때때로 사람을 순박함에서 멀어지게 만드는 것이다.

"우리는 근처에 노숙하면서 양떼를 지키고 있었습니다."

그 중의 한 사람이 말했다. 양떼를 방목하는 들판에는 늑대와 도둑이 들끓었기 때문에 밤이면 목자들이 모닥불에 몸을 녹이면서 지켜주어야 했다.

돌연, 그렇다. 돌연 주변이 대낮처럼 환해지는 가운데 주님의 사자가 나타났다고 했다. 경외감으로 허둥대는 목자들을 보고 천사는 다음과 같이 말했다.

"무서워 말라. 내가 온 백성에게 미칠 큰 기쁨의 소식을 너희에게 전하노라. 오늘 다윗 동네에서 너희를 위하여 구주가 나셨으니 곧 그리스도라. 너희가 가서 강보에 싸여 구유에 누인 아기를 보리니 이것이 너희에게 표적이라."

그 순간 들판에는 한 무리 천사들이 나타났다. 대낮처럼 환한 광채 가운데서 그들의 찬양 소리가 언제까지나 울려퍼졌다(누가복음 2 : 8~13).

지극히 높은 곳에는
하나님의 영광이요
땅에서는 기뻐하심을 입은
사람들 중에 평화로다.
• 「누가복음」 2 : 14

"그래서 이렇게 찾아왔습니다."

목자들은 기쁨에 넘친 얼굴로 멈칫멈칫 구유 옆으로 다가서는 것이었다.

며칠이 지났다. 태어난 지 8일째 율법이 정한 대로 할례를 행하기 위해, 또 첫 아기를 주께 드리는 제사를 지내러 예루살렘으로——다행히 아주 가까운 거리였다——갈 날을 의논하고 있을 무렵, 두번째 경배자 세 사람이 찾아왔다. 이 근역에서는 볼 수 없는 동방 복장을 한 세 사람은 인품 역시 고상하게 보였다. 메데나 페르시아에서 온 사람들 같았다. 공손한, 그러나 기쁨을 감추지 못하는 세 사람은 아름다운 옷이 더러워지는 것도 개의치 않고 구유 앞에 엎드리는 것이었다. 옆에서 놀라움을 감추지 못하는 요셉과 마리아를 향해 그들은 입을 열었다.

"우리는 동방에서 온 학자들입니다."

당시의 동방에서는 학자들이라면 바로 사체인 동시에 정치 지도자이자 천문학을 다루는 박사를 의미했다.

"우리는 하늘에서 강렬한 빛을 발하는 새로운 별이 나타났음을 발견했습니다. 구세주의 별이었습니다. 그 별은 유대 쪽을 가리키고 있었습니다. 그것을 본 우리는 곧바로 길을 떠나 유대 예루살렘으로 와서 새로 나신 왕이 어디 계신지 물어보았던 것입니다……."

박절하게 내몰 수가 없어 동방에서 온 세 현자를 왕궁으로 맞아들여 접견한 사람은 세례 요한을 곧 잡아들이게 되는 헤롯 안디바의 아버지인 헤롯 대왕이었다. 헤롯 대왕은 헤롯 왕가의 시조로 꼽히는 사람이었다. 왕위를 지키기 위해 많은 혈육을 살해할 정도로 야심만만한 사람이었던 그는 동방 박사 세 사람이 입을 모아 말하는 유대의 위대한 새 왕의 탄생 이야기에 당혹함과 두려움을 감추지 못하였다. 갓 태어났다는 그 새 왕은 자신의 왕위에 대한 잠재적인 위협이었다. 그를 죽여야겠다는 생각이 순간적으로 그의 머리를 스치고 지나갔다. 그러나 새로 태어난 왕이 어디 있는지 알 수가 없었다. 새로 태어난 왕을 찾아온 동방 박사와 마찬가지로 헤롯 대왕의 측근들도 아는 것이 하나도 없었다. 율법학자들과 제사장들이 긴급 소집되었다. 모든 예언서를 샅샅이 조사하기 위해서였다. 마침내 한 사람이 「미가」 예언서의 한 페이지를 들고 나왔다.

유대 땅 베들레헴아
너는 유대 고을 중에 가장 작지 아니하도다.
네게서 한 다스리는 자가 나와서
내 백성 이스라엘의 목자가 되리라.

헤롯 대왕은 새 별이 나타난 시각을, 다시 말하면 새 '왕'의 탄생 시각을 동방 박사 세 사람에게 집요하게 물어보았다. 박사들의 대답을 들은 다음에야 베들레헴으로 가는 길을 가르쳐 주었다. 그러면서 한마디 덧붙이는 것을 잊지 않았다.
"가서 경배하도록 하오. 태어난 아기를 자세히 살펴보고 오도록 하시오. 돌아가는 길엔 반드시 내게 들려 당신들이 보고 들은 것을 자세히 전해 주시오. 나도 가서 경배를 드릴 생각이오."
세 박사는 그렇게 하겠다고 약속한 다음 궁궐에서 물러났다. 그러자 보라, 하늘에는 별이, 지난날 동방에서 보았던 그 별이 다시 나타나 빛을 내

뿜고 있었다. 그 별은 마치 세 사람에게 길을 가르쳐 주기라도 하듯 빛을 내뿜으면서 함께 움직이는 것이었다. 새로 탄생한 왕은 도성 예루살렘에 있을 것으로 믿어의심치 않았던 동방 박사 세 사람, 그래서 고향에서의 안락한 나날을 팽개치고 그 먼 길을 허겁지겁 달려왔던 그들의 실망은 말할 수 없을 정도로 컸다. 그러나 지금 그 실망과 낙담이 헛된 것이 아니었음을, 또한 그러한 낙담과 실망이 사실은 목표로 삼고 있는 이상에 이르는 불가결의 과정이었음을 그들은 깨달았다.

동방 박사 세 사람은 구하는 자의 모형이었다. 구하는 자는 무엇보다도 먼저 익숙해 있던 안일에서 '벗어나야' 하는 것이다. '실망'을 경험해야 하는 것이다.

별은 느릿느릿 움직였다. 마침내 예루살렘의 가파롭고도 돌이 많은 언덕을 지나 풀이 무성한 작은 마을에 이르자 별빛은 한 마구간을 비추면서 멈추는 것이었다.

마구간에 왕이 있을 턱이 없지 않은가! 일반적 통념은 그러하지만 외곬의 '구하는 자'는 그러한 통념에 얽매이지 않는 법, 세 박사는 사람들이 깔보는, 사람이 사람을 사람으로 보지 않는 비천(卑賤) 속으로 들어갔다.

그렇게 말하는 그들이 구주(救主)의 부름을 받은 두번째 경배자였다는 점을 주목할 필요가 있다.

별이 멈추었을 때 세 사람은 뛸 듯이 기뻤다. 마음속에서 희열이 넘쳐 흘렀다. 모든 것을 버리고 찾아온 보람이 있었기 때문이었다.

"……그런 과정을 거쳐 이렇게 찾아온 것입니다."

세 사람은 동방 사람답게 구유 옆에 꿇어앉아서 마리아에게 모든 것을 털어놓았다. 이어서 왕위를 상징하는 황금, 신의 본성에 드려야 할 유향, 그리고 고뇌를 지고 살아야 하는 인간성에 대한 선물로서 몰약(沒藥)을 예물로 내놓았다.

그날 밤은 그렇게 거룩한 희열 속에 지나갔다. 날이 샐 무렵, 아쉬움을 달래면서 떠난 동방 박사 세 사람 모두 마음속으로 하나의 소리를 들었다.

'예루살렘 헤롯 대왕에게는 돌아가지 말라!'

세 사람은 이번에도 순순히 그 소리에 복종했다. 곧장 요단 강변으로 가서 사해를 따라 북상, 데카폴리스를 경유하여 동방으로 돌아간 것이었다.

요셉 역시 그날 아침 마음을 통해 부르는 소리를 들었다.

"일어나 아기와 그 어머니를 데리고 애굽으로 피하라! 헤롯이 아기를 죽이려고 병사를 파견했느니라!"

요셉은 허둥지둥 길을 떠났다. 이집트로 가는 도중, 아기가 태어난 여드레째 되는 날 은밀히 예루살렘 성전으로 올라가서 율법에 따른 할례를 시행하고 두 마리 비둘기를 성전에 바쳐 마리아의 초산을 정결케 하는 결례(潔禮)를 드렸다.

그날 성전에서도 심상치 않은 일이 있었다. 죽기 전에 그리스도를 보게 될 것이라는 성령의 알림을 받았다고 주장하는 한 노인이 아기를 품에 안은 마리아에게 다가와서 그 아기를 한번 안아보자고 애걸하는 것이었다. 아기를 안은 노인 시므온은 늙은 눈에 눈물이 가득 고인 채 찬송했다.

"주여, 이제는 말씀하신 대로 종을 평안히 놓아 주시는도다. 내 눈이 주의 구원을 보았사오니 이는 만민 앞에 예비하신 것이요, 이방을 비추는 빛이요, 주의 백성 이스라엘의 영광이니이다."

뒷날 콘프레트리움(終歌)으로 불리는 밤 기도의 중심이 되는 '시므온의 기도'가 바로 이 기도다.

찬송을 마친 시므온은 한참 동안 마리아를 응시하더니 다시 입을 열어 말했다.

"보라, 이 아이는 이스라엘 중 많은 사람의 패하고 흥함을 위하며, 비방을 받는 표적이 되기 위하여 세움을 입었고 또 칼이 네(마리아) 마음을 찌르듯 하리라."(누가복음 2 : 34~35)

그렇지 않아도 낯선 이집트로 피하라는 예고로 불안에 떨고 있는 마리아에게 시므온의 말은 엎친 데 덮친 격이었다. 그녀는 하늘과 땅을 잇는 중개자의 고뇌를 비로소 깨닫게 된 것이다.

이집트에서 몇 년이 흘러가는데 가슴 서늘해지는 이야기가 바람에 실려 들려왔다. 그들이 떠난 직후 헤롯 대왕은 베들레헴과 그 근교를 한 집도 남김없이 샅샅이 뒤져 두 살 미만의 남자 아기는 깡그리 잡아죽였다는 소식이었다. 이스라엘을 위해 목숨을 버린 최초의 순교자는 무고하게 살육당한 그들, 바로 갓난아기들이었다. 그래서 그들 영아들의 기념일이 크리스마스의 뒤를 바로 잇고 있는 것이다.

> 나 여호와가 말하노라.
> 라마(예루살렘 북방 10킬로미터, 베들레헴 근처)에서
> 슬퍼하고 통곡하는 소리가 들리니
> 라헬이 그 자식을 위하여
> 애곡하는 것이라.
> •「예레미야」 31 : 15

마리아는 그 소식들과 함께 지금까지 일어났던 모든 일들을 마음속 깊이 접어 넣은 채 아기를 지키면서 때에 맞추어 일어났던 그 사건들의 의미를 되새겨 보았다.

나일 하구 옥토에서 8년을 보낸 어느 날 헤롯 대왕이 죽었다는 소식이 들려왔다. 나그네 생활도 그 끝날을 맞게 된 것이었다. 그러나 정든 고향으로는 돌아갈 수가 없었다. 본적지 다윗 마을과 사랑하는 예루살렘은 유대 분주(分州) 지방에 속해 있었고, 지금은 그 지역을 잔인한 헤롯 대왕의 둘째아들로 권세욕이 누구보다도 강한 헤롯 안티파스가 다스리게 되었기 때문이다. 일가는 유대 지방과는 멀리 떨어진 이방 땅 갈릴리에 터를 잡을 수밖에 없었다. 그렇게 해서 젊은 처녀 마리아가 천사로부터 수태고지를 받

왔던, 기념해야 할 땅 갈릴리의 나사렛으로 들어간 것이었다. 나사렛은 '싹눈의 마을'이란 뜻이었다.

> 이새의 줄기에서
> 한 싹이 나며
> 그 뿌리에서 한 가지가 나서 결실할 것이오.
> 여호와의 신, 곧 지혜와 총명의 신이요
> 모략과 재능의 신이요
> 지식과 여호와를 경외하는 신이
> 그 위에 강림하시리라.
> • 「이사야」 11 : 1~2

　여호와의 신, 성령은 소년 예수 위에 있었다. 예수는 목수 요셉을 돕기도 하고 물을 길어오기도 하고 바위를 뚫어 만든 어두컴컴한 집 ──오늘날에도 이런 집을 나사렛에서는 얼마든지 볼 수 있다──에서 어머니의 일손을 돕기도 하는 보통 소년이었으나 그 지혜와 밝은 성격에는 심상치 않은 그 무엇이 깃들어 있었다.

　그가 열두 살이 되던 해, 예루살렘 성전 참배 때 소년의 예지가 섬광처럼 빛을 뿜어낸 적이 있었다. 여러 학자와 제사장 앞에서 소년은 난해한 모세 율법서와 예언서를 훌륭하게 주석해 보였던 것이다. 더군다나 평소에는 효성이 지극하여 부모의 말을 한번도 거역한 적이 없던 소년이 사전에 말 한 마디 없이 제사장과 학자들이 있는 곳에 머문 것을 꾸짖자 그때만은 불가사의한 말로 응대하여 어머니를 어리둥절하게 만들었다.

　"어찌하여 나를 찾으셨나이까? 내가 내 아버지 집에 있어야 될 줄을 알지 못하셨나이까?"

　이 소년은 여느 아들들보다도 어머니와 더 가깝게 지냈다. 더군다나 소넌기가 끝날 나이, 더할 수 없는 반려자였던 요셉이 죽은 뒤부터 어머니와 아들은 서로 의지하면서 살아왔던 것이다. 가까운, 그러나 무한히 먼 아들이었다. 그것은 그가 무한한 자의 탁신(托身)이었기 때문이다.

그 아들을 둘러싼 일체를 하나님을 기쁘게 하는 자(마리아)는 마음속 깊이 간직한 채 말없이 생각하고 되새겨가면서 살았던 것이다.


## 3. 다시 가나에서

지금 가나 마을 혼인 잔치의 저 후미진 자리에서 서른 살의 장년이 된 아들을 응시하면서 마리아는 그의 무한성을 다시 한번 느꼈다. 인간으로서는 결코 미칠 수 없는 그 무한자의 힘도, 그러나 어머니의 중개라면 불러낼 수 있다고 그녀는 믿었다.

"술이 떨어졌대!"

한마디, 단 한마디로 충분하다고 생각했다. 그녀는 아들에게 귀띔하면서 곤혹스러워하고 있는 하인 한 사람을 손짓으로 불렀다. 다가온 하인에게 그녀는 빠른 어투로 말했다.

"예수가 시키는 대로 해요. 아무 말 말고 그대로 해봐요."

예수는 조용히 고개를 돌려 어머니에게로 눈길을 던졌다. 그러나 평소와 같은 사랑에 넘치는 목소리로 '어머니' 하고 부른 것이 아니었다. 다만 그는 어머니를 이렇게 불렀을 뿐이었다.

"여자여."

이는 천지가 막 창조되었을 때, 하나님이 우리의 초상으로 사람을 지었을 때 한 말이었다.

(여호와께서) 내가 그를 돕는 배필을 지으리라 하시니라. 여호와 하나

님이 아담을 깊이 잠들게 하시니, 잠들매 그가 그 갈빗대 하나를 취하고
살로 대신 채우시고 여호와 하나님이 아담에게서 취하신 그 갈빗대로 여
자를 만드시고 그를 아담에게로 이끌어 오시니 아담이 가로되 이는 내
뼈 중의 뼈요, 살 중의 살이라. 이것을 남자에게서 취하였은즉 여자라 칭
하리라.

　　•「창세기」 2 : 18~23

　여자는 하와(어머니)였다. 동산 낙원시대의 종언과 그 뒤를 잇는 옛 시
대는 바로 이 하와의 중개로 시작된 것이었다.
　"여자여."
　그렇다면 공생애의 시작과 함께 예수가 부른 이 호칭에는 마리아를 새로
운 시대의 하와로서 구원시대의 새로운 중개자라는 뜻이 담겨 있는 것이
아닐까?
　옛 시대 하와의 중개로 사탄이 인간 세상에 들어왔을 때, 하나님은 앞
으로 오게 될 구원을 알리면서 뱀의 형상을 한 사탄에게 이렇게 말했던 것
이다.

　　너의 후손도 여자의 후손과
　　원수가 되게 하리니
　　여자의 후손은 네 머리를 상하게 할 것이요…….
　　•「창세기」 3 : 15

　"여자여."
　예수는 마리아를 똑바로 응시하면서 반문했다.
　"포도주가 없는 것과 내가 무슨 상관이 있나이까? 내 때가 아직 이르지
아니하였나이다."

'내 때'?

'아직 이르지 못했다'?

이 역시 불가사의한 말이었다. 그러나 마리아는 깨달았다. '그'의 때, 다시 말하면 구원의 성취에 필요한 신성공시(神性公示)는 아직 때가 되지 않았으나 '여자'의 중개로 그것을 앞당길 수 있으리라고 생각했다.

"그가 말하는 대로 하세요."

그녀는 하인에게 같은 말을 되풀이했다.

그들이 주고받는 말과 행동의 일부를 제자 요한이 옆에서 줄곧 지켜보고 있었다. 남보다 감수성이 뛰어난 요한은 하나도 놓치지 않겠다는 듯 온 마음과 눈과 귀를 다 기울이고 있었던 것이다.

그들 옆, 부엌 한구석에는 정결례 때 쓰는 약 20리터들이의 물독과 유대풍의 돌항아리(그 모델은 지금 루브르 박물관에 소장되어 있다)가 여섯 개 놓여 있었다. 예수는 여섯 항아리를 손으로 가리키면서 하인 우두머리를 불러 말했다.

"저 항아리에 물을 가득 채우라."

무슨 뚱단지 같은 말인가 하고 어리둥절해하는 하인 우두머리는 그러나 마리아의 채근을 받고는 시키는 대로 했다. 그는 항아리 주둥이까지 물을 채웠다. 그것을 본 예수가 다시 명령했다.

"이제 그것을 술병에 떠서 잔치 자리로 가져가도록 하라!"

새로 날라온 술병의 술을 연회장(宴會長)이 한 모금 맛보았다. 잔치의 모든 책임을 지고 있는 연회장은 술뿐만 아니라 음식도 일일이 먼저 맛을 볼 책임이 있었다. 술맛을 보던 연회장은 깜짝 놀랐다. 이 근처에서는 도저히 손에 넣을 수 없는 최상급의 포도주였던 것이다. 연회장은 만족한 표정으로 주빈석의 신랑 어깨를 두드리면서 입을 열었다.

"과연 명문가는 다르군요. 대부분의 경우 손님들이 술에 취하고 나면 질이 떨어지는 포도주를 내놓는 것이 상례인데……, 이 집은 보다 좋은 술을 나중에 내놓다니 정말 훌륭하고 멋을 아는 집이로군요."

하인들은 경악했다. 지켜보고 있던 요한 역시 마찬가지였다.

놀라지 않은 사람은 오직 한 사람, 신뢰의 눈길에 감사와 애정을 담아 그윽히 예수를 바라보고 있는 마리아뿐이었다. 그 순간 그녀는 신약시대의 중개자, 새로운 하와가 된 것이다.

그렇다치더라도 마리아에게 등 떠밀리듯 행한 예수의 최초의 기적, 무한 절대의 하나님의 힘의 계시가 이 물과 포도주의 기적이었음은 무엇을 의미하는 것일까?

공생애 마지막 날, 아니 지상에서의 인자(人子)의 삶 마지막 저녁에 예수는 제자들에게 포도주 잔을 나누어 주면서 이렇게 알리고 있다.

"너희가 다 이것을 마시라. 이것은 죄 사함을 얻게 하려고 많은 사람을 위하여 흘리는 나의 피, 곧 언약의 피니라……. 너희가 이를 행하여 나를 기념하라."

그 이후 2천 년, 하루도 거름 없이 이 세상에서는 미사(가톨릭에서)와 성찬식이 이루어지고 있다. 미사의 경우는 주님의 피로 바뀌어야 할 포도주에 인간성을 상징하는 물을 한 방울 떨어뜨린다. 가나에서 본 선례대로 '물'을 한 방울 떨어뜨리는 것이다. 그리고 물은 포도주로, 포도주는 하나님의 어린 양의 피로 바뀌는 것이다.

첫번째 하와, 옛 여인은 과실을 따 먹음으로써 하나님에게 등을 돌렸다.

제2의 하와, 새로운 여인은 과실 즙의 기적을 재촉하여 하나님의 계시를 앞당기게 했다. 과실 즙을 중개로 하여 새 하와는 자기 몸에서 태어난 목수의 아들 예수의 정체가 무엇인지를 처음으로 세상에 알려 주었던 것이다.

## 4. 혈연의 저편

가버나움 남쪽, 쪽빛으로 펼쳐져 있는 갈릴리 호수는 그물질과 어선 부리기가 아주 적합한 곳이었다. 더군다나 호숫가에는 나무가 우거져 여름 한철 땡볕에 지친 어부들이 몸을 쉬기에도 아주 좋은 곳이었다. 좁은 도로가 꾸불꾸불 이어진 마을 안이나, 돌을 깔아 만든 외곽 광장의 햇볕에 완전히 노출된 집회당 앞과는 비교가 안될 정도로 시원해 호숫가는 자연스럽게 절호의 집회장이 되었다.

그곳이 예수의 첫 선교 무대가 되었던 것도 우연이 아니었다.

"회개하라!"

"회개하라!"

왜 회개를 해야 하는가?

"천국이 가까이 왔기 때문이니라."

"요단에서 돌아와 가버나움에 일단 정착한 이때부터 비로소 가르침을 전파하여"라고 마태는 기록하고 있다(마태복음 4 : 17). 기념해야 할 제1성은 어디서 말했는가?

"때가 가까웠느니라, 회개하라!"

요단 강변의 세례 요한이 외쳤던 소리의 반복인 동시에 그 이상의 무엇이 깃들어 있는 소리였다.

그곳 출신이 아니라 새로이 나사렛에서 이주해 왔기 때문에 자연히 사람들 눈에 두드러지게 된 예수는 일부러 사람들을 불러모을 필요가 없었다. 별 어려움 없이 사람들은 그의 말을 한번 들어보자고 몰려들었다. 가버나움에서 사람들 눈에 두드러진다는 것은 사람들이 그를 향해 몰려든다는 것을 의미한다. 지금도 마찬가지지만. 따라서 예수 선교의 제1성은 사람들이 모여들기에 아주 적합한 호반의 백사장이었을 것이 틀림없다.

젊은 제자 요한과 안드레, 베드로는 예수와 행동을 같이 하면서 예수의
제자임을 인정하기는 했으나 고향에 도착하자마자 각자의 집으로 돌아갔
다. 가지고 있던 가업과 생업을 완전히 포기하고 예수를 따랐던 것은 아니
었다.

'천국이 가까워졌다'는 말을 듣고 처음 예수에게로 달려가 그의 가르침에
귀를 기울였으나 우선은 가족과 생계가 더 중요했던 것이다. 더군다나 베
드로는 기혼자였다. 그들은 배를 띄우고 그물을 던져 물고기를 잡는 일상
으로 되돌아갔다.

3월 중순의 화창한 그날도 베드로는 형제 안드레와 함께 쪽빛으로 빛나
는 공활한 갈릴리 호수에 그물을 던지고 있었다. 당시의 갈릴리 호수변 백
사장은 자갈이 많은 오늘날과는 달리 무화과나무를 비롯하여 야생 포도가
물가까지 무성하게 자라나 있던 풍요한 녹지대였다고 팔레스티나 지지(地
志)학자들은 말하고 있다. 그 나무 그늘 아래에 언제부터인지 예수가 나타
나 혼자 서 있었다. 그를 따라다니던 군중의 모습은 어디에도 보이지 않았
다. 때는 아마도 날이 새기 시작한 무렵이었을 것이다.

"주님이 저기 와 계신다."

누가 먼저랄 것도 없이 그들 형제는 예수가 와 있음을 알아차렸다. 그들
은 항상 그랬던 것처럼 일을 잠시 쉬면서 반가움에 젖은 얼굴로 미소를 지
어 인사를 보냈다. 평소와는 전혀 다른, 자신들의 생애를 전혀 다른 것으로
바꾸어 버릴 부름이 있을 줄을 두 형제는 알지 못했다.

무화과나무 아래 서 있던 예수 역시 평소와 다름없는 조용한 목소리로
두 사람을 불렀다.

"고기 잡는 자들이여……."

일단 말을 끊으면서 뜸을 들인 예수는 다시 뒤를 이어갔다.

"나를 따라오너라. 내가 너희로 사람을 낚는 어부가 되게 하리라."

생각지도 못한 말이었다. 부름인 동시에 명령이었으며 또 소명이기도 했

다. 선택이었으며 사명의 계시였다. 평소와 다름없는 조용한 말투에는 인생 전환의 중대사가 담겨 있었던 것이다. 거역할 수 없는 힘이 순식간에 두 사람을 휩쌌다. 그 순간 두 사람의 마음속에 어떤 일이 일어났는지에 대한 기록은 복음서에 없다. 사가 파피아스에 따르면 나중에 베드로로부터 세례를 받고 그의 제자 겸 통역·속기사가 되어 베드로의 기억에 새겨진 예수의 언행을 기록하여 남긴 마르코(마가) 역시 당시 베드로의 반응에 대해서는 입을 다물고 있다.

다만 '저희가 곧 그물을 버려두고 예수를 좇으니라'고만 기록되어 있을 뿐이다. 처음 만났을 때 요나의 아들 시몬을 정복한 바로 그 힘은 요나의 아들과 그 형제의 마음속 깊은 곳에서 계속 작용하고 있었던 것이 아닐까?

그들은 세기를 통해 지금도 끊임없이 나타나고 있는 선교사들, 곧 나라도, 고향도, 가족과 재산도 버리고 헌신하는 그리스도교 선교사의 시조가 된 것이다. 따라가서 어쩌자는 것일까, 잠깐 생각할 시간이 필요하다는 따위의 망설임이 없는 과감한 '믿음'이 뒷받침된 행위였다.

그곳에서 조금 떨어진 곳에 배 한 척이 뭍에 매어 있었다. 배 주인은 늙은 어부 세베대였다.

쾌청한 날씨, 그는 사랑하는 아내(꽤나 억세면서도 외곬의 성격을 가진 살로메)가 낳은 두 아들 야고보(야곱)와 요한, 그리고 몇몇 인부와 함께 배 안에서 그물을 깁고 있었다. (젊은 요한은 최초의 만남 때 그 자리에 없었던 형제 야고보에게 그 사람에 대한 이야기를 귀향한 뒤 몇 번이고 들려주었음이 틀림없다. 좁은 집안에서 아들들이 주고받는 이야기를 자연스럽게 들었던 아버지 세베대는 젊은이답게 흥분하고 있는 아들을 어떤 예감과 함께 지켜보고 있었던 것이 아닐까.) 갈릴리 호수에서의 고기잡이는 대개 그물질이었기 때문에 어획기의 그물 깁기는 소홀히 할 수 없는 대작업이었다.

"주님이 오셨다! 바로 저 사람이야, 야고보……."

　요한은 말을 하면서도 일손은 멈추지 않고 시선을 그쪽으로 던졌다. 세베대도 얼굴을 들고 최근 들어 부쩍 두 아들이 관심을 쏟고 있는 그 사람을 눈여겨보았다. 그 사람은 세베대도 낮이 익은 같은 마을의 두 청년을 거느리고 이쪽으로 다가오고 있었다. 배 앞에서 걸음을 멈춘 그 사람은 자신을 응시하고는 두 아들을 향해 입을 여는 것이었다.

　"나를 좇으라!"

　두 사람의 손에서 깁고 있던 그물이 미끄러져 내렸다. 두 사람은 저도 모르는 사이에 자리에서 일어났다. 눈에는 빛이 번쩍였으며 두 뺨은 붉게 상기 되어 있었다. 늙은 세베대는 영문도 모른 채, 그러나 그지없이 쾌청한 이날 아침이 두 아들과 헤어지는 날임을 직감했다. 그런 아버지를 두 아들은 한순간 응시했다. 그 눈길에는 용서를 비는 마음과 노부에 대한 애정이 깃들어 있었다. 이어서 자르듯이 몸을 돌린 두 사람은 잽싼 동작으로 말없이 배에서 내려갔다. 아버지에겐 말릴 힘이 없었다. 젊음이 끝없이 찾아 추구하는 그 무엇이 자신에게는 없음을 세베대는 잘 알고 있었다. 치밀어 오르는 슬픔을 가까스로 깨무는 아버지만이 그 자리에 남게 되었다.

　　네 부모를 공경하라.
　　그리하면 나 여호와가 네게 준 땅에서
　　네 생명이 길리라.
　　•「출애굽기」 20 : 12

　하나님은 시내 산 구름과 불꽃 속에서 모세에게 십계명을 내려주었다. 예수 역시 바리새인들과 율법학자들을 향해 부모를 공경하는 것이 얼마나 중요한 일인가를, 또 부모를 저주하고 배신하는 죄가 얼마나 무거운가를 강조했고(마태복음 15 : 4), 영원한 생명에 이르는 길을 찾는 청년에게는 '하나님의 계율을 지키라……부모를 공경하라……'(마태복음 19 : 19)고 가르치고 있다. 부모는 생명의 원천이기 때문이다. 그러나 예수는 동시에 이렇게도 가르치고 있다.

> 내 이름을 위하여
> 집이나 형제나 자매나 부모나 자식이나
> 전토를 버린 자마다 여러 배를 받고
> 또 영생을 상속하리라.
> • 「마태복음」 19 : 29

> 무릇 내게 오는 자가
> 자기 부모와 처자와 형제와 자매 및 자기 목숨까지
> 미워하지 아니하면 능히 내 제자가 되지 못하고……
> • 「누가복음」 14 : 26

다시 말하면 '우유(偶有)의 생'과 '우유의 사랑'을 '절대의 생'과 '절대의 사랑'보다 높이 평가해서는 안된다는 뜻이다.

또 그는 '좇기' 전에 죽은 아버지를 장례지내도록 해달라는 사람을 격렬하게 꾸짖으면서 이렇게 말하고 있다.

"손에 쟁기를 잡고 뒤를 돌아보는 자는 하나님의 나라에 합당치 아니하니라."(누가복음 9 : 62)

자연법상 혈연관계의 가치관은 초자연법 질서 안에 흡수되고 승화되어 사라져야 한다는 것이다. 그리고 승화되었을 때, 역설적으로 버렸던 것들은 다시 하나님 안으로 되돌아오는 것이다.

많은 성서학자와 성서 주석자들은 갈릴리 호숫가에서 있었던 사건 직후부터 예수의 공생애, 즉 선교가 정식으로 시작된 것으로 보고 있다. 사실 그는 밤낮으로 그의 옆에 붙어 있는 선교 조수들——요한과 베드로——을 데리고 본거지 가버나움에서 이곳저곳으로 앉은 자리가 뜨듯해질 겨를도 없이 여행을 시작하곤 했다. 들의 여우에겐 굴이 있고 공중을 나는 새에게는 집이 있으나 인자에게는 베개를 놓을 자리조차 없는 생활을 한 것이다.

가진 것 하나 없는 그가 일상생활은 무엇으로 해결했던 것일까? 설령 제자들이 얼마간의 금품을 가지고 왔다 하더라도 원래 가난했던 그들이 마련할 수 있는 규모란 뻔한 것이 아닌가. 복음서는 부름을 받은 첫 제자 가운데 기혼자였던 베드로 집안과 그의 장모 집안이 도움을 주었으리라는 추측을 내비치고 있으며, 누가는 분명하게 「누가복음」 제8장에서 병 고침과 귀신 쫓음을 받은 사람들의 가족들이 도움을 주었다고 기록하고 있다.

그냥 가르침을 듣는 것이 아니라 그 가르침을 위해 헌신하는 자를 선택해 거느리게 되면서부터 예수는 갈릴리 지방에 산재한 마을과 촌락의 회당에 안식일마다 모습을 나타내기 시작했다. 그 지방은 앞에서도 언급한 바와 같이 이방 저쪽의 변경이기는 했으나 인구와 촌락이 많아 곳곳에 회당이 마련되어 있었다. 이쪽에서 사람들을 모으지 않아도 안식일에 회당에 가기만 하면 들을 귀를 가진 자든 갖지 못한 자든 가르쳐야 할 대상은 반드시 있었던 것이다.

회당 안쪽에는 남자들이 자리하였고 엄격하게 구별된 외곽과 외부 광장에는 여인들이 자리하고 있었다. 집회는 기도와 설교를 축으로 하여 이루어진다. 그것을 전후하여 그날 당번들은 거룩한 기록(성서)을 가지고 나와 각자에게 나누어 주었다. 성서는 양피지 또는 파피루스(고대 이집트에서 발명된 파피루스 줄기를 소재로 만든 문서용 종이)로 만든 두루마리였다. (1947년 사해 서북 해안 쿰란 동굴에서 유목민 베두인족이 발견한 「이사야」 사본은 양가죽 일곱 장을 이어붙인 길이 7미터 34센티미터, 폭 26센티미터의 두루마리였다. 이 「이사야」는 지금 예루살렘 대학 박물관 창고에 보관되어 있다.) 먼저 고대 히브리어로 율법과 예언을 읽은 다음 곧바로 당

시 공용어처럼 사용되던 아람어로 다시 한번 읽는 순으로 집회는 진행되었
다. 현재 이스라엘이나 세계 각국의 유대교도 지구의 회당에서는 직접 현
대 히브리어 또는 그 지역 공용어로 번역하여 읽고 있다. 그리고 그날의 당
번이 자기가 좋아하는 구절을 골라 주석해가면서 군중에게 설교하였다.

각 회당에서의 예수에 대한 평판이 상당히 높았다. 설교가 새로웠기 때
문이다. 따라서 예수가 그날의 당번으로 뽑히는 것은 자연스러운 귀결이기
도 했다. 그에게 호의를 가진 사람들은 그의 설교와 주석에 귀를 기울이려
는 간절한 마음에서, 이·신참자의 말 가운데 잘못된 부분이나 거룩함을 거
스르는 부분을 꼬집어 내려는 고참의 권위학자들은 예수를 시험해볼 심산
으로 그를 번번이 당번으로 내세웠던 것이다. 어쨌든 그것은 선교의 시작
인 동시에 드라마의 개막이기도 했다.


## 5. 고기잡이

해는 이미 높이 솟아 있었다.

"나를 좇으라" 하며 베드로와 안드레, 야고보, 요한을 거두어들인 직후,
예수는 항상 곁에 붙어 있는 베드로를 돌아보면서 입을 열었다.

"그물을 던져라. 물고기를 잡아라."

한낮의 태양열을 깊이 빨아들인 쪽빛 호수는 보기에도 중량감을 느끼게
했다. 지금은 고기잡이에 적당한 이른 아침 시간도 아니었다. 더군다나 자
신을 포함한 다른 제자들의 생활을 위해 베드로는 어제 저녁나절부터 밤새
워 그물질을 계속했던 것이다. 하지만 어찌된 일인지 그물엔 고기 한 마리
걸려들지 않았다. 몸은 더욱 지쳐 있었다. 밤새워 던진 그물질에도 고기 한
마리 잡을 수 없었다면 이튿날 밤까지 기다릴 수밖에 다른 도리가 없었다.
특히 여름철엔 더욱 더 그렇다는 사실을 그는 오랜 경험을 통해 잘 알고 있

었다. 그런데 한낮에 그물을 던지라는 걸 보면 아무리 주 예수가 뛰어난 사람이라 하더라도 고기잡이만은 자기만큼 알지 못하는 것 같다고 베드로는 생각했다.

그러나 이미 온 마음과 몸을 바쳐 자신의 전 생애를 걸고 주로 받들기로 한 예수의 명령을 거역할 수는 없다는 단 한 가지 이유 때문에 그는 쓴웃음을 지었다.

"소용없는 짓이지만 말씀이 계셨으니 어쨌든 한번 그물을 던져보죠!"

베드로다운 거리낌없는 말투였다. 그는 배를 저어 나갔다. 애써 배 밑바닥에 챙겨넣어 두었던 그물을 꺼내 호수 안쪽 중심부로 뿌리듯이 던졌다. 그물은 태양빛을 반사하면서 물 밑으로 가라앉았다. 이어서 그물코를 잡은 손에 묵직한 반응이 왔다. 그물은 갈수록 무거워지는 것이었다. 혼자로서는 감당할 수 없을 정도였다. 베드로는 젖먹던 힘까지 짜내어 그물을 당겨올렸다. 베드로는 당황했다. 그물이 찢어질 것 같았다. 그물뿐만이 아니었다. 어쩌면 배까지 뒤집혀버릴지 모른다는 생각이 들었다. 호숫가에서 배를 손질하고 있는 친구들에게 큰 소리로 도움을 청했다. 그들은 잽싸게 배를 저어 달려왔다. 억센 어부 몇 명이 힘을 합쳤으나 그물을 끌어올리기가 쉽지 않았다. 작은 배는 그물이 쏟아낸 크고 작은 물고기로 뒤덮여 금방이라도 가라앉을 것만 같았다.

팔레스타나 고고·지리학이 정확히 밝히고 있는 바에 따르면 작은 물고기는 정어리와 비슷하게 생긴 맛좋은 것이며 큰 물고기는 잉어처럼 생긴 3킬로그램짜리 대형 고기로서 단단한 흰살의 맛은 농어와 비슷하다. 요즘도 그 지방을 여행하는 사람이라면 식탁에서 자주 볼 수 있다.

베드로가 가까스로 깨달은 것은 바로 그 순간이었다. 사실 복음서를 읽으면서 의아스럽게 생각되는 동시에 깨달음이 늦고 믿음이 약한 탓에 종종 좌절하곤 하는 우리에게 위안이 되는 것은, 예수와 행동을 같이 하면서 그의 언행을 항상 접하고 있는 제자들 역시 깨달음이 늦고 똑똑지 못함에 있어서는 다른 무리와 큰 차이가 없다는 사실이다. 그들이 예수에게 전 생애를 걸고 있는 것은 분명한 사실이다. 옆에 있으면서 가나에서의 기적도 지켜보았다. 그러나 그러한 믿음은 아직 뿌리를 내리지 못한 탓에 무슨 일만 있으면 금방 무너져 버렸다. 아직은 연약하기 짝이 없었던 것이다.

요단의 일 이래, 밤낮으로 가르침을 들으면서도 제자들은 자신들을 너무 등한시하고 있었다. 눈으로 보고 귀로 들은 것을 종합하여 판단을 창출하는 데까지는 이르지 못했다. 예수는 그들을 사랑과 인내로 기다리지 않으면 안되었다. 이끌어 가면서 인내해야 했던 것이다. 앞으로 1년, 2년을 줄곧……

가까스로 깨달았을 때, 갈릴리 어부 시몬 베드로는 천진스러운 본성을 그대로 드러냈다. 기쁨에 겨운 나머지 물고기 더미에 몸을 던져버린 것이었다. 무슨 말을 어떻게 해야 할지 몰라 그냥 고함만 지르면서 그 자리에 엎드렸다.

"나를 버리고 가소서. 이 어리석은 죄인을 버리소서!"

시몬 베드로는 자신과 예수 사이의 무한한 거리를 비로소 실감했다. 그 거리를 사이에 두고 상대해야 하는 자신은 너무도 허무한 존재였다. 동시에 그러한 자기를 버리고 가라고 부르짖으면서도 마음속으로는 새로운 결의를 다지고 있었다. 자기는 이 주님을 어디까지라도 따라가리라고 다시 한번 다짐한 것이었다.

만에 하나, 예수가 "아, 그래? 그렇다면……" 하고 떠나간다면 허둥대며 발버둥치는 아이처럼 그 자리에서 방금 자신이 한 말을 뒤집어 버렸을 것이다. 그물 걷는 것을 도우러 배를 저어 나갔던 형제 요한도 베드로를 본받아 은빛으로 번쩍이는 물고기 더미 가운데서 무릎을 꿇었다. 물고기에 덮여 젖어버린 예수의 발이 바로 그들의 눈앞에 있었다.

예수는 깨달음이 둔한, 그러나 순박함이 넘쳐 흐르는 제자들을 자애가 깃든 미소를 띄우고 바라보았을 것이 분명하다. 예수의 다음 말에는 그러한 기분과 함께 피할 수 없는 사명의 부름이 깃들여 있다.

"두려워할 것 하나 없다. 지금부터 너희들은 사람을 낚는 어부이니라!"

그러고 보면 그날의 풍어(豊漁)는 밤을 지새운 흉어를 포함하여 다가올 미래, 그들이 맡을 사도직(使徒職)의 패턴을 나타내 보인 하나의 상징이었다. 바로 엊그제께 부름을 받은 그 직분의 내용을 나타내 보여준 심벌이었던 것이다. 다른 사람들과 비교하여 인간적으로 뛰어난 점이 하나도 없는, 오히려 사회적 지위나 지성, 그리고 학문과 교양에서는 뒤떨어지는 그들이 일단 주의 인도에 매달리고 나면 호수 밑바닥에서 걷어올린 엄청난 양의 물고기보다 더 많은 사람들을 구원의 그물 속으로 거두어들일 수 있게 되는 것이다. 그들 자신의 재능과 행동만으로는 아무리 애를 쓴다 하더라도 단 한 사람의 심령에게도 복음을 전할 수 없다.

그러므로 예수와의 사이에 무한한 거리를 느끼면서 자신의 허무를 두려워해야 할 이유는 하나도 없었다. 오히려 훨씬 뒷날 '사람 낚는 어부'인 대사도 베드로가 기록하고 있는 것처럼 '내 능력이 약한 데서 온전하여짐이라(고린도후서 12 : 9)'.

시몬 베드로가 그때까지 마음속에 남아 있던 얼마간의 집착──육친과 아내, 생계와 직업에 대한──을 완전히 버리고 오로지 사도 직분의 외길에 제1보를 내디딘 것은 햇살이 눈부신 한낮이었다. 수도 없는 실패를 그는 앞으로도 되풀이하겠지만 실패의 아픔을 용수철 삼아 언제나 오로지 주의 품으로 돌아가는 것이었다.


## 6. 권능의 사람

호숫가에서. 또 회당에서.

"때가 이르렀느니라……"

외치기 시작한 예수가 어떤 사람인지 사람들은 알지 못했다.

비록 가나 마을을 거쳐온 나그네의 입을 통해, 바람결에 들려오는 포도주 기적의 이야기를 통해 사람들은——회당을 주재하는 제사장, 율법학자, 바리새파 사람들을 포함하여——그때 그때마다 예수의 존재를 되새겨 보거나 발랄한 말투에 놀라 그가 나타나는 곳이라면 어디든 달려가 그의 이야기를 듣곤 했으나 정작 그의 정체에 대해 아는 사람은 아무도 없었다.

그는 지금까지의 율법학자들과는 달리 자신 속에 간직하고 있는 어떤 천부성으로, 즉 '권세 있는 자와 같이'(마가복음 1 : 22, 마태복음 7 : 29) 가르치는 것이었다. 기억조차 아스라한 아득한 옛날부터 대대로 이와같이 말하고 가르쳐야 한다고 정해진 것을 충실히 지키는 이른바 전통적인 설교가 아니었던 것이다. 그는 '무슨 무슨 서 몇 장 몇 절, 율법 제 몇 번째 해석은' 하는 식으로는 결코 말하지 않았다.

"율법은 이렇게 알리고 있다."

가 아니라,

"나는 이렇게 말한다."

로 말머리를 푸는 그 자체가 신선하기 그지없었다.

또한

"속죄의 희생을 바쳤는가? 언제 얼마나 바쳤는가?"

하고 묻지 않았다. 다만

"보라, 새 날이 가까웠으니 회개하라."

하고 외쳤다.

'새로운 날!'

이 한마디에는 희망이 깃들여 있었다. 미래가 있었다.

사람들은 마음이 끌렸고 학자들은 못마땅하게 여기면서 괴로움에 쫓겼다. 그러나 학자들은 다른 사람들 몰래 그의 가르침에 귀를 기울였다. 예수의 주변에는 어느덧 대군중이 몰려들게 되었다.

그 대군중의 어느 누구도 예수의 '본성'에 대해서는 아는 것이 하나도 없었다. 그러나 바로 40일 전 광야의 그를 찾아가 사투를 시도했던 어둠의 힘, 사탄만은 잊지 않고 그를 보고 있었다. 그의 선교가 시작된 지금, 그 선교를 이어갈 네 명의 헌신자가 뽑힌 지금, 어둠의 힘은 자신의 멸망이 조여들어오고 있음을 느끼고 있었다. 그러므로 어느 안식일에 예수가 회당으로 들어가 설교를 시작하려 했을 때 회당 한구석에 자리잡고 있던 한 사내의 육체와 마음속으로 들어간 어둠의 힘은 더는 참지 못하고 부르짖었다.

"나사렛 예수여, 우리가 당신과 무슨 상관이 있나이까? 우리를 멸하려 왔나이까? 나는 당신이 누구인 줄 아노니, 하나님의 거룩한 자니이다."(누가복음 4:34, 마가복음 1:24)

예수는 격렬한 목소리로 그 사내를 꾸짖었다.

"그 사람에게서 나오라!"

그 순간, 외마디 부르짖음과 동시에 그 사내는 누군가에 의해 땅에 내동댕이쳐지듯이 쓰러졌다. 그리고 조용해졌다. 이윽고 땅에서 몸을 일으킨 것은 평상의 건강한 사내였다.

사람들은 경악하면서 저마다 한마디씩 했다.

"이는 어찜이뇨? 권세 있는 새 교훈이로다. 더러운 귀신들을 명한즉 순종하는도다!"(마가복음 1:27, 누가복음 4:36)

그 소문은 그날로 전 갈릴리 구석구석으로 퍼져나갔다.

"병 고치는 선지자가 나타났다!"

"하나님 나라를 알리면서 더러운 귀신을 쫓는 자가 나타났다!"

그날부터 그의 주변에는 육신의 병, 마음의 병을 앓는 병자들이 엄청나게 몰려들었다. 그리고 예수 자신이 회당과 '온 갈릴리를 두루 다니며'(마태복음 4:23) 사람들에게 천국의 복음을 전파하면서 '백성 중에 모든 병과 모든 약한 것을'(마태복음 4:23, 이사야 35:5 등) 고쳐주기 시작했다.

그에 대한 소문은 열흘이 채 안되어 갈릴리뿐만 아니라 마침내 국경을 넘어 이방 시리아 저편으로까지 번져 나갔다.

팔레스티나 갈릴리 호수 동남지역을 가리키는 데카폴리스──10대 도시라는 뜻으로 다마스쿠스, 가다라, 페라, 스키트폴리스, 필라델피아, 라파나, 디온, 게라사, 카나타, 히포스 등 그리스 식민지 10개 도시가 포함된다──에서도 예수의 가르침을 들으려고 사람들이 몰려들었다.

요단 강변에서도 사람들은 몰려왔다. 유대 각 지역도 예외가 아니었다. 또 멀고 먼 이방에서도 몰려들었다.

그 가운데 몇 십 명은 병 고침을 직접 보기 위해서가 아니라 그의 가르침에 감동되어 그의 지지자가 되었고 한걸음 더 나아가서 제자처럼 행동하기도 했다.

오랜 열병으로 자리보전을 하고 있던 시몬 베드로의 장모도 이 무렵 병 고침을 받은 제1진의 한 사람이었다(마태복음 8 : 14, 마가복음 1 : 30).

> 수고하고 무거운 짐진 자들아
> 다 내게로 오라.
> 내가 너희를 쉬게 하리라.
> •「마태복음」11 : 28

나중에 예수는 그렇게 말하고 있다.

인간의 무거운 짐을 진 모든 자를 예수는 그 육체부터 고쳐주기 시작했다. 천국으로 표현되는 영(靈)의 문제를 논하면서 그의 눈과 손, 마음과 권능은 선교 첫날 육신의 무거운 짐, 육신의 아픔에 집중되었던 것이다.

누가 자신의 병을 고치기를 싫어하겠는가. 소문은 소문을 불렀고 군중은 군중을 부르는 바람에 마침내 '한적한 곳으로 가사'(마가복음 1 : 35) 하나님 아버지에게 기도를 드린 다음 쉬면서 피로를 풀어야 했다.

남녀노소, 가난한 자, 부자……

'모든 사람들이 주를 찾나이다.'(마가복음 1 : 37)

'기다리던 사람'이 마침내 왔다! 그리고 그가 왔을 때, 그를 기다리는 사람은 국경을 넘어 날마다 늘어나고 있었다.

제3장 **옛 것과 새 것**

## 1. 하나님의 집

유월절이 다가왔다.

니산의 첫달의 열나흘(태양력 3월 15일에서 4월 14일 사이의 보름달을 중심으로 한 2주간을 말한다. 따라서 유월절 날짜는 해마다 달라진다), 열사의 나라 이집트에서의 고역(苦役)으로부터 모세의 인도로 약속의 땅을 향해 유월한 것을 기념하는 절기가 바로 유월절이다.

예수는 예루살렘으로 올라갔다. 공생애를 시작한 그로서는 첫번째 대제(大祭)를 예루살렘에서 맞는 것이 여러 가지로 의의가 컸다. 우선 예루살렘이야말로 공적인 수도였을 뿐만 아니라 유대 지역 정치의 중심지인 동시에 성도(聖都)이기도 했다.

가버나움에서 예루살렘으로 가는 데는 두 개의 주요도로가 있었다. 하나는 요단 강변을 따라가는 간선도로, 다른 하나는 약간 서쪽으로 우회하여 이교의 땅 사마리아를 경유하는 노선이었다. 사마리아 경유 노선이 거리가 가까울 뿐 아니라 비교적 기복이 적었다. 그 대신 위험요소가 훨씬 많았다. 적대적인 사마리아를 거쳐야 하는데다가 사마리아와 유다 땅의 접경지, 특히 옛 여리고 요새 근처의 절벽 길에는 도둑이 들끓고 있었다.

예수는 요단 강변 간선도로를 이용해 예루살렘으로 향했다. 이미 도로는 유월절 대제에 참석하려는 인파로 뒤덮여 있었다. 천막을 진 사람, 갈아입을 옷이랑 식료 보퉁이를 어깨에 멘 사람, 지팡이를 짚은 노인, 율법이 정한 대로 열두 살이 되어 처음 성전을 찾는 성장(盛裝)한 어린이 등. 갈릴리 지방이나 유대 지방 사람들뿐만이 아니었다.

아득한 옛날, 바빌론 왕국 느부갓네살(네부카드네자르) 대왕 시절(기원전 605년) 바빌론으로 끌려갔던 제1차 포로, 기원전 587년 마침내 예루살렘의 멸망과 동시에 바빌론으로 끌려갔던 제2차 포로의 자손들 가운데 그곳에 터를 잡았던 사람들, 그 바빌론을 멸망시킨(기원전 539년) 페르시아에서 상업으로 성공한 후손들, 페르시아를 대신하여 패권을 잡은(기원전 334년) 알렉산드로스 대왕이 자신의 그리스 세력을 드날리던 시절 알렉산드리아까지 흘러갔던 사람들, 즉 디아스포라(방황하는 유대인)라는 이름으로 알려진 사람들까지 교통의 요충지인 사해 북단에서부터 군중에 섞여들기 시작하였다.

가까스로 도착한 예루살렘 언덕 꼭대기의 성전 앞 도로 양편에는 환전상들이 즐비하게 들어차 각지에서 몰려드는 사람들을 기다리고 있었다. 몰려드는 사람들이 엄청난 만큼 그에 비례해서 환전상을 비롯한 노점상의 수도 늘어났다. 서로 주고받다가 돌바닥에 굴러떨어지는 동전 소리, 1백, 2백, 3백에 이르는 환전상들의 호객소리에 귀가 멍멍해질 정도였다. 환전상에 지지 않겠다는 듯 식품과 선물가게에서 질러대는 호객 소리로 주위는 더욱 혼잡스러웠다. 소와 양, 비둘기 등 희생제물을 팔러 온 사람들도 적지 않았다. 그 동물들의 울음소리와 배설물에서 풍겨나는 악취하며, 노점에서 굴러내린 야자, 대추 따위의 과일들이 사람들의 발길에 짓밟혀 미끌미끌거리는 등 성전 주변은 그야말로 엉망진창이었다. 거기다가 엄마를 찾는 아이들의 울음소리와 음식 쉰 냄새까지…….

오늘날 중근동 어디서든지 시장을 한번이라도 돌아본 사람이라면 당시의 에루살렘 성전 앞 광장의 풍경을 쉽게 상상할 수 있을 것이다. 말하자면 그것은 팔고 싶다, 사고 싶다, 바가지를 씌우고 싶다, 값을 깎고 싶다는 에너지가 서로 부딪쳐 폭발하는 강렬하고도 무수한 색과 냄새, 그리고 소리가 범벅이 된 용광로인 것이다. 혼잡이라는 단어로 그것을 표현하기에는 너무 약하고 혼란이라고 하기에는 또 불공평한 데가 없지 않다. 엉망진창의 난장판인 그곳 시장의 분위기를 한 가지 느낌으로 굳이 표현한다면 중근동 특유의 어떤 끈끈한 향락 같은 것이었다. 거기서는 흥정도, 환전할 때의 약간의 속임수도 일종의 놀이가 된다. 싸움조차 또 날치기조차 하나의 놀이가 되는 것이 중근동 시장의 특징인 것이다.

> 주 하나님에 드리는 제사는 1년에 세 번.
> 봄 최초의, 애굽에서 나온 것을 기념하는 달에
> 축제는 칠 일 동안
> 약속의 땅으로 떠나던 날 밤,
> 고역의 나라에서 유월한 제사를 드리되
> 너의 평생에 항상 기억하라…….

그러나 성전 앞의 분위기는 거룩한 제사와는 거리가 멀었다. 영혼을 승화시키는 경건함은 전혀 없었다. 제사는 오직 형해화(形骸化)되고 습관화된 채 향락과 눈앞의 이익을 추구하는 도구로 전락해 있을 뿐이었다. 성전의 제사장들 역시 보고도 모른 체했다. 수많은 노점의 자릿세와 매출고의 몇 퍼센트가 그들의 주요 수입원이 되고 있었던 것이다.

예수의 얼굴에는 분노가 서렸다.

　비록 제자가 된 지 얼마 되지 않았으나 거의 24시간을 예수 곁에서 함께 생활해 온 젊은 요한으로서도 처음 보는 예수의 분노였다(요한복음 2 : 14). 비록 짧은 기간 동안이었으나 요한이 겪어온 예수는 온화할 뿐만 아니라 타인에 대해서는 항상 깊고도 따뜻하게 배려하였고 다른 사람의 결점에 대해서는 한없이 인내하는 사람이었다.

　그러던 예수가 땅바닥에 떨어져 있는 물건 묶는 끈을 모아 채찍을 만들더니 성전 뜰에 몰려 있는 소와 양을 밖으로 몰아내기 시작했다. 요한은 너무 놀란 나머지 공포와 경악에 휘말렸다.

　"이건 도대체 어찌된 일인가!"

　소는 '음매!' 소리를 지르면서 사방으로 흩어졌고 양들은 우왕좌왕하다가 떼를 지어 성전 밖으로 도망쳤다. 분노를 터뜨리면서 자신들의 '상품'을 쫓느라고 허둥대는 상인들을 헤치고 예수는 환전상 가게 하나하나를 발로 걷어차 쓰러뜨리면서 채찍으로 쌓여 있는 화폐와 동전을 내리쳤다. 요란한 소리와 함께 동전이 쏟아졌다. 가게 주인들은 비명을 질렀다. 이게 웬 떡이냐고 몰려들어 다투어 동전을 줍는 사람들로 삽시간에 주변은 또 다른 혼란에 휩싸였다.

　그 와중에서도 예수를 보자 사람들이 몰려들었다. 앞을 다투면서 저마다 한마디씩 부르짖으면서 달려왔다.

　"아, 예수다!"

　"갈릴리……나사렛의 예수닷!"

　한 바퀴 돌면서 노점과 동물을 내쫓은 예수는 혼란의 한가운데에 늠름한 모습으로 서 있었다. 한 손은 거룩한 성전을 가리켰고 다른 손에는 아직도 채찍이 들려 있었다. 숨을 죽이고 서 있는 군중의 머리 위에 예수의 노성 (怒聲)이 울려 퍼지기 시작했다.

　"내 아버지의 집을 장사하는 집으로 만들지 말라! 이것들(비둘기 등)을 여기서 가져가라!"(요한복음 2 : 16)

군중은 웅성거리기 시작했다.

평소와는 다른 소란이 일자 수상하게 여겨 성전 뜰로 나와 시종 지켜보고 있던 제사장들도 깜짝 놀라 웅성거리기 시작했다.

아버지의 집? 이것을 가져가라고? 마치 자신이 성전에 대한 모든 권위를 가지고 있는 것처럼 외치다니…….

"무슨 자격으로 이 따위 짓을 하고 있는가?"

"건방진 소리 그만둬! 그런 말을 할 자격이 있는지 표적을 보여라!"

"그렇다, 표적을 보여라!"

"옳소!"

군중은 금방 부화뇌동했다. 그들은 제사장을 앞세우고 예수에게로 좁혀 들어갔다.

"표적을 원하는가?"

예수의 목소리는 요한의 귀에 익은 평상의 것으로 되돌아와 있었다.

"너희가 이 성전을 헐라! 내가 사흘 동안에 일으키리라! 그것이 표적이니라."

사방에서 비웃음과 욕설이 터졌다.

"사흘 동안에 성전을 일으키겠다고? 성전은 46년에 걸쳐 세운 것이야! 그것을 사흘에 다시 세우겠다구? 미친 소리 작작하라구!"

갈릴리에서의 그의 이적을 알고 있는 사람들도 미친 사람이라 욕은 하지 않았으나 기가 막혀 중얼거렸다.

"예수가……사기꾼이었단 말인가."

예수는 요새처럼 꿈쩍도 하지 않았다. 군중의 욕설을 반박하지도 않았다. 조금 전의 분노는 흔적도 없었다. 평소와 다름없는 조용한 얼굴로 서 있었다.

이윽고 예수는 발길을 돌렸다.

장사를 망쳐 속은 분노로 들끓었지만 이상하게도 덤벼들 생각은커녕 그

자리에 얼어붙어 다만 눈초리만 번쩍이고 있는 상인들 사이를 민첩하게 헤
치고 예수는 성전을 뒤로했다.

요한이 그날 그 자리에 동석했던 다른 제자들과 함께 사흘 만에 성전을
다시 세우겠다는 말의 참뜻을 깨닫게 되는 것은 2년 뒤, 골고다의 클라이
맥스로부터 사흘째 되던 날, 그러니까 화창한 봄날 새벽 예수의 부활을 보
고 나서이다.

신성(神性)이 깃들어 있는 것이 성전이라면 예수의 육신이야말로 유일
지상(唯一至上)의 성전이 되는 것 아닌가! 사람의 손으로 베어 깎고 다듬
은 레바논 백향목과 모자이크 돌, 그리고 황금으로 지은 성전을 탁신(托
神)의 육신과 비교한다면 거의 의미를 잃어버리고 마는 것이었다.

스스로 육신을 입고 그 안에 몸을 의탁하여 그 한계 속으로 들어간 하나
님의 아들은 육신이 죽은 뒤에 다시 부활할 수 있다. 부활의 능력이야말로
성전을 더럽히는 자와 물건을 걷어차 쫓을 수 있는 충분한 자격이 되었다.

악취와 소음, 축제 기분과 유객, 그리고 장사꾼의 아귀다툼 이상으로 성
전을 더럽히고 있는 것은 향락과 돈벌이를 삶의 지상목표로 삼는, 그런 것
들을 우상화하여 온 마음을 빼앗기는 현세공리주의임을 젊은 제자들은 나
중에 깨닫게 된다.


유월절 대제(大祭) 기간은 7일이다.

새로운 것과 신기한 것을 찾는 사람들의 마음이 성전 앞에서 일어난 그
사건에 쏠려드는 것은 어쩌면 당연한 일이었다. 7일 동안 예루살렘의 소문
은 좋은 것이든 나쁜 것이든 '그 사람'에게 온통 초점이 맞추어져 있었다.
해마다 성전 광장에서 시장을 벌이는 상인들의 돈벌이 근성과 제사장들이
상인들과 결탁하고 있는 사실에 혐오를 느끼고 있던 사람들은 '그 사람'의
일을 더욱 통쾌하게 생각했다. 더욱이 호기심에 끌려 그를 찾은 사람들은
──대부분의 사람들에게는 기억에도 새로운 이야기지만──예언서 「이사

야」의 기록, 가나의 혼인잔치에서 벌어진 포도주의 기적 등 그의 젊은 제자들이 기회 있을 때마다 들려준 이야기들에 적잖이 감동받았다.

"그리스도이기 때문에 그렇게 말씀하신 것이오."

제자들의 변호에 고개를 끄덕이는 사람도 늘어났다. 이들은 유월절 기간 동안 예수 곁에서 잠시도 떠나려 하지 않았다.

"병 고치는 능력을 보여준 당신을 믿습니다."

"당신 말씀이 옳습니다."

그러나 예수는 사람들의 마음이 바람 앞의 갈대임을 잘 알고 있었다. 그 시대나 지금이나 변함없는 것은, 믿어서는 안되는 것이 사람의 마음이라는 사실……. 관계 맺는 것을 두려워하는 마음. 자신의 시간과 노력 제공을 싫어하는 마음. 친절히 대하고 싶지만 혹시라도 무슨 부탁을 할까 봐 곤혹스러워하는 마음. 좋을 때에만 좋은 친구. 가난해지거나 병이 들었을 때는 떠나가는 친구.

오늘 당신을 믿는다고 말한 사람의 대부분이 2년 뒤에는 '나무에 매어 달아라!' '십자가에 매어 달아라!'고 외치는 군중으로 변하게 되는 것이다.

지금 이 순간 당신 말씀이 옳다고 말한 입은 그 말씀이 요구하고 있는 것, 그리고 그 말씀의 뜻을 알게 되는 즉시 침묵하게 되는 것이다.

사람의 마음이 모래알처럼 흩어지기 쉬운 연약한 것임을 알기 때문에 그는 인자가 되어 이 세상에 왔다. 변덕이 심한 사람의 마음 가운데 몇몇이 반석과 같은 부동의 힘을 얻게 되는 것은 그의 '능력'이 완성됨으로써 하늘과 땅이 맺어지고 난 뒤의 일이었다.

그는 몰려드는 군중을 쫓지는 않았다. 그렇다고 해서 새삼스레 가까이 하지도 않았다. 자신의 언동에 신빙성을 더하기 위해 변덕이 심한 사람들의 말로써 뒷받침을 할 필요가 그에게는 없었기 때문이다.

두말할 필요도 없이 성전 앞의 사건으로 그에겐 이미 많은 적이 생겼다. 상품과 판매대금을 몽땅 날리게 된 상인들도 상인들이지만 성전의 제사장,

학자, 바리새인들의 증오는 말로 다 설명할 수 없을 정도였다. 마치 최고의 권위를 가지기라도 한 것처럼 성전을 '아버지의 집'이라고 부른 '독성'(瀆聖)을 비웃는가 하면, 사흘 안에 성전을 다시 짓겠다고 어림없는 장담을 늘어놓은 시골뜨기의 비천함을 꾸짖었다. 그 사내는 지난날 제사장, 학자, 바리새파를 독사의 자식이라고 욕한 요단 강변의 약대 가죽옷 사내와 한패거리라고 생각했다. 숭고한 제사장과 학자들을 경멸하도록 순진하고 무식한 젊은이들을 선동함으로써 반역을 부추기는 패거리……. 더군다나 지금은 갈릴리 군중을 거느리고 다닌다고 하지 않는가. 전통적인 가르침이 아닌, 위험하고 신기한 말만을 날마다 들려주고 있다지 않은가. 그냥 두고 보기에도 위험한 일 아닌가!

증오와 불신의 밑바닥에는 이번 봄에 들어왔어야 할 노점 가겟세와 매출금의 일부가 다 날아가 버렸다는 아쉬움도 서려 있었다.

"그 사내를 지켜보자!"

"그의 언동을 좇아라!"

위험인물로 낙인찍힌 예수는 제사장, 학자, 바리새인들의 감시를 받고 있었다.


## 2. 옛 것과 새 것

우수한 바리새파 사람으로서 고서(古書)에도 밝아 성전 제사에서 중요한 위치를 차지하고 있는 니고데모는 예수라는 인물을 한번 만나 보고 싶은 충동이 일었다. 그러나 자신의 처지와 주변 분위기를 생각할 때 내놓고 예수를 찾을 수는 없었다. 그는 은밀하게 움직였다.

율법학의 학위를 가진 귀족 출신 학자로서 공회소 의원이기도 한 그는 예루살렘 성전을 중심으로 한 엘리트 집회에 나갈 기회가 많았다. 그런 집

회에서 작년 가을부터 거의 모든 화제의 초점이 된 요단 강변의 약대 가죽
옷 사내에 대해서나, 또 최근 화제가 되고 있는 그와 한패거리로서 성전에
서 횡포를 부린 사내에 대해서도 그는 다른 시각을 가지고 있었다. 제사장,
학자, 바리새인들이 한결같이 그 두 사람을 나쁘게만 보고 있는 것과는 대
조적이었다.

　'독사의 자식'이라는 표현이 지나친 것은 사실이었다. 채찍으로 노점상을
뒤엎은 것 역시 온당한 행위로 보기는 어려웠지만 허심탄회하게 생각해 보
면 니고데모 자신이 속해 있는 법학파(法學派)가 율법을 지나치게 규격화
한 것 역시 사실이었다. 그들은 특이한 기억력을 가진 사람이라 하더라도
일일이 암기할 수 없는 백, 천 단위의 미묘한 조문을 외우도록 요구했고,
사람의 마음을 진정 하나님에게 열게 하기는커녕 말초적인 것에만 온통 신
경을 쏟고 있었던 것이다. 거기에는 보다 높은 것을 향해 비상해야 할 마음
의 자유를 빼앗는 독이 들어 있었다. 모세가 그렇게도 강조한 가난한 자에
대한 헌신과는 거리가 멀었으며 선행의 지도자이기 전에 백, 천에 이르는
계명의 감시자로 격하된 제사장, 학자, 바리새파라면 규탄당하더라도 어쩔
수 없는 일이었다.

　니고데모의 처지에서 볼 때 세리와 병사들에게 약대 가죽옷의 사내가 말
했다는 내용 하나하나는 자신이 속해 있는 법학파가 일반 백성에게 가르쳤
어야 할 모세 율법의 진수였다. 이미 젊은이들을 매료시키고 있는 그 약대
가죽옷 사내의 친구라는 새로운 사람 역시 마찬가지라고 생각했다. 어쩐지
그 사람의 주장이 훨씬 합리적인 것으로 느껴졌다. 모세 율법 곳곳에 나타
나고 있는 것은 하나님을 공경하고 하나님의 집을 거룩하게 하라는 가르
침이 아닌가. 성전에서 눈에 불을 켜고 돈벌이 경쟁을 하고 있는 모습을
만약 모세가 보았다면 아마도 채찍으로 쫓아내는 정도로 끝내지는 않았을
것이다.

　니고데모는 선입견에 빠져 있는 사람이 아니었다. 사람과 사물을 있는

그대로 지켜보는 여유를 가지고 있었다. 그는 우선 신중히 예수에 관한 정보를 수집했다. 항상 열심이긴 하지만 사려가 깊지 못해 입이 먼저 앞서는 베드로와 같은 제자가 예수 곁에 붙어 있는 한 정보 수집은 별로 어렵지 않았다.

정보가 쌓임에 따라 니고데모는 '기다리는 백성'의 지도자 가운데 한 사람으로서라도 예수를 만나지 않으면 안된다고 생각하기 시작했다.

그리스도가 아닐지도 모른다. 하나님의 어린 양이 아닐지도 모른다. 그러나 그렇다고 위험시하여 나쁜 사람으로 단정해 버릴 단순한 인물로는 생각되지 않았다. 오히려 백성의 스승으로서 무엇인가를 가지고 있는 것 같은 느낌을 받았다. 옛 기록을 뒤적여 보면 생기에 넘쳐 혁신을 부르짖는 각 시대의 선지자는 하나같이 전통적인 엘리트들로부터 위험시되고 배척당했음을 쉽게 알 수 있다. 엘리야를 보라. 예레미야를 보라. 모두 위험인물로 낙인찍혀 쫓겨다니지 않았던가.

'그렇다! 만나 보아야 한다!'

결심은 섰지만 니고데모는 모두에게 알려진 유명인사이자 지위가 높은 사람이었다.

'감시당하고 있는 그 사람을 만나러 가는 것을 누군가가 본다면, 만일 제사장, 학자들에게 알려지기라도 한다면……'

니고데모는 아직 세상 평판과 소문에 신경을 쓰는 사람이었던 것이다.

그는 변장을 했다. 은밀하게 예수가 머물고 있는 곳을 찾아갔다. 그곳은 다행스럽게도 시내 중심부에서 한참 떨어진 한적한 곳이었다. 팔레스티나의 봄철은 저녁 노을 시간이 길어 좀처럼 어두워지지 않는 것이 특징이었다. 그는 초조하게 어둠이 깃들기를 기다려 움직였다.

니고데모와 예수의 대면은 신약 가운데서 가장 극적인 장면 중의 하나이다. 두 사람의 대면은 문자 그대로 구약과 신약의 만남 자체인 것이다. 다시 말해서 옛 약속의 입각 기반과 새로운 언약 자체의 만남이었던 것이다.

그날 밤 니고데모와 예수의 문답을 통해 부각된 것은 우선 양쪽 모두 불가견(不可見)의 절대유일신에 의한 구원을 지향하고 있다는 점이었다. 그러나 한쪽은 구원에 이르는 길을 아직도 형이하적인 것에 두고 있었다. 다시 말하면 육신의 차원에 속하는, 그것도 일개 지방색에 짙게 물들어 있는 '법규'에 두고 있는 구법이었다. 거기에 반해 다른 한쪽은 형이상적인 영(靈)의 거듭남, 즉 절대신의 영에 의한 내적 생명의 '거듭남'을 구원으로 보는 자유와 보편의 신법이었다. 한쪽은 아래에서 위로 올라가는 것이며 다른 한쪽은 위에서 내려왔다가 다시 올라가는 것이다. 즉 운동방향이 180도 반대인 것이다. 역(逆)이 되는 혁신이었기 때문에 그로 인해 흔들리는 옛 것은 예수를 증오로 대항한 것이었다.

그때 그때마다 예수의 행동과 행위 그리고 말을 통해 그의 신성을 증명하려 했던 마태, 마가, 누가 등 세 복음사가와는 달리 그리스도 예수에 의한 구원의 '의미'를 해명하는 데 중점을 두고 있는 요한만이 유독 니고데모와 예수의 문답을 그것도 상당히 긴 기록으로 남긴 것은 앞에서 든 이유 때문일 것이다.

중세 이래 서양의 많은 화가들도 예수와 니고데모의 만남 장면을 화폭에 담고 있다. 그 가운데서 그날 밤의 의의를 가장 잘 파악한 것은 빛과 그림자의 화가 램브란트일 것이다. 빛은 신약이며 구약은 그림자에 해당한다. 그림자가 짙을 때는 개개의 여러 작은 인공 빛이 필요하게 된다. 그러나 빛의 원천인 태양이 떠오르고 나면 무수한 개개의 인공 빛은 불필요하게 된다. 미세하고 무수한 인공의 빛은 날이 새기 전, 어둠이 짙을 때에만 필요한 것이다. 즉 태양의 전구(前驅)로서 필요한 것이다. 그러나 태양이 한번 떠오르고 나면 촛불과 촛대 따위는 치워버려야 한다. 무수한 촛대는 바로 구약의 무수한 법규였던 것이다.

"랍비여(선생님이여)."

니고데모는 존경심이 깃든 목소리로 불렀다. 천장이 낮은 대신 돌벽이 두꺼운 전형적인 유대 민가, 그 집안을 작은 등잔불이 비추고 있었다. 가냘 픈 빛이었기 때문에 불을 밝힌 것이 오히려 더욱 쓸쓸하고 어둡게 느껴졌 다. 가냘픈 불빛 속에 예수는 벽에 등을 기대고 앉아 있었다.

"랍비여, 당신이 하나님이 보내신 스승임을 저는 알고 있습니다. 그렇지 않았다면 오늘, 지금까지 나타내어 보이신 행동은……기적을 포함하여 모 두 불가능했을 것입니다."

니고데모는 예수로부터 모세 5경의 법해석을 이끌어낼 심산으로 우선 이렇게 말머리를 풀었다. 그러나 생각지도 않게 예수는 한 단계 더 비약해 보였다. 그것도 유대 백성인 니고데모가 금방 알아차릴 수 있는 저 장중한 서두를 인용한 것이었다.

"진실로 진실로 네게 이르노니……."

니고데모는 저도 모르는 사이에 자세를 바로잡으면서 다음 말을 기다렸 다. 예수는 뒤를 이어갔다.

"사람이 거듭나지 아니하면 하나님 나라를 볼 수 없느니라."

그것은 아무리 기적을 목격하더라도, 하나님이 보내신 스승을 아무리 자 주 보더라도 또 '랍비여, 랍비여' 아무리 부르더라도, 법규 하나하나를 남김 없이 헤아려 지키더라도 그것만으로는 결코 하나님 나라를 볼 수 없다는 선언이었다.

그러나 니고데모의 상식으로는 그 말의 뜻을 알아들을 수 없었다. 스스 로 정통해 있다고 자부해 온 신생(新生)의 선지자 에스겔——신약시대가 가까이 온 구약시대 말기에 나타나 예수가 즐겨 스스로를 가리킬 때 사용 한 '인자'라는 형용을 사용한 선지자(민수기 23 : 19, 욥기 25 : 6 또는 시 편 등에서도 볼 수 있으나 분명한 '구주' 하나님의 사람이란 뜻으로 이 말을 60회나 사용한 것은 에스겔이 처음이었다)——의 한 구절을 떠올리지 않을 수 없었다.

인자야, 너는 예언하여 이르기를……

또 새 영(靈)을 너희 속에 두고

새 마음을 너희에게 주되

너희 육신에서 굳은 마음을 제하고

부드러운 마음을 줄 것이며

또 내 신(神)을 너희 속에 두어

너희로 내 율례를 행하게 하리니…….

• 「에스겔」 36 : 26~27

"사람이 어떻게 다시 날 수 있습니까? 늙어버린 사람이 두번째로 모태에 들어가 다시 날 수 있다는 것입니까?"

니고데모는 '진실로 진실로 네게 이르노니……'라는 표현을 사용하는 상대를 조금은 놀리는 말투로 반문했다. 그러나 상대는 그러한 니고데모의 짓궂음을 일소하려는 듯이 장중하게 대답했다.

"진실로 진실로 네게 이르노니 모태에서 육신이 난 것과 마찬가지로 사람이 물과 성령으로 나지 아니하면 하나님 나라로 들어갈 수 없느니라. 육으로 난 것은 육이요, 성령으로 난 것은 영이니 내가 네게 거듭나야 하겠다 하는 말을 기이히 여기지 말라. 바람이 임의로 불매 네가 그 소리를 들어도 어디서 오며 어디로 가는지 알지 못하나니 성령으로 난 사람은 다 이러하니라."

바람이 눈에 보이지 않지만 실재하는 것처럼 영의 세계 역시 바람과 같아 보이지는 않더라도 실재함을 강조한 것이었다.

"어찌 이런 일이 있을 수 있나이까?"

"이스라엘의 선생으로서 이러한 일을 알지 못하느냐?

진실로 진실로 네게 이르노니 우리가 아는 것을 말하고 본 것을 증거하노라. 그러나 너희가 우리 증거를 받지 아니하는도다. 내가 땅의 일을 말하여도 너희가 믿지 아니하거든 하물며 하늘 일을 말하면 어떻게 믿겠느냐? 하늘에서 내려온 자, 곧 인자 이외에는 하늘에 올라간 자가 없느니라. 모세가 광야에서 뱀을 든 것같이 인자도 들려야 하리니 이는 저를 믿는 자마다 영생을 얻게 하려 하심이라."

그날 밤의 대화를 기록한 요한의 펜은 이 부분에 이르러 일변하게 된다. 투철하면서도 깊은 명상성(冥想性)과 함께 예수가 미소를 지으면서 '우레의 아들'이라고 부를 정도로 외곬의 격렬함을 가진 요한이었다. 그날 밤 이후 수십 년이 흐른 뒤 늙은 몸을 이끌고 낙향하여 복음서를 쓰기 시작한 요한은 깨달음이 더디었던 그날 밤의 니고데모나 도처에 존재하는 니고데모와 같은 사람들에 대한 초조감을 계속해서 감추지 못했다.

어째서 그때 니고데모는 깨닫지 못했던 것이었을까? 어째서 지금도 변함없이 많은 사람들은 하나님을 구하고 있으면서도 깨닫지 못하고 있는 것일까? 요한은 안타까운 마음을 주체하지 못한 채 다음과 같이 기록했다.

> 하나님이 세상을 이처럼 사랑하사 독생자를 주셨으니
> 이는 저를 믿는 자마다 멸망치 않고 영생을 얻게 하려 하심이니라.
> 하나님이 그 아들을 세상에 보내신 것은
> 세상을 심판하려 하심이 아니요
> 저로 말미암아 세상이 구원을 받게 하려 하심이라.
> 저를 믿는 자는 심판을 받지 아니하는 것이요,
> 믿지 아니하는 자는 하나님의 독생자의 이름을 믿지 아니하므로
> 벌써 심판을 받은 것이니라.
> • 「요한복음」 3 : 16 이하

'모세의 뱀' 고사(故事)를 학문으로서가 아니라 순수하게 상기했더라면 니고데모도 깨달을 수 있었을 것을……. 독사에 물려 시시각각 다가오고

있는 죽음의 공포에 질려 몸부림치는 사람들에게 모세가 높이 쳐들어 보여
준 것은 놋으로 만든 뱀이었다. 다시 말하면 형체는 체내에 독을 가지고 있
는 광야의 뱀과 동일한 것이지만 그것은 독이 없는 뱀이었다. 그것은 죄라
불리는 독을 가지지 않았으나 죄를 속에 가지고 있는 존재와 동일한 외관
과 천성을 가지고 '시간' 안에 나타난 '인자' 그리스도의 전구였다.

모세는 그 놋뱀을 잡아 매어단 형태를 높이 쳐들어, "이것을 보라, 이것
을 본 자는 구원을 받는다"고 외쳤던 것이다. 눈을 들어 그것을 본 사람들
은 맹독에서 구함을 받았다.

원칙대로라면 자신의 죄에 대한 벌로써 극형을 받아 마땅한 사람들이었
지만 그들을 대신하여 십자가에 매달린, 죄를 속할 대리자 그리스도를 쳐
다보는 자는 또한 구원을 받게 되는 것이다. 그의 십자가는 사람들을 대신
하여 매달려 못박히는 것조차 마다하지 않은 사랑 자체가 아니었을까.

"사랑하는 자들아 우리가 서로 사랑하자. 사랑은 하나님께 속한 것이니
사랑하는 자마다 하나님께로 나서 하나님을 알고, 사랑하지 아니하는 자는
하나님을 알지 못하나니, 이는 하나님은 사랑이심이라. 만일 우리가 서로
사랑하면 하나님이 우리 안에 거하시고 그의 사랑이 우리 안에 온전히 이
루느니라. 가인(카인)같이 하지 말라. 저는 악한 자에게 속하여 그 아우를
죽였으니 어찌하여 죽였느뇨? 자기의 행위는 악하고 그 아우의 행위는 의
로움이니라."

계시록을 쓴 직후(서력기원 후 90년과 96년 사이) 요한은 이렇게 그의
서간 「요한 1서」와 「요한 2서」에서 절절이 말하고 있다.

결국 바람처럼 자유롭게, 바람처럼 잡히지 않지만 실재하는 신적(神的)
사랑. 성령. 그 영, 다시 말하면 사랑에 참여해가는 생명적·내적 변혁. 이
것이야말로 예수가 그날 밤 아직도 생명 없는 무수한 '계명'에 얽매어 있는
학자 니고데모에게 보여준 것들이었다.

사람은 하나님의 사랑의 영에 의해 '씻겨져야' 새로운 생명을 얻을 수 있

다. 그것이 바로 신약시대의 세례인 것이다. 이제는 옛 시대에 속하는 뉘우침의 표징으로서의 씻김이 아닌 것이다. 그러나 니고데모는 그것을 깨닫지 못했다.

유월절이 끝난 뒤 예수는 제자들과 함께 유대 땅으로 내려갔다. 앞에서 말한 갈릴리—에루살렘을 잇는 두 길 가운데 이번에는 사마리아를 경유하는 루트를 택했다.

2년 뒤 유월절 끝날에 최후의 만찬을 마치고 고뇌에 싸인 그가 잠시 머물게 되는 겟세마네 동산으로 불리는 올리브 밭을 북쪽으로 보면서 성전 동남으로 급경사를 이루면서 외길이 뻗어 있었다. 그 길은 베다니라는 작은 마을로 이어져 있었다. 거기서 거의 직각으로 북쪽을 향하면 바로 이방 땅 사마리아로 가게 된다.

그 지역 일대에는 우물이 많았다. 동쪽으로 30킬로미터쯤 떨어져 있는 요단 강으로 흘러가는 작은 시내도 많았다.

예수는 그런 물가에서 성전 사건 이래 자신을 따르고 있는, 또 유월절 제사를 마치고 고향으로 돌아가는 무리들을 향해 설교를 시작했다.

"보라, 천국이 가까이 왔노라. 바로 눈앞에 다가와 있느니라. 회개하여 새로운 사람, 하나님의 아들이 되라!"

그 말을 받아들인 자에게 그는 세례를 주었다. 젊은 제자들에게도 세례의 권능을 주어 사람들을 씻게 했다. 같은 세례의 동작이었으나 그가 주는 세례는 구약 최후의 사람, 세례 요한이 주는 것과는 본질적으로 달랐다. 예수가 주는 세례는 물을 매개로 하여 하나님의 영, 성령이 사람의 영을 씻어 주는 세례였다.

그러나 구약과 신약의 중간에 서 있는 세례 요한도 여전히 사람들을 씻어주고 있었다. 세례 요한이 세례를 주고 있던 곳은 지금 예수가 세례를 주고 있는 곳보다 조금 북쪽인 갈릴리 호수와 사해를 잇는 요단 강 중류에 위치한 애논이었다. 그의 매력과 사람을 끄는 위엄, 그리고 마음을 꿰뚫는 말투도 이전과 다름이 없었으나 그를 따르는 제자들은 어떤 미묘한 변화를 감지하고 있었다. 얼마 전이었다면 애논 사람은 말할 것도 없고 애논과 가까운 사마리아 사람들도 앞다투어 세례를 받으려고 몰려들었을 것이 틀림없었다. 사람들이 몰려들고 있는 것만은 분명했다. 그러나 제자들의 기대에는 훨씬 못 미치는 규모였다. 그 때문인지 아닌지는 잘 모르겠으나 그들은 이상한 이야기를 듣게 되었다. 즉 적지 않은 사람들이 일부러 시간과 노력을 아끼지 않고 멀리 들판으로 나가 가나의 혼인 잔치에서 기적을 나타냈다고 소문이 자자한 그 사람에게서 세례를 받고 기뻐하면서 돌아온다는 것이었다.

스승을 생각하는 제자들에겐 불만스러운 이야기가 아닐 수 없었다. 한방 먹었다는 아쉬움이 남았다.

"스승이시여."

제자들은 어느 날 세례 요한에게 불만을 털어놓았다.

"스승님을 찾아왔던 그 사람이, 스승께서는 그 사람을 하나님의 아들이라고 말씀하셨으나, 그렇다 하더라도 그 사람이 세례를 주기 시작하니 어쩐 일인지 사람들이 모두 그 쪽으로 몰려가고 말았습니다."

충실한 젊은이들의 한결같은 마음가짐을 세례 요한은 사랑이 가득 찬 눈길로 바라보았다. 그들의 경쟁심을 가엾게 생각했다. 그는 제자들이 알아듣기 쉬운 비유로 입을 열었다.

"사람의 그릇은 천부적인 것. 혼인 잔치에 너희들도 가본 적이 있을 것이다. 신부를 맞으면서 사람들의 축복을 받는 것은 신랑 한 사람뿐이다. 초청받은 손님이나 중매자는 신랑을 돋보이게 하는 조역에 지나지 않는다. 언젠가 내가 말한 적이 있을 것이다. 나는 그리스도가 아니라고. 그리스도가 오심을 알리기 위해 쓰임을 받은 전구자, 혼인의 중매자라고 해도 무방하다. 그렇게 말한 적이 있을 것이다. 혼인 잔치에 온 손님들이 신랑을 축복하고 기뻐하는 것처럼 전구자인 나도 그리스도의 오심을 축복하고 기뻐하고 있다. 영광과 사람들을 이끌어야 할 자는 그리스도이며 전구자는 조용히 자취를 감추어야 할 자이니라."

　　세례 요한은 위대한 사람이었다. 하지만 그 역시 세상 사람이었다. 땅에서 태어나 땅에 속해 있었다. 땅에 속한 자는 땅의 말밖에 모르게 마련이다. 하늘의 말을 이야기할 수 있는 자는 오직 하늘에서 땅으로 내려온, 천국의 모든 것을 직접 보고 알고 있는 자뿐인 것이다. 그러나 스스로 보았고 또 알고 있는 것을 '그 사람'이 말하는데도 그것을 받아들이지 못하는 사람이 얼마나 많은가!

# 제4장 넓어지는 지평선

## 1. 사마리아의 여인

구릉과 계곡을 누비면서 길은 북으로 뻗어 있었다. 드물게도 나무가 우거진 지역이었다. 이 지역은 지난날 야곱 이스라엘의 열두 아들 가운데 야곱이 가장 사랑했던 막내 요셉의 두 아들 므낫세와 에브라임의 후예에게 분양되었던 땅이었다. 각 지파별로 땅을 분할한 것은 모세의 후계자로서 백성을 이끌고 처음으로 약속의 땅으로 들어섰던 여호수아였다. 그는 약속의 땅 평정이 끝나자 이를 분할하여 열두 사람을 조상으로 하는 열두 지파에게 나누어 주었다.

"그처럼 하나님의 은총을 한몸에 받았던 요셉의 자손인 우리에게 겨우 이런 땅을 주다니……."

당시 에브라임 지파와 므낫세 지파는 여호수아의 결정에 반발했었다.

"아들아, 그렇기 때문에 기복이 심한 그 땅을 너희에게 할양한 것이다!"

면밀하고 현명한 여호수아는 그들을 달래듯이 말했다.

"산과 언덕 꼭대기는 아직 누구도 손을 대지 않은 땅이다. 처녀지란 뜻이다. 너희들 마음대로 개간할 수 있지 않느냐! 이방 백성이 공격해 들어올 때는 언덕 위에 진을 치고 그들을 내려다볼 수 있는 이점이 있지 않느냐."

여호수아가 야곱 이스라엘이 가장 사랑한 요셉의 후예에게 그 땅을 할애한 이유는 또 있었다. 그곳은 약속의 땅 가운데서 야곱 이스라엘의 추억으로 가득 찬 지역이었던 것이다.

하나님 백성의 조상이 되도록 부름을 받고 그 먼 메소포타미아 저편에서 청춘과 장년시대를 보낸 야곱 이스라엘이 20년 만에 귀향해 처음 장막을 친 곳이 가나안의 시겜이었다. 나중에 이스라엘 왕국과 유다 왕국으로 분열되었다가 함께 멸망한 뒤 이스라엘 왕국은 이교의 사마리아가 되지만 시겜은 옛 이름을 그대로 간직한 작은 마을로 남게 되었다.

시겜은 야곱 이스라엘의 조상 아브라함이 하나님의 말씀을 받은 유서 깊은 곳인 동시에 맑은 물이 솟고 초지(草地)가 풍성한 곳이기도 했다. 야곱은 그곳을 거점 삼아 사방으로 장막을 이동해 가면서 은 100장을 아낌없이 투자하여 토착민 우두머리로부터 그 땅을 사들였다. 사람과 가축이 살아가는 데 불가결한 물을 확보하기 위해 야곱은 곳곳에 우물을 파기도 했다.

에브라임과 므낫세의 땅—예수시대의 지명은 사마리아—은 야곱 이스라엘의 흔적이 무수한 우물 형태로 남아 숨쉬는 곳이었다. 사마리아 사람들은 시류의 흐름을 타고 이방 민족으로 변모, 예루살렘을 중심으로 한 유대 민족과 대립하면서 서로를 증오하고 있었으나 조상 야곱만은 잊지 않고 있었다.

서기 28년의 유월절은 태양력 3월 31일에 시작되었기 때문에 예수가 사마리아 지방으로 들어온 것은 5월 상순으로 짐작된다. 왼쪽으로 병풍처럼 둘러선 산 능선이 지중해의 시원한 바람을 막고, 남쪽 암석사막지대의 열풍이 거침없이 불어닥쳐 사마리아의 5월은 무덥기 짝이 없었다. 옷을 벗으면 조금은 시원해지는 그런 더위가 아니었다. 오히려 바깥 기온보다 낮은

체온의 '시원함'에 의존해야 하는 살인적인 더위였다. 그 때문에 사람들은
뜨거운 바깥 공기가 스며들지 못하게 오히려 옷깃을 단단히 여며야 했다.
  정오가 조금 지날 무렵.

  거기 또 야곱의 우물이 있더라.
  예수께서 행로에 곤하여 우물 곁에 그대로 앉으시니
  때가 제6시쯤 되었더라.
  사마리아 여자 하나가 물을 길러 왔으매
  예수께서 물을 좀 달라 하시니
  이는 제자들이 먹을 것을 사러 동네에 들어갔음이러라.
  •「요한복음」 4 : 6~8

  근동지방을 경험한 사람들은 이 복음사가의 짧은 문장이 그 여인의 정체
와 생활됨됨이를 남김없이 묘사한 명문으로 받아들일 것이다.
  뜨겁게 달아오른 지열이 절정을 이루는 그 시각에, 길을 재촉해야 할 나
그네라면 모를까, 일을 하러 밖으로 나오는 바보는 한 사람도 없다. 더군다
나 그 시간에 물을 긷는 육체노동을 할 사람은 눈을 씻고 찾아도 없을 것이
다.
  나는 봄, 초여름, 그리고 한여름 등 세 번에 걸쳐 그 지역을 여행한 적이
있다. 한번은 예루살렘 대학 고고학 발굴단과 함께였다. 그들은 새벽 4시
에 기상하여 발굴에 착수, 늦어도 아침 8시나 9시, 그러니까 해가 떠 열풍
이 불어닥치기 전에 일을 끝내는 것이었다. 그 다음엔 나무 그늘에서 발굴
품을 정리하거나 식사를 하면서 보냈다. 이어서 한낮에는 낮잠으로 체력
소모를 막는다. 그러다가 해가 지면 다시 발굴을 시작했다. 그렇게 하지 않
으면 일을 계속할 수 없다는 것이었다.
  그러나 그 사마리아 여인은 정신나간 사람일 리도 없는데, 그 시간에 무

거운 물병을 하나는 이고 하나는 들고 우물로 왔다. 그녀는 '그 시간'이라면 입 가벼운 마을 여인들이 우물 부근에 얼씬거리지 않을 거라 생각한 것이다. 그녀는 입이 사나운 사람들의 눈을 피해야 하는 사람이었다.

그런 그녀였기에 더더욱 우물가에 앉아 있는 '그 사람'을 보고 흠칫 놀라지 않을 수 없었다. 차림새를 보아 첫눈에 그가 적지 유대 사람임을 알 수 있었다.

'나중에 다시 올까? 아니 지나가는 나그네, 나를 알 까닭이 없을 터. 입이 사나운 마을 사람들과는 달라! 갔다가 다시 오는 것도 이 더위에 쉽지 않은 일……모른 체하고 얼른 물을 길어가면 뭐 알 턱이 있겠어.'

마음을 정한 여인은 우물가로 다가갔다. 우물에 늘어져 있는 동아줄에 이고 온 병을 매달아 우물로 던졌다. (물이 귀중한 지방에서는 우물의 수권〔水權〕은 아주 엄격하게 보호된다. 따라서 두레박을 비치하지 않고 물을 긷는 병을 가진 자, 다시 말하면 필요에 따라 물을 길으러 온 자에게만 수권이 허용되는 것이다.) 깊은 우물에 물병이 떨어지는 소리가 울려퍼지자 한순간 주변이 갑자기 시원해지는 것 같았다.

"물 좀 줄 수 없겠소?"

물병을 매단 줄을 끌어올리는 여인에게 우물가에 앉아 있던 낯선 유대 사람이 불쑥 말을 걸었다. 여인은 깜짝 놀라면서 줄을 끌어올리던 손을 멈추었다. 사마리아 사람과 유대인은 마주치더라도 결코 말을 걸지 않는 것이 당시의 불문율이었기 때문이다. 더군다나 유대인의 사마리아인에 대한 멸시가 사마리아인의 그것보다 훨씬 심했다. 유대인이 사마리아인에게 먼저 말을 거는 것은 생각지도 못할 일이었다.

"당신은 유대인으로서 어찌하여 사마리아 여자인 나에게 물을 달라 하나이까?"

여인은 저도 모르게 내쏘듯이 말했다. 버릇없는 여인의 반문에, 예수는 조용한 말투로 대답했다.

"네가 만일 하나님의 선물과 또 네게 물 좀 달라 하는 이가 누구인 줄 알
았다면 네가 그에게 구하였을 것이요, 그가 생수를 네게 주었으리라."

　물이 부족한 사막에서 살아온 유대 백성에게 예로부터 물은 생명 자체의
상징, 또 은혜의 상징으로 찬양되어왔다. 물이 없으면 사람은 죽게 되며 금
은재화를 아무리 많이 가졌다 하더라도 사막에서 물을 얻게 할 수는 없기
때문이었다.

　　여호와는 나의 목자이시니
　　쉴 만한 물가로 나를 인도하시는도다.
　　• 「시편」 23 : 1

　　(성전) 문지방 밑에서 물이 나와서
　　동으로 흐르다가……
　　그가 동향한 바깥 문에 이르시기로 본즉
　　물이 그 우편에서 스미어 나오더라.
　　……
　　강 좌우편에 나무가 심히 많더라.
　　이 강물이 흐르는 곳마다
　　번성하는 모든 생물이 살고
　　이 강이 이르는 각처에 모든 것이 살 것이며…….
　　• 「에스겔」 47 : 1~10

　　살아가기 위해
　　사람의 생명에
　　불가결한 것은 물이니라.
　　• 「집회서」 39 : 26

이렇게 하여 물은 나중에 비유적으로 구원받아야 할 생명이 가장 필요로
하는 '하나님 자체', '생명의 원천'을 가리키는 말로 사용하게 된 것이다.

　　무릇 여호와를 떠나는 자는 흙에 기록이 되오리니
　　이는 생수의 근원이신
　　여호와를 버림이니이다.
　　•「예레미야」 17 : 13

　그러나 여자는 예수가 말한 물에 깃들어 있는 뜻을 이해하지 못했다. 예
수의 말을 극히 일상적인 것으로 받아들이는 것이 고작이었다. 어쩌면 그
녀가 알아들은 것은 끝의 한마디 '물을 좀 달라'는 것뿐이었는지도 모른다.
　"주여, 물을 길을 그릇도 없고 이 우물은 깊은데 어디서 생수를 얻겠삽나
이까? 우리 조상 야곱이 이 우물을 우리에게 주었고 또 여기서 자기와 자
기 아들들과 짐승이 다 먹었으니 당신이 야곱보다 더 크니이까?"
　예수는 여인의 이해력을 조금씩 이끌어 주었다. 그러면서 조금씩 비약시
켜 나갔다. 네 복음서에서 볼 수 있는 예수의 독특한 화법(話法)이었다. 그
는 언제나 구상의 차원에서 시작하여 돌연 듣는 사람을 형이상으로 끌어올
리는 것이었다.
　"여인이여, 이 물을 먹는 자마다 다시 목마르려니와 내가 주는 물을 먹는
자는 영원히 목마르지 아니하리니, 내가 주는 물은 그 속에서 영생토록 솟
아나는 샘물이 되리라."
　예수의 말을 들은 여인은 한동안 생각에 잠겨들었다. 알아들은 것 같기
도 하고 알아듣지 못한 것 같기도 했다. 이윽고 그녀는 쫓기듯이 입을 열어
말했다.
　"주여, 그러한 물을 내게 주사 목마르지도 않고 또 여기에 물을 길으러
오지도 않게 하소서."

그녀는 여자답게 아직도 일상성 가운데 머물러 있었다. 비유와 상징은 여자와는 거리가 먼 것인지도 모른다. 그러나 이미 그녀의 마음속에서는 낯선 유대 나그네가 주려는 것 ——그녀가 이해한 것과는 다른 것이기는 하지만——을 절실히 구하려는 그 무엇이 움직이고 있었다. '주여'라는 호칭 역시 그러한 마음의 움직임을 반영한 것이기도 했다.

주 예수는 아무리 사고가 둔한 상대라 하더라도 그의 마음속에 구하려는 열심이 조금이라도 보이는 한 결코 그를 버리지 않았다. 그는 오히려 그러한 희구(希求)를 기다리고 있었다. 그러므로 비록 미약한 것이라 하더라도 그러한 희구 의지의 움직임을 예수는 전 생애를 통해 무시한 적이 한번도 없었다. 그 당시뿐만 아니라 지금도 마찬가지인 것이다.

하나님이 주려는 것. 은총은 예수가 니고데모에게 비유한 '바람'처럼 받는 측이 단 한 가지 조건만 충족시키기만 하면 자유롭게 주어지는 것이다. 그 조건이란 거짓 없는 자기인식이다. 자기인식과 희구는 결코 분리할 수 없는 것이다. 왜냐하면 자기가 가난함을 인식한 자만이 보다 좋은 것을 희구하기 때문이다.

요한은 다음과 같이 기록하고 있다.

만일 우리가 죄 없다 하면 스스로 속이고
또 진리가 우리 속에 있지 아니할 것이요
만일 우리가 우리 죄를 자백하면 저는 미쁘시고 의로우사
우리 죄를 사하시며 모든 불의에서 우리를 깨끗하게 하실 것이요
만일 우리가 범죄하지 아니하였다 하면
하나님을 거짓말하는 자로 만드는 것이니
또한 그의 말씀이 우리 속에 있지 아니하니라.
•「요한 1서」 1 : 8~10

진리를 좇는 자는 빛으로 오나니.

• 「요한복음」 3 : 21

"가서 네 남편을 불러오라."

예수는 돌연 여인을 향해 말했다. 물과는 아무런 관계가 없는 뜻밖의 말
이었다. 여인은 깜짝 놀랐다. 가장 아픈 곳을 찔렸기 때문이었다. 눈을 내
리까는 그녀의 얼굴은 발갛게 물들어갔다. 한참 만에야 그녀는 가까스로
입을 열었다.

"나는 남편이 없나이다."

거짓말이 아니었다. 그러나 진실을 말한 것도 아니었다. 그녀의 생활을
알고 있는 도학자였다면 그와 같은 애매한 대답을 꾸짖었을지 모른다.

그러나 그녀의 대답에는 그녀 자신의 어두운 생활—사람의 눈을 피해
한낮에 물을 길으러 온 것도 그 때문이지만—을 창피하게 여기는 마음이
스며 있었다. 자기인식의 시작이었다. 그것으로 충분했다.

"네가 남편이 없다 한 말이 옳도다."

예수는 절반만 맞는 그녀의 대답을 격려하면서 말을 이어갔다.

"네가 남편이 다섯이 있었으나 지금 있는 자는 네 남편이 아니니 네 말이
참되도다."

여인은 당황했다. 두려웠다. 이 사람은 도대체 누구인가! 낭패감을 숨기
기 위해 횡설수설하다가 나그네의 주의를 다른 데로 돌리려고 그녀는 갑자
기 화제를 바꾸었다. 자연히 필요 이상으로 그녀의 말수가 늘어났다.

"주여, 내가 보기에는 선지자로소이다. 우리 조상은 이 산에서 예배하였
는데 당신들의 말은 예배할 곳이 예루살렘에 있다 하더이다. 하나님에게
예배하기 위해서는 예루살렘으로 가야 한다고 하더이다. 이 사마리아에서
는 예배를 드릴 수 없다 하더이다."

"여자여 내 말을 믿으라."

예수는 여인의 말을 가로막은 다음 말을 이어갔다.

"이 산에서도 말고 예루살렘에서도 말고 너희가 아버지께 예배할 때가 이르리라. 너희는 알지 못하는 것을 예배하고 우리는 아는 것을 예배하노니 이는 구원이 유대인에게서 남이니라. 아버지께 참으로 예배하는 자들은 신령과 진정으로 예배할 때가 오나니 곧 이때라. 하나님은 영이시니 예배하는 자가 신령과 진정으로 예배할지니라."

장소가 중요하지 않다니, 예루살렘으로 올라갈 필요가 없다니……, 여인은 반신반의했다. 두려운 가운데서도 눈앞의 나그네가 심상치 않게 느껴졌다. 불현듯 '어쩌면……' 하는 생각이 솟았다. 그 바람에 다시 입을 열어 물었다.

"메시아, 곧 그리스도라 하는 이가 오실 줄을 내가 아노니 그가 오시면 모든 것을 우리에게 고하시리이다."

"여인이여, 네게 말하는 내가 그로다."

여인은 경악했다. 저도 모르는 사이에 그녀의 손에서 물병이 스르르 미끄러졌다. 힘들여 길어 올린 물병은 요란한 소리를 내면서 우물 바닥으로 떨어졌다. 또 다른 물병을 우물 곁에 놓아둔 것도 잊은 채 여인은 마을로 달려갔다.

마을에서 얼마간의 양식을 구해 이글거리는 한낮의 햇볕을 받으며 돌아오던 제자들이 길목에서 본 것은 바로 이 끝장면이었다. 아직도 전통의 틀에서 벗어나지 못한 제자들로서는 자신들의 스승인 예수가 하필이면 사마리아 여인과 이야기를 나눌 줄은 꿈에도 생각지 못한 일이었다. 서로 눈길을 주고받으면서 놀라움을 숨기지 못했다. 그러나 그렇다고 스승을 향해 무슨 까닭으로 사마리아 여인과 얘기를 나누었느냐고 물을 수는 없었다. 청년다운 퉁명스러운 얼굴로 그들은 우물가에 가지고 온 식량을 내려놓았다. 스승에 대한 궁금증을 가까스로 억누르면서……. 예수는 제자들의 마음속에 가득 맴돌고 있는 경악을 읽고 있었다. 궁금증은 무언 속에 대답을

기다리고 있었다. 예루살렘으로 한정된 것이 아닌, 또 유대 사람들로 국한
된 것이 아닌, 새로운 하나님 나라의 광대성(廣大性)을 지금 예수는 제자
들에게 알려주어야 했다.

예수는 방금 제자들이 가져다 놓은 식량 꾸러미로 눈길을 돌렸다. 지금
이 자리에서 가장 가까이 있는 것은 그 식량 꾸러미였다. 그렇다면 식물(食
物)을 예로 들어 이야기를 시작하는 것이 좋겠다고 예수는 생각했다.

"너희들이 알지 못하는 식물이 여기 있느니라······."

식물? 방금 사온 것과는 다른 식물이 있단 말인가? 누가 언제 가지고 온
것일까? 방금 그 여인이 가지고 온 것일까?

제자들은 서로 눈길을 주고받으면서 속삭였다. 어릴 적부터 비유와 상징
으로 가득 찬 구약에 익숙해 있는 그들이 사마리아 여인과 마찬가지로 예
수의 말을 오로지 일상적인 것으로만 받아들인 것은 무슨 까닭이었을까?

"나의 양식은 나를 보내신 이의 뜻을 행하며 그의 일을 온전히 이루는 이
것이니라. 너희는 넉 달이 지나야 추수할 때가 이르겠다 하지 아니했느냐?
내가 너희에게 이르노니 눈을 들어 밭을 보라. 희어져 추수하게 되었도다.
거두는 자가 이미 삯도 받고 영생에 이르는 열매를 모으나니 이는 뿌리는
자와 거두는 자가 함께 즐거워하게 하려 함이니라. 그런즉 한 사람이 심고
다른 사람이 거둔다 하는 말이 옳도다. 내가 너희로 하여금 노력지 아니한
것을 거두러 보내었노니 다른 사람들은 노력하였고 너희는 그들이 노력한
것에 참예하였느니라."

이방 사람이라고 멸시받는 사마리아 여인의 마음에도, 또 어떤 곳 누구
에게든 씨는 뿌려지는 것이었다. '나를 보내신 이의 뜻', '한 사람이 심고'가
바로 그 의미를 담고 있었다. 차별의 시대는 지나간 것이다. 그것을 예수는
'뿌리는 자와 거두는 자가 함께 즐거워하게 하려 함'이라고 말한 것이었다.
그리고 또 제자들의 사명이 국경을 초월하여 지평선 저편으로까지 이어져
있음을 알려준 것이었다.

하나님의 구원이 시간의 흐름 안으로 들어오기 위해서는 언제, 어디라고 하는 한 점, 말하자면 도입 장소가 선택되어야 한다. 하나님은 그것을 시간으로는 기원전 약 2000년, 장소로는 아브라함, 이삭, 야곱을 조상으로 하는 유대 백성의 마음속을 택했던 것이다. 그러나 도입의 때가 지나고 성취(완성)의 때가 이르면 선민(選民) 유대는 사라지고 만민이 선민으로 되는 것이다. 유대 민족의 원수도 상극의 상대도 만민은 동등한 것이다.

'이 산에서도 말고 예루살렘에서도 말고 신령과 진정으로 예배할 때가 오나니 곧 이때라……'

사람의 눈을 피하면서 소문을 겁내던 여인은 최초의 이방 사도가 된 셈이었다. 마을로 달려간 그녀는 나무 그늘에서 쉬고 있던 사람들과 집 앞 그늘에 모여 있던 사람들에게 큰 소리로 알렸다.

"와서 보세요. 지금까지 내가 한 모든 일을 알고 내게 들려준 사람이 있어요! 그 사람이 메시아가 아닐까요? 그 사람은 자신이 메시아라고 말했어요!"

지금까지는 오로지 숨기기만 했던 자기 행위에 대한 인식과 그 인식을 공언할 수 있는 용기를 그 여인은 얻었다. 그것은 좁은 세계에서의 탈출인 동시에 변화이며 내적 드라마였다. 회개이기도 했다. 처음에는 놀라기만 하던 마을 사람들도 그녀의 진심에 마음이 끌렸다. 호기심도 일었다. 마을을 덮고 있던 한낮의 나른함은 여인의 뒤를 따라 야곱의 우물로 달려가는 사람들에 의해 깨어졌다.

마을 사람들이 이끄는 대로 예수는 이틀 동안 머물면서 하나님 나라를 전했다고 요한은 기록하고 있다.

"이 산에서도 말고 예루살렘에서도 말고"라는 가르침은 사마리아 사람들로 하여금 이 유대 나그네에 대한 믿음을 가지지 않을 수 없게 만들었다.

"처음엔 네 말에 끌려 예수님을 보러 왔으나 지금은 그의 말씀과 그의 가르침을 듣고 그 사람이야말로 세상의 구주이신 줄 알게 되었기 때문이다."
　이틀 뒤 마을 사람들은 그 여인에게 그렇게 말했다.
　공생애가 시작된 직후, 적지 사마리아에서 있었던, 그것도 법에 저촉되고 사회로부터 따돌림을 받던 여인과의 에피소드를 초대교회 이래 많은 교부(教父 : 교부란 거의 7세기까지 고대 그리스도교의 저술가, 학자 가운데 특히 성성〔聖性〕이 뛰어난 사람을 가리키는 말이다. 예를 들면 키프리아누스, 아우구스티누스 등이 있다)들이 특히 중요시하고 사랑했다. 교부들 가운데 몇 사람은 우물 깊이에서 신성(神性)의 깊이를 읽었고, 또 몇 사람은 어두운 우물 바닥에서 솟는 물을 한없이 어두운 인간성 안에서도 솟아나는 하나님의 구원의 상징으로 읽고 있다.
　또 가톨릭 교회는 '회개'의 단계를 목가적 아름다움으로 묘사하고 있는 이 에피소드를 부활절 전의 회심(回心)의 계절, 즉 사순절로 불리는 40일간의 제3주일 미사 때 지금도 읽도록 하고 있다.


## 2. 선구, 물러나다

　요단 강변을 떠나 가벼나움으로 돌아온 예수의 귀향은 예정된 일이기는 했어도 돌발적인 한 사건 때문에 더 앞당겨지게 되었다.
　돌발 사건이란 세례 요한의 체포였다. 애논 근처에서 세례를 주면서 그는 계속해서 어둠인 죄를 규탄하고 있었다. 세례란 앞에서도 밝힌 바와 같이 죄와 죄를 간직하고 있는 인간 존재를 승인하는 징표였던 것이다. 따라서 요단 강변에서 엎어지면 코 닿는 거리에 있는 성도(聖都) 예루살렘의 아름다운 궁궐에서, 현대적인 표현을 빌리면, 스캔들을 뿌리고 있는 헤롯 안디바(헤롯 안티파스 : 헤롯 대왕의 둘째아들—옮긴이)의 행장을 그가 눈 감아 줄 리 없었다.

혜롯이 정치 권력의 괴뢰 노릇을 하고 있는 것은 어쩔 수 없는 일이라도 결코 용서할 수 없는 일로 세례 요한의 눈에 비친 것은——민중의 눈에도 그렇게 비친 것은——아직 생존해 있는 그의 형제 빌립(북방 이투리아 주의 왕)의 아내 헤로디아(혜롯과 빌립의 질녀)를 힘으로 눌러 왕비로 삼은 사건이었다. 원래 헤로디아는 빌립과 맺어지기 이전에도 그의 형제와 혈육관계에 있는 혜롯 가 사람과 결혼하여 살로메라고 불리는 절세의 미인을 낳은 적이 있었다. 살로메가 소녀기를 벗어났을 무렵, 헤로디아는 현실적인 계산과 불타는 정욕을 참지 못하여 빌립과는 비교가 안되는 큰 권세를 가진 혜롯 안디바에게로 달려갔던 것이다. 그 결과 형제 사이는 당연히 험악하게 변하고 말았다. 한쪽은 분노와 원한 그리고 복수심에 불탔고, 다른 한쪽은 승자의 조소(嘲笑)와 이것 보라는 듯한 야유의 향연을 베풀었다. 그것은 공공연한 간통이었다.

분명히 인륜과 모세 율법에 어긋나는 것이었다. 민중이 수군거리기 시작했고 궁궐과 가까운 성전의 제사장과 율법학자들도 비난의 눈살을 찌푸렸다. 혜롯이 정복자 이민족의 앞잡이라는 점도 크게 작용하여 예루살렘 일대에 반혜롯 감정이 싹트기 시작하였다. 어느 지역, 어느 시대든 있게 마련인 권력지지파(혜롯 왕당파)를 제외한 거의 모든 사람이 반혜롯으로 돌아섰다. 그러나 눈살을 찌푸리기만 했을 뿐, 어느 누구도 앞장서서 왕을 비난하지는 못했다. 두려웠기 때문이었다.

복음서를 숙독하면 알 수 있는 것처럼 혜롯은 기묘한 사람이었다. 오만불손하게 권력을 마음대로 휘두르는가 하면 평소에 멸시하던 '민중'에게 느닷없는 두려움을 느껴 그들의 환심을 사기 위한 정책을 펴기도 했다. 태연하게 율법을 무시하면서도 백성들이 성자(聖者)·현인으로 받드는 사람을 존경하는 한편, 그를 궁으로 초청하여 강론에 귀기울이며 즐거워하는 일면도 가지고 있었다. 성자·현인의 강론이 그의 마음속에 씨를 뿌리는 데까지는 아직 이르지 못했지만……

잔학 비도한가 하면 다음 순간에는 감상적이 되어 '백성을 어여삐 여기는' 일면을 보여주는 것이었다. 향락에 눈이 멀어 즐거움을 위한 일이라면 거만금을 물쓰듯이 하면서도 청빈한 성인의 이야기를 들으면 백성과 함께 그를 칭송하면서 감격에 잠겼다. 말하자면 자신의 안락과 안일에 지장을 주지 않는 범위 내에서 겉치레의 '선'(善)을 존중하는, 부평초처럼 뿌리 없는 영혼을 가진 속물이었던 것이다. 부평초였기 때문에 정신은 모순으로 가득 차 있었다. 단 하나, 그가 일관되게 견지했던 잔학성은 아버지로부터 물려받은 유전이었다.

그러한 헤롯 안디바는 겁도 없이 예루살렘 언덕을 올라와 궁궐 문을 두드린 사내 세례 요한을 무척 재미있게 생각했다. 형편없는 약대 가죽옷 차림인 주제에 왕과의 면담을 요구하다니…… 절호의 심심풀이 상대였다. 그렇지 않아도 평판이 자자한 성자를 꼭 한번 만나보고 싶었으나 기회를 얻지 못해 안타깝게 생각하고 있었는데 스스로 찾아왔으니 얼마나 즐거운 일인가. 상대의 이야기에 귀를 기울여가면서 묻고 싶은 것도 물어보다가 잘 대접해 보내면 당장에 소문이 번져 왕의 인기도 올라갈 것이 아닌가. 정략으로서도 나쁠 것이 없다는 계산이 바닥에 깔려 있었다.

물론 그가 '죄', '죄'를 입에 달고 있는 엄격한 사람이라는 것은 알고 있었다. 헤로디아 사건을 들고 나오리라는 것쯤은 쉽게 짐작이 갔다. 그러나 그것 역시 이쪽의 대응에 따라 얼마든지 무마할 수 있다고 생각했다. 잘만 하면 그 성자를 이쪽 편으로 끌어들일 수도 있을 터……

"데리고 와라!"

헤롯은 기분 좋게 면담을 허락했다. 두 사람의 만남이 이루어진 것이다.

그러나 헤롯의 계산은 완전히 빗나가고 말았다. 그의 계산대로 되기에는 상대가 너무 큰 인물이었던 것이다. 세례 요한은 헤롯의 가식적인 환영을 처음부터 무시하고 들었다. 그가 한 말은 오직 한 가지뿐이었다.

"불의를 회개하라, 죄인이여. 하늘을 두려워하라! 불의의 여인은 돌려주라."

불과 같이 격렬한 어조로 같은 말을 되풀이했다. 어떻게 해볼 도리가 없었다. 이런 판에 평판 좋은 사람과 문답을 주고받으면서 즐기는 것은 처음부터 무리였다. 고함 한번 질러보지 못하고 졌다는 사실을 안 오만불손한 헤롯은 이미 조금 전 점잔을 빼던 그 헤롯이 아니었다. 그의 분노와 잔인성은 부글부글 끓어올랐다. 기대가 크게 빗나간 만큼 분노 역시 격렬했다. 그 자리에서 세례 요한을 죽이지 않은 것은 한마디로 말해서 민중의 반발을 두려워한 자기보호 본능 때문이었다.

헤롯 이상으로 세례 요한에게 분노를 불태운 사람은 헤로디아였다. 그녀는 성격이 헤롯보다 훨씬 강한 사람이었다. 머리 회전도 빨랐다. 헤롯처럼 백성을 두려워하여 그들의 비위를 맞추거나 감상적이 되거나 하는 따위는 결코 없었다. 불의와 악평을 각오하고 치밀한 계산을 바탕으로 하여 궁궐의 안주인 자리를 차지한 그녀가 아닌가. 불의와 악평이 독이라면, 독을 마실 바에야 그릇까지 삼킬 각오가 되어 있었다. 그렇게 할 때라야 비로소 독을 자기 편으로 만들 수 있다는 것이 그녀의 생각이었다. 그녀는 평소에 조금은 주춤거리는 헤롯을 못마땅하게 생각했다. 권력과 지위 그리고 돈만 있으면 하고 싶은 것, 가지고 싶은 것은 무엇이나 다 이룰 수 있음에도 불구하고 가지고 있는 권력과 지위 그리고 돈을 배짱대로 다 쓰지 못하는 헤롯이 바보나 다름없다고 생각해온 그녀였다.

그런 그녀였기 때문에 지금 헤롯과 세례 요한의 대면 자체를 못마땅하게 생각하는 것은 당연한 일이었다.

"바보처럼 멍청하기는……. 회개다, 천국이다 하는 되지못한 소리에 넋이 빠져버린 민중을 두려워하다니!"

백성으로부터 자신을 지키기 위해서는 그들의 비위를 맞추면서 불경스럽기 짝이 없는 이 사내를 용서하는 것도 하나의 방법이었다. 반대로 왕권에 창을 겨눈 이 사내를 처벌함으로써 '세례 요한도 처벌한 왕'이라는 강력한 이미지를 과시하고 백성을 두려움에 떨게 하는 것도 또 하나의 방법이었다.

헤로디아는 섶을 지고 스스로 불로 뛰어든 세례 요한을 그대로 돌려보낸다는 것은 생각지도 않았다. 무슨 말을 어떻게 떠벌릴지도 모르는 그가 아닌가. 백성을 부추겨 마침내 그들이 왕궁을 향해 반기를 들게 될지도 모르는 일이었다. 한번 일이 터지고 나면 민심 수습을 게을리했다는 이유로 로마 당국으로부터 규탄받을지도 모른다. 헤로디아가 두려워하는 유일한 대상은 바로 로마 정부였다.

요한을 죽이자!

헤로디아의 논리는 자연스럽게 그런 결론을 내렸다. 그러나 영리한 그녀는 자신이 내린 결론을 공공연히 주장하기에는 아직 시기가 이르다고 생각했다. 헤롯의 태도가 아직은 흔들리고 있었기 때문이었다. 불의를 저지르지 말고 아내를 돌려보내라는 말에 화를 내기는 했어도 공포심과 여러 상황으로 보아 세례 요한을 죽이는 것은 고사하고 체포하는 것조차 망설이고 있는 헤롯이었다. 헤로디아는 그런 헤롯을 집요하게 설득하기 시작했다. 로마로부터 민심 수습 게으름으로 규탄당할지도 모른다는 말에 마침내 헤롯도 꺾이고 말았다. 어리석은 민심을 선동하는 요한을 엄중히 연금하여 동태를 지켜보자는 것으로 일단 결론을 내렸다.

"백성은 안되지만 그의 제자들에게는 면회를 허용해도 좋겠죠."

그녀는 큰 인심이라도 쓰듯이 말했다. 왕 앞에서 무례하게 군 사람이라 하더라도 그 제자들의 면회를 허용할 정도로 관대한 왕이라는 이미지를 심기 위해서였다.

헤롯은 그녀가 하자는 대로 했다. 세례 요한의 말이라 하더라도 헤로디아를 새삼 동생에게 돌려보낼 마음은 눈곱만큼도 없었을 뿐만 아니라 그렇다고 세례 요한을 그대로 방면하는 것도 생각할 수 없었다. 그를 방면하고 나면 들로 나가서 백성을 향해 "보라, 저 불의한 왕을!" 하고 떠벌이고 다닐 것이 분명했기 때문이었다.

그가 연금된 곳은 유명한 유대 사가(史家) 요세푸스(서기 37~100년?)의 고대지(古代誌)에 기록되어 있는 것처럼 예루살렘에서 서남으로 멀리 떨어진, 사해를 굽어 볼 수 있는 마카이루스 요새였다. 말이 요새였지 실은 어두컴컴한 동굴이었다. 그곳은 광천수가 솟는 헤롯의 사유지로서 왕궁과 요새가 있었다. 부왕으로부터 물려받은 그곳은 경치가 뛰어나고 조용했기 때문에 헤롯이 즐겨 찾았다. 헤로디아와 함께 자주 그곳에 들러 생일 축하 잔치를 벌이는 등 유흥장소로 이용했다.

세례 요한의 제자들은 예수의 제자, 특히 젊은 축에 드는 요한과 안드레의 친구였기 때문에 그가 구속당한 소식은 금방 예수에게도 알려졌다. 예수는 그 소식을 듣고도 말이 없었다. 광야에서 외치던 선구의 소리가 지금은 순교자의 소리로 바뀌려 하고 있는 것이다. 그 소리의 최후의 부르짖음이 사라지게 될 때 구약의 마지막 페이지가 덮이게 되는 것……. 장중한 슬픔에 잠겨 예수는 침묵하였다.

세례 요한의 체포는 어떤 부조리, 그러나 극히 인간적인 부산물을 가져다 주었다. 율법에 어긋나는 헤롯의 불의에 눈살을 찌푸리면서 로마의 앞잡이 헤롯 왕정에 반감을 가지고 있던 이른바 자칭 반헤롯파들인 제사장과 학자, 바리새파가 눈엣가시 같던 세례 요한을 체포했다는 소식을 듣자마자 헤롯을 동지로 생각하기 시작한 것이 바로 그것이었다.

이날부터 제사장과 학자파는 헤롯 왕당파와 손을 잡았다고 복음서는 기록하고 있다. 시대와 장소를 불문하고 권력자와의 흥정외교와 이권정치를 둘러싸고 후안무치하게 행하던 제휴가 이루어진 것이다. 그러한 제휴에서는 인물과 사상(事象)의 옳고 그름 따위는 처음부터 문제가 되지 않았다. 판단과 행동의 기준은 오로지 이해(利害)뿐이었다.

세례 요한을 체포하여 혼을 내어 준다면 왕의 불의는 눈감아 주자.

왕당파에 동조해 준다면 이전보다 더 많은 이익을 제공해 주자.

　　제휴조건 도출엔 어떤 장애도 없었다.

　　그것은 바람직한 일이었다. 그렇다고 제사장, 학자, 바리새파가 완전히 만족한 것은 아니었다.

　　고개를 넘으면 산이 가로막는다던가?

　　그들은 본능적으로 세례 요한의 뒤를 잇고 있는, 어쩌면 요한보다 더 벅찬 상대가 될 그 사람이야말로 구극(究極)의 적임을 알아차렸던 것이다. 성전에서 도전하듯이 행동하던 그가 아닌가. 더군다나 "사흘 안에 성전을 다시 세우겠다"고 큰소리 치던 불손함, 당당한 언행, 게다가 벌써 어리석은 백성을 끌어들여 세례를 주기 시작한 선동행위……

　　제사장, 학자파, 바리새파 일당과 헤롯 왕당파 사이에는 그 사람에 관한 정보수집과 경계의 필요성에 대해 은밀한 합의가 이루어졌다.

　　예수는 그 모든 것을 알고 있었다.

　　그의 '때'는 아직 오지 않았다. 그렇다면 쓸데없는 소동을 일으키게 될 원인 제공을 할 필요가 없었다. 예수는 세례 요한에 대한 사모의 정을 가득 안은 채 유대 지역을 뒤로했다.


## 3. 귀로의 기적, 관리의 아들

　　사마리아의 우물 마을과 가버나움을 잇는 길은 구약의 그 많은 고사 가운데서도 뛰어난 여성 지도자였던 드보라(사사기 4:4 이하에 기록된 여사사─옮긴이)로 유명한 다볼 산(산이라지만 겨우 해발 560미터밖에 안되며 컵을 엎어놓은 것 같은 언덕에 지나지 않는다. 초지와 관목으로 덮여 있다)을 정면 오른쪽 7~8킬로미터 지점에 두고 있는 나인에서 서쪽으로 우회한다. 여름에는 풀냄새가 물씬거리는 들판을 가로질러야 하는 길이었다.

　　지중해에서 불어오는 시원한 바람을 이고 있는 갈멜 산 연봉(連峯)이 서

북쪽 후방으로 물러나면서부터는 다볼 산 기슭의 에스드렐론 계곡이 눈길을 끌게 된다. 검푸른 사이프러스 숲이 물이 풍부한 계곡임을 알려주고 있었다.

다볼 산 기슭을 따라 뻗어 있는 길을 더위에 허덕이면서 10킬로미터만 가면 사람들은 어김없이 나사렛으로 들어가게 된다. 그곳은 고갯길 많은, 흰 돌로 지은 마을이었다. 돌을 깔아 걷기가 불편한 좁은 길은 말린 대추와 무화과를 늘어놓은 노점들이 들어차 있으며 물항아리를 이고 허리를 흔들며 균형을 잡으면서 걸어가는 여인들과 가격표를 목에 건 채 어정거리는 어린 양들로 어수선했다.

목수 요셉 일가가 살았다는 집이라며 관광객을 안내하는 곳으로 들어가 보면 지금도 2천 년 전과 거의 다름없는 생활을 하고 있는 사람들이 적지 않은 이 마을에서, 과연 그 집이 목수 요셉의 집인지 아닌지의 진위는 접어두고라도 '그'가 이런 곳에서 자랐구나 하는 것은 확실하게 느낄 수 있을 것이다.

돌을 깐 바닥은 외부 길의 연장처럼 보였고, 거칠게 깎은 장방형의 흰 돌벽은 무척 두꺼워 외부의 열을 차단하기에 충분했다. 열을 차단하려는 듯 돌의 일부를 잘라내어 만든 창은 빈약할 정도로 작은 것이었다. (그래도 그런 창이 있는 집은 괜찮은 편에 속한다. 대부분의 집은 출입구를 창문 겸용으로 사용한다.) 따라서 내부는 항상 어두컴컴했다. 떨어뜨린 동전 한닢을 찾기 위해 여인이 등잔불을 켜들고 나섰다는 예수의 일화는 이런 집에 들어와 본 뒤라야 비로소 이해할 수 있다. 눈부시게 밝은 여름 아침에도 동전 한닢을 찾기 위해서는 등잔불을 밝히지 않으면 잘 보이지 않을 정도다.

바닥 일부, 특히 중앙부는 굴처럼 파내는 것이 보통이며 뚜껑을 해 덮은 집도 있다. 그 안의 바닥에서는 놀랄 정도로 찬 기운이 솟아올랐다. 귀중한 식품과 물을 보관해 두는 곳이었다.

아무렇게나 만든 낡은 나무판자 문은 언제나 절반쯤 열려 있다. 공기 소

통을 위한 것이기도 하지만 마을 전체를 가까운 친척으로 생각하는 생활습
관 때문이었다. 그러나 반쯤 열린 문으로 내다볼 수 있는 것은 아무것도 없
었다. 건너편으로 비슷하게 생긴 집이 보일 뿐이다. 만약 시정(詩情)에 젖
은 갈릴리 원경을 한눈에 바라보고 싶다면 이 지역에서 가장 높은 언덕에
있는 사이프러스 숲에 둘러싸인 성 프란체스코 수도원의 테라스로 가는 것
이 좋다. 거기서라면 예수가 바라보았던 고향 전경이 팔레스티나 색채로
선명한 한폭의 그림이 되어 한눈에 마음껏 들어온다.

현재 나사렛에 남아 있는 '예수의 집'은 보잘것없을 정도로 빈약한 집이
지만 내부는 제법 널찍했다. 요셉도, 예수도 목수였기 때문에 도구와 목재
를 쌓아 둘 공간이 필요했을 것이다. 당시 이 지역의 목수는 집 짓는 목수
가 아니라 가재도구를 만드는 것이 주업이었다. 일반 주거는 돌로 지었고
성전을 비롯한 공공의 대건축에 참여할 수 있는 것은 솜씨가 뛰어난 일부
목수에 국한되었다. 서양과 동양을 잇는 접경지대에서 이 정도의 집에 사
는 사람들은 가구다운 가구를 거의 가질 수 없었다. 벽을 따라 쌓아올린 돌
마루가 의자 겸 침대였다.

그런 집에서 가나의 혼인 잔치 이후 어머니 마리아는 아들의 귀향을 기
다리고 있었다. 마리아란 이름은 모세 시대의 고어 미리암(모세의 누나 이
름이 미리암이었다)의 변형이다. '하나님을 즐겁게 하는 자'라는 뜻처럼 그
녀는 은총 안에서 살았다. 그러나 사랑을 받고 은총 속에서 사는 것은 그녀
의 경우, 인자가 되어 시간 안으로 들어온 하나님에게 육신을 제공하는 것
이었으며 그로 인해 하나님이 하는 일에 전면적인 협력자이자 하나님과 죄
인의 중개자, 메신저가 되는 것을 의미했다. 그것은 필연적으로 고독을 전
제로 하는 것이었다.

그녀는 하나님 아버지의 일을 위해 이 집에서 나간 아들이 다시 돌아와
살지 않을 것을 알고 있었다. 그래도 어머니의 마음은 기다림 쪽으로 쏠렸
다. 가나의 혼인 잔치에서 행한 포도주의 기적 소문은 이미 널리 퍼져 있었

다. 경외와 호기심에 찬 사람들의 눈길은 어머니에게로 집중되어 있었다. 또 이번 유월절을 예루살렘에서 보내고 돌아온 마을 사람들은 성전 앞에서 벌어졌던 예수의 언행과 그의 주변에 군중이 따르고 있다는 소식을 전해 주었다. 성전 제사장들 사이에 퍼지고 있는 반예수 움직임도 함께 전해 주었다. 소문과 소식 역시 찬반으로 갈려 있었다.

> 보라, 이 아이는 이스라엘 중
> 많은 사람의 패하고 흥함을 위하여
> 비방을 받는 표적이 되기 위하여
> 세움을 입었고
> 또 칼이 네(어머니) 마음을 찌르듯 하리라.
> • 「누가복음」 2 : 33~35

　어머니는 말없이 마음속 깊이 간직하고 있던 아들에 대한 모든 추억을 되살려 보면서 오로지 기다리고 있었다.

　나사렛을 포함한 갈릴리 지방은 서로 적시하는 이방의 땅 사마리아 저편에 자리하고 있는 변경이었다. 사람들은 멀리 떨어져 있는 도성, 유서와 역사가 깊은 도성 예루살렘을 그리워하면서도 한편으로는 갈릴리 지방 고유의 사투리(아람어 특유의 목구멍 소리 발음을 내지 못했다)와 차림새 그리고 촌티 때문에 열등감을 느끼고 있었다. 예루살렘의 도시인들로부터 꼭 멸시당하고 있다는 느낌이었다. 쉽게 뜨거워지고 쉽게 식어버리는 기질과 변방 특유의 좁은 시야 때문에 그들은 예루살렘을 중심으로 한 유대 지방 사람들과는 언제나 일정한 거리를 두고 있었다.
　그러한 심리와 성격도 동향 출신인 예수를 둘러싸고 상당히 복잡한 움직임을 보이기 시작했다. 한편에서는 예수를 갈릴리 지방 가운데에서도 특히 보잘것없는 나사렛의 가난한 목수의 아들에 지나지 않는다고 경멸했다.

"목수 요셉의 아들이 아닌가!"

"어머니는 바로 저기 살고 있는 마리아구……"

요셉이 아직 살아 있을 때, 대문이나 기둥을 고치려고 불러들였던 사람들도 적지 않았다.

"그 목수라면 나도 잘 알고 있지……."

서로 구석구석까지 잘 알고 있는 작은 시골 마을, 요셉 일가라고 해서 예외가 아니었다. 마을 수준에 비추어 그들은 평균 이하의 생활을 했다. 누구나 '그런 집안의 아들……'이라면서 그를 가볍게 생각했다. 나사렛의 이웃 사람들은 특히 더 그랬다.

그런 아들과 깊이 사귄 적도 없고 또 조용한 어머니와 아들의 사랑으로 맺어진 생활을 단 며칠도 함께한 적이 없으면서 사람들은 그를 적어도 '알고 있다'고 생각하였다. 동시에 그런 예수였으니 예루살렘 성전에서 제사장이나 학자들을 두려워하지 않고 맞서 싸울 수 있었다고 생각했다. 또 유월절을 맞아 성전 참배에 나선 갈릴리 사람들을 시골뜨기라고 얕잡아 보는 도시 상인들에게 본때를 보여준 것을 통쾌하게 여겼다. 예루살렘 사람들을 혼내 주었다는 그 쾌감…….

그 사람은 언제 돌아오는가, 서로 들은 소문을 주고받으면서 갈릴리 사람들 역시 어머니 마리아처럼 그를 기다리고 있었다.

네 개의 복음서를 종합하여 시간적인 일관성을 찾아보는 것이 이 책에서는 극히 어려운 일이다. 마태는 "갈릴리로 물러가셨다가 나사렛을 떠나……"(마태복음 4:12)라고 기록하고 있고, 누가는 "갈릴리에 돌아가시니 그 소문이 사방에 퍼졌고……, 여러 회당에서 가르치시매……. 나사렛에 이르사"(누가복음 4:14~15)라고 기록하고 있다. 그러나 이 무렵 마태는 아직 제자가 아니었으며 누가는 그의 직업인 의사(그렇게 알려져 있다)답게 면밀한 저술을 남기고 있으나 예수 사후에 전도에 참가한 사가(史家)였다. 따라서 예수와 함께 갈릴리로 간 것이 분명한 요한의 복음서를 좇는 것이 가장 무난하다. 요한 역시 "갈릴리에 이르시매 갈릴리인들이 그를 영접하니……예수께서 '다시' 갈릴리 가나에 이르시니……"(요한복음 4 : 45~46)로만 기록하고 있어 명확성이 결여되어 있다. 또 요한이 기록한 순서를 좇을 경우 사마리아를 경유할 때 당연히 첫번째로 들르게 되는 지점인 나사렛에 관한 기술이 왜 빠졌는지 의문이 남는다.

어쨌든 예수 일행은 우선 가나에 도착했다. 포도주 기적 사건은 아직도 모든 마을 사람들의 마음속에 생생하게 살아 있었다. 마을은 흥분에 휩싸였다.

"그가 왔다! 예수가 왔다!"

법석을 떠는 가난한 서민과는 별세계에 사는 한 고급 관리도 그 소문을 들었다. 그 관리는 헤롯 안디바(서기 6년경 로마 행정법에 의거하여 갈릴리・페레아 지방이 4주로 분할되면서 갈릴리 1주의 분국왕에 임명되었다) 왕가의 분국 행정관 중의 한 사람이었던 것으로 추측된다. 성서 주석가 가운데는 갈릴리 주둔 로마 행정관 중의 한 사람이라고 주장하는 사람도 있다. 그러나 고대로부터의 전승은 이 관리를 「누가복음」 8장 3절에 나오는 구사(chuza : '물병'이라는 뜻으로 그의 아내 요안나는 끝까지 주께 헌신한 충실한 여성이었다―옮긴이), 즉 헤롯의 청지기라고 보고 있다. 그리스어로 복음서를 쓴 요한은 이 관리를 가리켜 'βασιλικος'라는 말을 쓰고 있는데 의미가 명확하지 않다. 단 고관이었던 것만은 틀림이 없다. 왜냐하면 행정관구인 가버나움에서 살고 있었기 때문이다.

그 관리는 공무였는지, 사적 용무였는지는 몰라도 가나에 머물고 있었다. 그러나 마음은 가버나움 관사에 두고 온 병든 어린 아들 걱정으로 가득차 있었다. 풍토병의 일종인 열병을 며칠째 앓고 있었던 것이다. 용하다는 의사는 다 찾았지만 낫기는커녕 오히려 날이 갈수록 더욱 나빠지고 있었

다. 가나에서 일처리를 하는 동안 아들이 숨을 거둘지도 모른다는 최악의
상황을 각오하고 있었다.

그럴 무렵 그는 예수의 소문을 들었다. 그의 소문을 들은 것이 이번이 처
음은 아니었다. 그러나 진정으로 귀를 기울인 것은 이번이 처음이었다. 자
연법칙으로는 불가능한 가나 혼인 잔치에서의 포도주 이야기. 비록 자신이
받들고 있는 왕에게 포박당하기는 했으나 공정한 의를 바탕으로 할말을 다
한 세례 요한과 이 예수와의 관계. 세례 요한이 예수를 오실 메시아라고 증
언했다는 이야기. 관리는 그 모든 것을 머릿속에 하나로 종합해 보았다. 그
리고 거기서 얻은 결론을 지금의 자기 자신, 아들의 쾌유를 비는 자기 자신
에게 적용시켜 보았다.

포도주 이야기는 지어낸 것인지도 모른다. 메시아라는 것도 틀린 것인지
모른다. 그러나 만일 그것이 진실이라고 한다면, 자신의 이 곤궁한 처지를
호소해 볼 만한 가치가 있다는 생각이 들었다. 다행히 그 예수는 지금 가나
에 와 있다지 않은가. 일부러 먼 길을 찾아가지 않아도 되니 한번 믿어 보
는 것도 좋겠다고 그는 결론을 내렸다.

예수의 소재는 쉽게 알 수 있었다. 더러워진 흰옷을 입은 사람들이 몰려
있는 곳을 찾으면 되기 때문이었다. 군중을 헤치고 안으로 들어가는 것도
어렵지 않았다. 차림새부터 다른 고관이 찾아온 것에 군중은 일종의 쾌감
을 느낌과 동시에 어떤 기대감에서 길을 비켜 주었다.

관리는 예수와 마주섰다.

입을 여는 순간 관리는 아직 자신의 지위와 신분은 잊지 않고 있었다.

"내 아들의 병을 고쳐 주소서."

믿음이라기보다는 하나의 도박이었다. 아니 일종의 명령이었다. 부탁이
라기보다는 시험이었다. 그러한 관리의 마음을 꿰뚫은 예수는 조용히 입을
열어 대답했다.

"너희는 표적과 기사(奇事)를 보지 못하면 도무지 믿지 아니하리라."

이는 믿으면 표적과 기사가 이루어진다는 것을 역설적으로 알려주는 말이었다.

부활 뒤의 예수는 자신이 보고 만져보지 않은 것은 믿을 수 없다고 공언하는 합리주의자인 제자 도마에게 다음과 같이 말하게 된다.

"보지 못하고 믿는 자들은 복되도다!"

니고데모에게 비유로 강조한, 가시(可視) 세계를 초월한 실재(實在)에 믿음을 두어야 함을 예수는 이 조금은 건방진 관리에게 말하고 있는 것이었다.

관리는 예민한 사람이었다. 도박과 시험이 만일 효험이 없더라도 손해날 것이 없다는 자신의 생각이 오만과 타산임을 금방 깨달았다. 그는 그 모든 것을 벗어던졌다.

"주여!"

저도 모르게 나온 호칭이었다. 나사렛 목수의 아들을 보고 '주'라고 부른 것이었다. 관리는 겸손해진 것이다. 예수의 언외(言外)의 꾸짖음을 그대로 받아들인 것이었다. 예수가 요구한 것은, 아니 이 관리뿐만 아니라 모든 사람들에게 요구하고 있는 것은 바로 이 심적(心的)인 태도와 믿음이었다. 예수와 마주하여 이야기를 나눌 수 있는 유일한 조건은 바로 그것뿐인 것이다.

"주여, 내 아이가 죽기 전에 내려오소서!"

이것이 바로 회개(悔改)이자 회심(回心)이다. 그리고 예수에게는 그것으로 충분했다.

"가라, 네 아들이 살았다!"

그리고 그 아들은 나았다.

여기서 독자를 위해 예수의 기적에 대해 간략하게 설명하기로 한다. 그가 행한 기적은 네 개의 복음서가 개별적으로 기록한 것만 해도 33가지나

된다. 그 내용은 질병의 완전치료가 16가지, 죽은 자의 소생이 3가지, 악귀(당시 팔레스타나에서는 간질을 '악귀가 들었다'고 했다)를 쫓아낸 것이 6가지, 자연법상 불가능한 기적, 예를 들면 물을 포도주로 만든 것 등이 8가지이다.

기적이란 옥스퍼드 사전 및 라루스 사전에 따르면 '인간 이성에 의해 파악, 해명된 자연법칙을 초월하여 이루어지는 행위'이며, 그것은 그 행위자가 자연법칙상에 존재하면서 그것을 지배하는 힘(힘을 가진 자 또는 그로부터 특별한 권능을 부여받은 자)임을 증명하는 것'이라고 되어 있다. 그리스도교 사전은 '자연법 이상 혹은 이외에 예외적으로 행해지는 하나님의 권능'이라고 보고 있다.

결국 하나님을 어떻게 해석하는가가 문제로 등장한다. 다시 말하면 자연법을 초월하여, 자연법 이상 또는 자연법 밖에 있는 존재를 하나님으로 보는 제1정의가 그 안에 함축되어 있음을 보여주고 있다. 이를 바탕으로 하여 '자연법'(자연물과 인간성을 포함한)의 지배자, 창조자로서의 유일절대신으로서 하나님이 떠오르게 되는 것이다.

"나는 스스로 있는 자니라."(출애굽기 3 : 14)
라고 하나님은 자신의 이름을 모세에게 알려주었던 것이다.

> 스스로 있는 자가
> 나를 너희에게 보내셨다 하라.
> 나를 너희에게 보내신 이는
> 너희 조상의 하나님 여호와라.
> 이는 나의 영원한 이름이요
> 대대로 기억할 나의 표호(表號)니라.
> •「출애굽기」 3 : 14~15

또 예수 자신도 나중에 군중들을 향해 외친다(요한복음 8 : 58).

　진실로 진실로
　너희에게 이르노니,
　아브라함이 나기 전부터
　내가 있느니라(원어에서는 현재동사).

　최후의 만찬 뒤, 예수를 잡으려고 무기를 지닌 대제사장과 바리새인들이 몰려오면서 '예수가 어디 있느냐?'고 물었을 때 예수는 다음과 같이 대답했다.

　내가 예수로다(원어에는 '나는 존재한다'와 동일한 동사로 나와 있음).

　영어의 be동사는 본래의 문법적 의미에서 현재형 서술어는 단 하나의 예외를 제외하고는 보어를 동반하지 않으면 안된다. 예를 들면 'I am', 'Je suis', 'Ich bin', 'Ego sum' 등은 'I am a student'와 같이 보어나 부사어 등을 당연히 동반하거나 일시적으로 생략할 수 있다. 그러나 단 하나 'God Is'의 경우만은 우유(偶有)와 다른 절대존재(Is)를 나타내기 위해 be동사에 보어, 부사어를 사용하지 않아도 되는 것이다.
　그리고 성서적 의미에서의 '영원'은 바로 이 절대존재의 Is 상태를 가리키는 것이다. 따라서 우유인 '시간'이 언제까지나 계속되는 상태를 말하는 것이 아니다. '시간' 이상으로, '시간 밖'에 '있기' 때문에 be동사 자체가 단독으로 쓰일 수밖에 없는 것이다. '그러한 존재'가 하나님이라고 성서는 알려주고 있다. 또 '그러한 하나님'이 그의 존재를 인간에게 보여주기 위해 '시간'과 '때'에 개입하여 신약시대에 하나님 스스로의 존재와 본성을 증명하기 위해 기적을 누차 행했다고 알려주고 있는 것이다. 다시 말하면 절대

존재를 믿는다면 '시간'과 '법칙'에의 개입인 기적의 가능성도 믿게 된다는 뜻이다. 그러므로 시간에 개입한 특정시대의 하나님, 즉 예수 그리스도와 증명의 권능을 예수로부터 직접 부여받은 제자들의 시대가 끝남과 동시에 기적의 시대는 막을 내리게 된다.


## 4. 이새의 싹

'여자'(잇샤)라고 부르면서 구원이라는 대업의 바탕에 어머니를 두고 한없는 사랑과 존경을 보인 아들은 그 어머니의 기다리는 마음을 충분히 알고 있었다. 그러나 나사렛에 온 아들은 곧장 회당으로 들어갔다. 그 자신의 말처럼 그의 '손은 이미 쟁기를 들고 있었기'(사명의 첫걸음을 내디뎠다는 뜻) 때문이었다.

바깥 복도까지만 입장이 허용된 어머니는 다른 여자들 틈에 섞여 회당 안에서 울려나오는 음성 하나도 놓치지 않으려고, 또 얼핏 움직이는 아들의 그림자라도 놓치지 않으려고 온 신경을 집중했다. 회당 안에서 낭랑하게 울려나오던 책 읽는 소리가 끝나자 물을 뿌린 듯한 정적이 주위를 지배했다. 예수에게 호의를 가진 자들도, 비판하려는 자들도 마른침을 삼켜가면서 그의 말에 귀를 기울이고 있다는 증거였다.

대중들의 눈길이 몰린 가운데 예수는 두루마리를 서적 담당자에게 돌려주고는 자리에 앉았다. 방금 그가 읽은 것은 예언서 「이사야」의 한 구절이었다.

주 여호와의 신이
내게 임하셨으니
이는 여호와께서

내게 기름을 부으사
가난한 자에게 아름다운 소식을
전하게 하려 하심이라.
나를 보내사
마음이 상한 자를 고치며
포로된 자에게 자유를,
갇힌 자에게 놓임을 전파하며
여호와의 은혜의 해와
우리 하나님의 신원의 날을 전파하여
모든 슬픈 자를 위로하되……

  •「이사야」61 : 1~2


"사람들이여."
예수는 입을 열어 뒤이어 말했다.
"이 글이 오늘날 너희 귀에 응하였느니라."
좌중에 웅성거림이 일었다. 바깥 복도에 몰려 있던 마을 여자들이 고개를 돌려 신기한 눈으로 마리아를 바라보았다.
"어머, 저 사람은 요셉의 아들이잖아?"
"우리 마을 마리아의 아들이야. 여기 있는 이 마리아의……"
'그러므로 우리는 그가 어떤 사람인지 알고 있다'는 고정관념과 선입관이 이처럼 마음의 족쇄가 되어 사람들의 자유를 빼앗아 버린 것이었다. 지구상의 여러 지역, 여러 시대를 통해 수많은 인간의 마음의 자유를 빼앗은 것은 바로 이러한 고정관념이었다. 마음을 바로잡은 전과자에게 직장을 제공하려 하지 않는 고정관념, 부모가 없다 하여, 또 가난하다 하여 받아들이지 않는 고정관념, 국적만으로 인간을 판단하려는 완고성……
예수는 그러한 사람의 마음이 갖는 부자유를 알고 있었다. 「이사야」의

'포로된 자', '갇힌 자'는 바로 그러한 사람들을 가리키는 것이다. 그리고 기름 부음을 받은 자는 그러한 마음의 자유가 없는 사람들에게 '출옥의 해방'을 가져다 주기 위해 온 것이었다. 마음을 옭아매고 있는 족쇄는 다른 모든 족쇄와 마찬가지로, 아니 그 이상으로 사람들을 중한 죄인으로 만들고 있기 때문이었다.

　그러나 예수는 또 갈릴리라는 특정지역의 인간 성품도 알고 있었다. 거칠, 그렇기 때문에 직선적인 사고방식과 쉽게 뜨거워지고 쉽게 식어버리는 성격을 알고 있었다. 그 때문에 그는 그들과 정면으로 맞부닥치려는 것이었다.

> 내가 진실로 너희에게 이르노니
> 선지자가 고향에서 환영받는 자가 없느니라.
> • 「누가복음」 4 : 24

　이어서 예수만의 독특한 비약이 뒤를 잇는다.

　"내가 참으로 너희에게 이르노니 엘리야 시대에 하늘이 세 해 여섯 달을 닫히어 온 땅에 큰 흉년이 들었을 때에 이스라엘에 많은 과부가 있었으되 엘리야가 그 중 한 사람에게도 보내심을 받지 않고 오직 이스라엘에서 멀리 떨어진 이방 페니키아의 시돈 땅에 있는 사렙다의 한 과부에게뿐이었으며, 또 선지자 엘리사 때에 이스라엘에 많은 문둥이가 있었으되 그 중에 한 사람도 깨끗함을 얻지 못하고 오직 이방 수리아 사람 나아만뿐이니라……."

　성급하여 편협한 단정을 미리 내리는 자는 육체의 의사에게도, 영혼의 의사에게도 스스로를 솔직하게 드러내지 않는다. 솔직하게 드러냄으로써 고침을 받는 자는 앞질러 단정을 내리지 않은 백지 상태의 이방인임을 알려 주고 있다. 그러니 스스로를 솔직하게 있는 그대로 드러내라고 알려주고 있는 것이다.

그러나 사람들은 자신을 드러내지 않았다. 그들 가운데 있는 하나의 고정관념 즉 야곱의 자손만이 구원의 약속을 받은 선민이라는 뿌리 깊은 고정관념이 불꽃처럼 타오르면서 그들을 선동했다. 존경하는 옛 선지자들의 일화 역시 아전인수격으로 해석할 때에만 그들에게 도움이 되는 것이었다. 회당에 앉아 있던 군중은 분노를 터뜨리면서 폭도로 변하고 말았다. 일어서서 웅성거리다가 예수를 둘러쌌다. 그를 회당 밖으로 끌어내어 계단이 많은 마을 밖으로 데리고 갔다. 돌밭 절벽이 있는 곳이었다.

성서지지학자 가운데는 현재의 나사렛에서 남으로 30킬로미터 떨어진 곳에 있는 '추락의 산'이라고 불리는 주벨 카브세가 그곳이라고 주장하는 사람도 있으나 확실하지는 않다. 모처럼 고향으로 돌아와서는 구원받은 이방인과 이교도의 고사(故事)를 거침없이 인용하면서 선민이라는 자격만으로는 구원을 받을 수 없는 것처럼 떠벌리는 자칭 선지자, 요셉과 마리아의 아들을 그 절벽에서 떨어뜨리려 했던 것이다. 현대의 우리 눈에는 어처구니없는 반격으로 보인다. 그러나 이방인을 집안에 들이는 것만으로도 큰 죄가 되는 당시의 풍습에 비추어 보면 결코 어처구니없는 일이 아니었다. 그러나 그의 때는 아직 오지 않았던 것이다. 그는 사방에서 고함을 지르면서 지분거리는 군중 사이를 빠져나갔다.

어머니는 허망한 마음으로 욕설과 발소리로 가득 찬 마을 한구석에 꼼짝도 않고 서 있었다.

그날 이후 마리아의 나날은 문자 그대로 마음을 칼로 저며내는 것과 같았을 것이다. 환영받지 못하는 선지자의 어머니는 얼마나 깊은 고독을 씹으면서 기름 부음을 받은 자의 앞날을 생각했을까?

요셉의 아들.
마리아의 아들.
다윗 가의 후예.

    예수의 가계도는 마태와 누가 두 사람이 밝히고 있다. 그러나 두 사람의 기술은 큰 차이를 보이고 있다. 성서 주석자 가운데 어떤 사람들은 마태가 요셉, 다시 말하면 부계(父系)의 계도를 기록한 데 반해 성모 마리아에게 깊은 존경심을 보이고 있음이 분명한 안디옥(안티오크)의 의사 겸 화가인 누가는 마리아, 즉 모계의 계도를 기록한 것이라고 말하고 있다. 그러나 이는 잘못된 견해로 근년의 성서학자들은 오히려 고대 유대율에 바탕한 습관인 수혼제(嫂婚制)에서 그 원인을 찾고 있다.

    수혼제에서는 아들 없이 죽은 사람의 아내는 망부의 형제 또는 사촌형제 가운데 한 사람이 미혼인 경우 그의 아내가 되는 것이다. 두 사람 사이에서 난 첫아들은 율법상, 상속상 망부의 아들이 된다. 이는 고대 농경 유목민 사이에서는 자주 볼 수 있는 제도로 집안 상속을 위한 것이라기보다는 토지 상속을 위한 것이었다. 어떤 경우든 토지를 잃어서는 안되기 때문이었다. 최대의 재산인 양과 소를 먹이기 위해서는 토지가 반드시 필요했다. 수혼제에 근거하여 살펴보면 마태와 누가의 차이는 상당히 해소됨을 알 수 있다.

    여기서는 가계의 전모를 다 기술할 필요는 없을 것 같다. 다만 마태와 누가의 기술이 일치하고 있는 점, 다시 말하면 예수로부터 28대 이전이 되는 다윗 왕과 그의 아버지 이새의 이름이 분명하게 기록되어 있음을 지적하는 것만으로 충분하다고 생각된다.

        이새의 줄기에서
        한 싹이 나며
        그 뿌리에서 한 가지가 나서
        결실할 것이요
        여호와의 신이 그 위에 강림하시리니.
        •「이사야」 11 : 1~2

때가 이르리니
내가 다윗에게 한 의로운 가지를 일으킬 것이라.
이스라엘 집 자손을 북방 땅,
그 모든 쫓겨났던 나라에서 인도하여내신
여호와의 사심으로 맹세할 것이며
그들이 자기 땅에서 거하리라.

• 「예레미야」 23 : 5~8

한 가지 덧붙여 둘 것은 마태가 기록한 가계도 가운데 이새의 조부모로
등장하는 보아스와 룻 부부에 관한 것이다. 룻은 원래 사해 동남의 산악지
대 이교도 모압의 여인이었다. 그녀는 현명하고 마음이 따뜻한 여자였다.
유대 베들레헴 사람인 남편이 죽은 뒤에도 시어머니인 나오미와 함께 살면
서 그녀를 헌신적으로 보살폈다. 대를 이을 아들이 없는데다가 이교도였기
때문에 남편 사후 시집을 떠날 권리가 있었음에도 불구하고 시가를 지켰던
것이다. 그러한 룻에 감동한 나오미는 형제도 없이 죽은 아들의 먼 친척인
보아스와 재혼할 것을 권했다. 그는 부유한 의인이었다. 이것 역시 수혼제
에 따른 것임을 「룻기」는 분명하게 밝히고 있다. 그러나 보아스가 먼 친척
이었기 때문에 그들의 혼인은 수속절차가 상당히 복잡했다. 다윗 가의 조
상은 이 두 사람의 혼인에서 태어난다. 이교 이국 여자가 이윽고 다윗, 솔
로몬은 말할 것도 없고 그리스도를 낳는 지극히 중요한 가계의 원천에 자
리하게 된 데서 「룻기」의 의미가 있다. 다시 말하면 하나님의 나라와 하나
님의 구원이 이교 이방에 널리 전파되어 만민의 것이 될 앞날을 구체적으
로 시사하고 있는 것이 바로 「룻기」인 것이다.
완고한 고정관념에 얽매여 유대 민족만이 하나님의 구원의 대상이라고
믿어 의심치 않는 군중과 대제사장 그리고 학자들은 「룻기」를 포함한 구약
에 정통해 있으므로 '눈이 있어도 보지 못하고 귀가 있어도 듣지 못하면서'

무슨 일이 있을 때면 인용하는 '다윗'이 이미 순혈(純血)의 유대인이 아님을 놓치고 있었다. 또 구약의 대지도자 모세 역시 이방 에티오피아 여인을 아내로 맞았던 것이다(민수기 12 : 1). 그리고 하나님은 그 결혼을 축복하지 않았던가!

당시 팔레스티나 지역에 가장 많았던 질병은 문둥병, 중풍, 열병(아마도 말라리아), 아메바성 이질, 그리고 기타 풍토병, 파상풍, 토라호머 및 이에 따른 시력상실 등이었다. 오늘날 중근동, 특히 위생의학이 발달한 이스라엘 쪽 팔레스티나에서는 이러한 질환은 풍토병을 제외하고 거의 자취를 감추었다. 그러나 예수시대와 우리시대 사이에 가로놓여 있는 시간적·문명적 벽은 극히 좁고 다른 작은 지방으로 들어가면 예수시대를 쉽고 자연스럽게 추측할 수 있게 된다. 우선 마주치는 베두인 유목민의 복장은 박물관이나 고고학자들의 자료라 할 정도로 당시 그대로이다. 나도 한번은 중동 오지의 빈촌에서 토라호머로 문드러져 파리가 들끓는 눈으로 구걸하는 거지를 본 적이 있다. 그는 아카시아나무 밑, 낙타와 노새의 분비물 위에 앉아 목메인 소리로 지저분한 두 손을 벌려 동전 한닢을 구걸하고 있었다.

그들 환자 역시 '기다리는 사람들'이었다. 치료라는 이름의 구원, 그리고 병고의 의미 해명이라는 이름의 구원을 기다리고 있었다.

나사렛을 뒤로한 예수는 "온 갈릴리를 두루 다니시면서 회당에서 가르치시며 천국의 복음을 전파하시며 백성 중의 모든 병과 모든 약한 것을 고치시니"라고 마태와 마가는 기록하고 있다. 그에 대한 소문은 당연히 갈릴리 경계를 넘어 동남지방인 데카폴리스, 대도시 예루살렘, 유대 지방 그리고 멀리 북방 지중해변 시리아까지 퍼졌다(마태복음 4 : 23~25). 수많은 병자들이 친척이나 하인의 등에 업히거나 부축을 받으면서 그에게로 몰려들었다. 병을 고친 사람들이 늘어남에 따라 그를 따르는 사람도 붙어났다. 그러나 '따르는'이란 말은 우리의 감각과 체험을 바탕으로 해석해서는 안된다.

오늘날 중동이나 아프리카 오지에서는 단조로운 일상의 리듬을 조금이라도 깨뜨리는 자나 물건이 나타나면 그 주변에는 금세 사람들이 무리를 지어 따라 다닌다. 그것이 아이들에게 껌을 하나씩 던져주는 낯선 나그네였건 그 지역 부유한 사람의 장례행렬이었건 간에 사람들이 떼를 지어 따르면서 돌아가려 하지 않는 것이다.

예수를 따르게 된 무수한 사람들이 얼마나 잡다한, 문자 그대로 군중이었는가를 우리는 알게 된다. 나중에 마태와 마가는 그 수가 남자만(동방의 습관에서는 여자와 아이들을 수에 포함시키지 않는다) 5천 명이라고 기록하고 있다.

병을 고친 자와 그들의 직접적인 친척은 예수 안에서 적어도 육체의 치유자 구주(救主)를 보았다. 군중 가운데서는 하나님의 쓰임을 받는 구원의 손을 발견한 자도 있었다. 그의 가르침과 행위에 감동을 받아 계속 가르침을 듣기 위해 쫓아다니는 자도 있었다. 그러나 대다수는 그냥 기적을 보고 즐거워하는 자, 호기심에 싸여 있다가 곧 잊어버리는 자, 명성에만 이끌려 보러 온 자들이었다. 많은 사람들이 그를 알지 못했던 것이다.

그러나 어둠(사탄)만은 집요할 정도로 정확히 그를 알고 있었다. 더러운 힘으로 한 사내를 괴롭히고 있던 어둠은 어느 날, 가버나움 회당에서 예수와 마주치게 되었다. 어둠이 큰 목소리로 부르짖기 시작하자 그 사내는 몸을 비틀면서 거칠게 몸부림쳐야 했다.

"하나님의 아들이여, 우리와 당신과 무슨 상관이 있나이까? 때가 이르기 전에 우리를 괴롭게 하려고 여기 오셨나이까?"

이 에피소드를 기록한 마가와 누가에 따르면 어둠이 스스로를 '우리'라는 복수로 표현하고 있는데 이는 무척 흥미로운 부분이다. 나중에 동일한 경우가 생겼을 때 예수가 '네 이름을 대라!'고 명령하자 어둠은 '내 이름은 군대니 우리가 많음이라'(마가복음 5 : 9)고 대답한다. 이때 군대라는 단어는 당시 팔레스타인에 주둔하고 있던 로마 군대의 군단 '레기오'를 염두에 둔 것으로서 레기오는 보통 5천 명 내지 6천 명으로 구성된다.

사람의 마음속 깊은 곳에서 꿈틀거리는 어둠은 분명히 다수로 구성되어 있다. 증오, 시기, 질투, 원망, 복수심, 허위, 배신, 망상, 탐욕 이 모든 것은 서로 밀고 당겨가면서 사람의 마음을 지배하여 지리멸렬하게 만들거나 광기를 일으키게 하는 것이다.

예수는 이러한 힘을 용서하지 않았다. 그가 온 목적은 그러한 군대를 쳐부수는 데 있었던 것이다. 마가는 날카롭게 '꾸짖었다'고 쓰고 있다. 그러한 태도는 성전 앞 광장에서 법석을 떨고 있던 상인들을 꾸짖으면서 내쫓던 것과 조금도 다름이 없다. 신령과 진정으로 진리 앞에 평안을 지키는 성전으로 비유되어야 할 사람의 마음이 군대에 의해 파괴되고 있었다.

"그 사람에게서 나오라!"

어둠은 큰 소리를 내면서 사내의 몸을 땅바닥에 내팽개치고는 '나왔다'.

사내는 조용해졌다. 일어섰을 때는 이미 평상으로 돌아와 있었다. 그것은 육체의 치료인 동시에 그 이상인 정신의 치료이기도 했다.


　　시온아
　　깰지어다, 깰지어다.
　　네 힘을 입을지어다.
　　거룩한 성 예루살렘이여
　　네 아름다운 옷을 입을지어다.
　　이제부터 할례를 받지 아니한 자와
　　부정한 자가 다시는 네게로 들어옴이 없을 것이라.
　　너는 티끌을 떨어버릴지어다.
　　사로잡힌 딸, 시온이여
　　네 목의 줄을 스스로 풀지어다.
　　•「이사야」 51 : 1~2

군중은 보았고 또 두려워했다. 경악하고 감탄했다.

"이 무슨 일인가! 더러운 귀신에게 명령을 내릴 수 있다니……, 이게 도대체 어떻게 된 일인가!"

두고두고 유명하게 될 온갖 종류의 음악, 문학, 미술의 절호의 테마를 제공하게 되는 일련의 비유에 의한 가르침이나 일반대중의 마음을 파고드는 설교를 이 시기의 예수는 아직 하지 않았다. 그는 공생애 최초의 시기를 기적의 행위로 보내고 있었다. 그것을 통해 자신이 가지고 있는 권위와 권능이 어떤 것인가를 보여주고 있었다. 자신을 증명하기 위하여.

다음의 에피소드는 그의 그러한 의도를 명확히 보여주고 있다.

어느 날 그는 가버나움의 한 집에 있었다. 각 복음서의 기술을 종합해 보면(마가 1 : 29~34 ; 2 : 1, 마태 8 : 14~17, 누가 4 : 38~41) 그것은 시몬 베드로의 장모 집이라고 단정해도 별로 틀림이 없을 듯하다. 그 이유는 시몬 베드로만이 지금까지 모인 제자들 가운데 기혼자였다는 사실 때문이다. 베드로의 장모로 보이는 그 여인은 더러운 힘(사탄)에 붙들려 꼼짝도 못하는 남자를 치료한 직후에 열병과 풍토병에 걸렸고 이후 병을 고쳤다고 한다.

> 이 집에 (예수가 왔다는 소식을 듣고)
> 많은 사람들이 모여서
> 문 앞에 용신(容身)할 수 없게 되었는데.
> •「마가복음」 2 : 1

마침내 일거수 일투족이 마을 전체의 관심의 대상이 되고 만 예수였다.

중풍으로 꼼짝도 못하는 환자가 침상에 누운 채 네 사람에게 들려 예수를 찾아왔다. 그에게 가까이 가기만 하면 낫는다고 하는, 들고 온 자와 누운 자의 마음을 하나로 묶은 확신과 목적의식이 그들을 달려오게 만든 것이었다. 그러나 와서 보니 서로 밀고 밀리는 엄청난 사람들 때문에 예수에게로 들어갈 수가 없었다. 호기심으로 문 앞에 서 있는 수많은 사람들 사이를 비집고 들어간다는 것은 불가능했다. 그러나 확신과 목적을 가진 자는 수단을 찾아내는 힘이 있는 법, 집 안으로 들어가기 위해 반드시 문을 거쳐야 하는 것은 아니었다.

침상을 들고 온 사람들 가운데 한 사람이 지붕을 쳐다보았다. 팔레스티나의 지붕은 오늘날도 몇몇 벽촌이 그렇지만 진흙과 짚을 이겨 만든, 약하기 짝이 없는 것이었다. 약간의 도구만 있으면 집안 사람들이 눈치채지 못하게 구멍을 뚫을 수 있었다. (나는 팔레스티나는 아니지만 에티오피아 시골에서 그렇게 지은 집에 머문 적이 있는데 집주인으로부터 지붕을 뚫고 도둑이 들었다는 이야기를 들었다.)

안에서 앉아 이야기를 하고 있는 예수의 모습은 운이 좋으면 사람들 어깨 너머로 문틈을 통해 엿볼 수 있었기 때문에——베드로의 처가는 팔레스티나의 대부분의 집이 그런 것처럼 문 이외의 창은 하나도 없었다——사람들은 문 앞에만 몰려 있었을 뿐 집 뒤에는 아무도 없었다.

결심이 된 이상 야트막한 흙담 집 지붕을 타고 오르는 것은 결코 어려운 일이 아니었다. 손쉽게 지붕으로 올라간 남자는, 이 지방 노동자라면 누구나 허리춤에 차고 다니는 나이프로 진흙과 짚을 이겨 덮은 지붕을 자르기 시작했다. 작업은 아주 손쉬웠다. 어디쯤 구멍을 뚫으면 예수의 머리 위가 되는지도 쉽게 짐작이 갔다. 다들 비슷한 구조, 비슷한 재료로 지은 집에 살고 있기 때문이었다.

예수의 말에 귀를 기울이느라고, 또 문 앞에서 밀고 당기는 소란 때문에 집 안의 사람들은 지붕 위에서 어떤 일이 벌어지고 있는지 처음엔 아무도 눈치채지 못했다. 그들이 눈치를 채었을 때는 작업이 거의 끝나 있었다. 마른 진흙 부스러기가 비오듯이 쏟아져 내리는가 했더니 보기에도 딱한 환자가 누워 있는 더러운 침상이 천 조각을 이어붙인 줄에 매달려 천장에서 내려오고 있었다.

어처구니가 없고 기가 막혀 사람들은 아무 말도 못하고 묵묵히 지켜보기만 했다. 침상은 조금의 오차도 없이 예수의 바로 앞 바닥에 멈추었다. 말을 못하는 환자는 무한한 믿음이 실린 눈길로 예수를 응시했다. 그 눈길이 모든 것을 말하고 있었다. 아니 다른 사람 집의 지붕을 뚫고 내려온 그 행동이 모든 것을 말해 주었다.

이 경우뿐만 아니라 네 복음서를 통독한 독자가 최초에 깨닫게 되는 것은 앞에서도 언급한 바와 같이 예수가 추구하고 또 권하고 있는 것은 무엇보다도 믿음이었다는 사실이다. 그리고 그의 기적은 어떤 경우에도 상대에게 이 믿음이 있을 때에만 행해지고 있다. 덕으로서도 그는 믿음을 필두에 두고 있으며 가치관의 근본 기반으로서도 항상 믿음을 우선시키고 있다. 믿음은 모든 것을 맡기는 것이며 그에 따르는 두려움을 모르는 것을 말한다. 모든 것을 맡기는 것은 맡기는 상대가 누구인가를──적어도 자기 자신보다는 큰 자를 말한다──인식하고 있다는 증거이다. 인식하고 있기 때문에 믿고 맡기며 두려움이 없는 것이다. 그러므로 명저 『행복론』에서 힐티가 적절히 지적하고 있는 것처럼 신약 및 구약에서 압도적으로 많은 횟수로──거의 300번은 나올 것이다──되풀이되고 있는 것은 '두려워 말라'는 말이다. 이는 이 말과 표리를 이루고 있는 '믿으라'는 뜻이다.

지붕을 뚫은 어처구니없는 행위는 두려움도 망설임도 없는 믿음의 행위였다. 예수는 끓어오르는 기쁨으로 그들을 맞아 주었다. 맡기고 맡아 주는 극히 개인적인 1대 1의 관계가 그때 이루어졌다. 그러나 그때 예수가 한 말은 예상 밖이었다.

"소자(小子)야, 네 죄사함을 받았느니라."

우선 환자 자신부터 놀랐다. 움직이지 않는 그의 시선에 당혹감이 서렸다. 그가 들려온 것은 중풍을 고치려는 데 있었을 뿐 죄사함을 받는 데 있지 않았다.

숨을 죽이고 지켜보고 있던 군중들이 순간적으로 움직였다. 몇몇은 앉은 걸음으로 앞으로 나왔다. 율법에 밝은 학자들이었다. 방금 들은 엄청난 말에 정신을 차린 그들은 율법학자로서의 사명을 상기한 것이었다.

"참람하도다!"

그러한 생각이 화살처럼 그들의 마음을 꿰뚫었다. 육체의 모든 병보다 앞서는 영혼의 난병(難病)인 죄를 사할 수 있는 것은 오직 하나님뿐이 아닌가! 충만하고 충일한 존재 자체만이 존재의 결여, 다시 말하면 죄를 없앨 수 있는 것이다.

"그런데도 이 남자가 죄를 사한다니! 하나님과 동렬에 있단 말인가?"

이것이야말로 문자 그대로 용서할 수 없는 죄였다. 사람의 손으로 만든 황금 송아지를 예배한 것과는 비교가 안되는 오만불손한 자기우상화이며 독성(瀆聖)의 극치였다. 그리고 율법은 독성자의 벌로서는 극형만을 정하고 있었다.

예수는 율법학자들의 생각을 꿰뚫어보고 있었다.

"어찌하여 이것을 의논하느냐?"

그는 날카롭게 따졌다.

"중풍 병자에게 네 죄사함을 받았느니라 하는 말과 일어나 네 침상을 가지고 걸어가라 하는 말 가운데 어느 것이 쉽겠느냐?"

어느 쪽이 되었든 결코 쉬운 것이 아니었다.

어느 쪽이었든 하나를 자신의 권능으로 행할 수 있는 자는 나머지 다른 하나도 행할 수 있는 자가 되는 것이다.

"그러나 인자가 땅에서 죄를 사하는 권세가 있는 줄을 너희로 알게 하려 하노라."

예수는 당시 사람들이 생각하고 있던 병과 죄의 인과관계 ──어버이의 죄로 인해 자식이 병을 앓는다는 식의── 를 말한 것이 아니었다. 그가 말하고 또 알리려 했던 것은 전폭적으로 믿기에 충분한, 영혼의 치유자로서의 자신을 구체적인 행위를 통해 증명하려는 것이었다.

"내가 네게 이르노니……,"

'이르다'!

권능과 권한을 가진 자만이 '명할 수'(이를 수) 있다. 병자를 향해 예수는 명한다.

"일어나 네 침상을 가지고 집으로 가라!"

시들어 오그라들었던 몸은 무엇이 당겨 늘이는 것처럼, 더러워진 병상에서 벌떡 일어났다. 예수가 명한 그 순간 병이 깨끗이 나은 것이었다. 환자는 너무도 놀란 나머지 기뻐할 여유도 없었다. 어쩔 줄 몰라 멍하게 서 있는 모습이 무슨 물건처럼 보였다. 일종의 착란 상태에 빠져든 것이다. 병을 낫게 해준 예수에게 고맙다는 말도 못하고 다만 기계적으로 시킨 대로 병상을 접어 들고는 사람들 사이로 빠져나갔다. 방심 상태였으나 병 나음을 받은 순간부터 몸 속에서는 새로운 힘이 솟아 병상을 들고 나가는 그의 걸음걸이는 씩씩하게 보였다. 지붕 위에서 긴장에 싸여 내려다보고 있던 네 사람도 역시 멍한 눈초리로 그를 좇았다.

경외감에 싸여 그 자리에 있던 사람들은 꼼짝도 할 수가 없었다. 율법학자들 역시 마찬가지였다. 한동안 침묵이 계속되었다. 이윽고 그 침묵이 깨어짐과 동시에 소문은 파도처럼 팔방으로 번져 나갔다.

"이런 일, 지금까지 본 적 있어?"

"들은 적도 없어!"

모든 사람들이 하나님을 경외하게 되었다고 마태와 마가는 다투어 적고 있다.

## 5. 낮게 하는 사람

> 그는 사람에게 멸시를 받아서
> 사람에게 싫어버린 바 되었으며
> 간고를 많이 겪었으며 질고를 아는 자라.
> 그는 실로 우리의 질고를 지고
> 우리의 슬픔을 당하였거늘
> 우리는 생각하기를
> 그는 징벌을 받아서 하나님에게 맞으며
> 고난을 당한다 하였노라.
> 그가 찔림은 우리의 허물을 인함이요
> 그가 상함은 우리의 죄악을 인함이라.
> 그가 징계를 받으므로 우리가 평화를 누리고
> 그가 채찍을 맞으므로 우리가 나음을 입었도다.
> •「이사야」53 : 3~5

그렇다면…… 어째서 찾아다닐 것도 없이 마을마다, 거리마다, 그리고 산과 도시 곳곳마다 앓아 누워 있는 모든 병자들을 깡그리 고쳐 주지 않았느냐고, 한곳에 모아 집단적으로 치료해 주지 않았느냐고 현대인은 반문할 것이다.

구극(究極)의 답을 얻기 위해서 우리는 앞으로 1년이란 시간을 그에게 주어야 한다. 즉 십자가 위의 죽음이라는 그의 '복음'의 깊은 뜻을 나타내는 '행위'가 이루어질 때까지 기다려야 한다. 아니, 십자가 위의 죽음을 거쳐 부활한 다음 부활한 육신으로 인자(人子)들의 선두에 서서 승천하여 다시 오시는 성취의 때까지 기다려야 하는 것이다. 그 성취가 이루어진 다음에야말로 병고의 의의와 비의(秘義)는 해명되며 또 그는 이 세상 끝날 때까지 어떤 극지가 되었든 간에 이 땅에 사는 모든 사람들의 눈에는 보이지 않지만 항상 실재(實在)하면서 개개 인간의 괴로움과 그들의 소구(訴求)에 응답하게 되는 것이다.

지금 여기서 밝힐 수 있는 대답은 병 고침을 받는 자와 낫게 하는 자 사이의, 말하자면 인격적 상호관계를 그가 항상 추구하고 있다는 한 가지 사실뿐이다. 그가 베푸는 구원은 그것을 받는 쪽 영혼의 움직임, 즉 자발적인 인식과 진지한 소망을 전제로 하고 있다는 사실이다. 비록 그것이 아무리 낮은 차원의 것이라 하더라도 받는 쪽 영혼의 움직임이 없으면 그의 구원은 실현되지 않는 것이다.

자동판매기와 같은 '오토매틱 복지사업'이나 한곳에 사람들을 모아 놓고 선물을 뿌리는 산타클로스와 같은 방법은 그리스도의 사업방법이 아니다. 광야에서 40일간 시험을 받을 때, 어둠의 힘이 그에게 제시했던 현세와 역사의 모든 영화를 주겠다는 유혹은, 바꾸어 말하면 자동판매기식의 산타클로스적인 지상낙원으로의 유혹이었던 것이다. 적당히 알아서 주는 뇌물이었다. 사탄의 유혹을 일축했을 때의 예수는 그와 개개 인간의 마음 사이에 상호관계가 이루어질 때에만, 극히 개인적인 기초와 조건 위에서만 비로소 하나님의 나라가 세워짐을 명시했다고 볼 수 있다.

원래 하나님 자신은 고독한 외톨이가 아니다.

유일절대의 존재이면서도 그 안에 주고받는 '관계'를 간직하고 있는 것이다. 그것을 요한은 그의 복음서 첫머리에 다음과 같이 적고 있다.

태초에 말씀이 계시니라.
이 말씀이 하나님과 함께 계셨으니
이 말씀은 곧 하나님이시니라.
그가 태초에 하나님과 함께 계셨고……

태초란 움직여 사라지는 시간에 좌우되지 않는 '영원한 지금'을 의미하며 '말씀'은 요한 자신이 사용한 그리스어의 '로고스'이다. 이 로고스는 사상, 이념, 실재의 영체(靈體)이며 일체의 이념을 포괄하는 우주 원인 자체를 의미한다. "말씀이 하나님과 함께 계셨다"의 요한의 원문 동사는 "……함께 있다(계셨다)"가 아니라 "……쪽으로 위치해 있다"로 되어 있다. 즉 시간이 존재하기 이전부터, 시간을 초월한 영원 안에 하나님이 존재했다. 그 하나님의 내적 사고 일체와 생명은 살아 있는 실재(로고스)가 되어 하나님과 마주하고 있다. 로고스 역시 하나님이었다고 요한은 적고 있다.

로고스를 낳은 하나님은 아버지 하나님으로 불린다.

하나님인 로고스는 성자 하나님이라고 부른다.

나중에 신학자들은 삼위일체의 제1격, 제2격이라고 불렀다.

아버지는 아들 쪽을, 아들은 아버지 쪽을 향하고 있다. 이것은 바로 양자 간의 '관계'를 의미한다. 관계란 타자(他者)의 가치를 향해 스스로를 여는 것을 말한다. 그리고 스스로를 여는 이런 종류의 관계를 요한은 그의 전 복음서를 통해 사랑이라고 정의하고 있다.

사랑하는 자들아, 우리가 서로 사랑하자. 이는 하나님은 사랑이심이라.

늙은 뒤의 요한이 그의 서간을 통해 되풀이한 그리스도교 사랑의 근거를 이 삼위일체적인 하나님의 내적 본질에서 찾았던 것이다.

아버지와 로고스(아들)간의 사랑은 또 살아 있는 실체인 동시에 충일한 생명이었다. 그것은 하나님의 영인 동시에 삼위일체의 제3격을 이루고 있었다. 하나님은 고독이 아니었다. 하나님은 자신 속에 갇혀 있는 자가 아니었다. 안일한 외로움에 몰두하는 자가 아니었다. 스스로를 열어 뿜어내는 빛이었다.

저가 빛 가운데 계신 것같이 우리도 빛 가운데 행하면 우리가 서로 사귐이 있고 그 아들 예수의 피가 우리를 모든 죄에서 깨끗하게 하실 것이요…….

삼위일체의 모형인 '관계'를 이 지상에서 날마다 쌓아가는 것이 바로 생명이며 구원이라고 사랑의 사도 요한은 훗날 에베소(에페수스)에서, 또 그가 갇혀 있던 파트모스 감옥에서 간절하게 적고 있다. 그의 복음서 첫머리는 이렇게 계속된다.

> 만물이 그(말씀, 로고스)로 말미암아 지은 바 되었으니
> 지은 것이 하나도 그가 없이는 된 것이 없느니라.
> 그 안에 생명이 있었으니
> 이 생명은 사람들의 빛이라.
> 참빛, 곧 세상에 와서 각 사람에게 비취는
> 빛이 있었나니.
> 그를 영접하는 자, 곧 그 이름을 믿는 자들에게는
> 하나님의 자녀가 되는 권세를 주셨으니
> 이는 혈통으로나 육정으로나 사람의 뜻으로 나지 아니하고
> 오직 하나님께로 난 자들이니라.
> 말씀이 육신되어 우리 가운데 거하시매
> 우리가 그 영광을 보니
> 아버지의 독생자의 영광이요
> 은혜와 진리가 충만하더라.
> 율법은 모세로 말미암아 주신 것이요
> 은혜와 진리는 예수 그리스도로 말미암아 온 것이라.
> • 「요한복음」 1 : 3~17

신약을 구약과 엄연하게 구별하는 이 삼위일체를 충일한 생명체로 하는 하나님의 계시는 언제 이루어진 것이었을까? 최초의 계시는 요단 강변, 갈대 숲에서 구(舊)와 신(新)의 경계에 서 있던 세례 요한에게 주어졌다.

하나님께로서 보내심을 받은 사람이 났으니
이름은 요한이라.
저가 증거하러 왔으니
곧 빛에 대하여 증거하고
모든 사람을 자기를 인하여 믿게 하려 함이라.
그는 빛이 아니요
이 빛에 대하여 증거하러 온 자라.
　•「요한복음」 1 : 6~8

　세례 요한은 나중에 복음사가이며 젊은 제자 가운데 한 사람인 요한에게 어느 날 저녁 이렇게 말하고 있다.

보라. 세상 죄를 지고 가는 하나님의 어린 양이로다.
내가 보매 성령이 비둘기같이
하늘로 내려와서 그의 위에 머물렀더라.
　•「요한복음」 1 : 29~32

　또 이런 말도 했다.

나는 물로 세례를 주거니와
너희 가운데 너희가 알지 못하는
한 사람이 섰으니
곧 내 뒤에 오시는 그이라.
나는 그의 신들메 풀기도 감당치 못하겠노라.
　•「요한복음」 1 : 26~27

그 세례 요한으로부터 육신을 입고 오신 말씀은 세례를 받았다. 그 순간 하늘이 열리면서 한 소리가 울려나왔다.

이는 내 사랑하는 아들이요
내 기뻐하는 자라.
•「마태복음」 3 : 17, 「마가복음」 1 : 11

이를 서장(序章)으로 하여 예수는 하나님 아버지와 자신의 관계를 설파하면서 '하늘에 계신 아버지'라는 말을 생애 마지막 순간까지 사용하게 된다. 모세를 비롯하여 이사야, 예레미야, 엘리야가 결코 입에 담을 수 없었던 구약시대 하나님의 이미지는 이렇게 전혀 새로운 것으로 바뀌게 되는 것이다.

그러나 『예언서』는 빛이 다가오고 있음을 알려주는 이른 봄 멀리서 울리는 우레와 같이 구약시대가 내려옴에 따라 조금씩조금씩 삼위일체의 하나님 관계를 암시하기 시작했다.

너는 내 아들이라.
오늘날 내가 너를 낳았도다.
•「시편」 2 : 7

내가 나의 신을 그에게 주었은즉
그가 이방에 공의를 베풀리라.
•「이사야」 42 : 1

예수에게는 관계야말로 모든 것에 우선하는 가장 중요한 것이었다. 마음과 마음의 관계, 영혼과 영혼의 관계, 이성(理性)과 이성의 관계. 사랑, 믿음, 인식, 모든 것이 '관계'였다. 극히 개인적인, 인격적인 '관계'였다. 이 관계를 전제로 할 때에만 기적과 구원이 이루어지는 것이다.

일방적인, 집단적이고 몰개인적인, 관료적인 사업. 자동판매기적인 대량 생산의 구원은 본질적으로 인간을 경멸하는 것이며 따라서 그것이야말로 독성적(瀆聖的)인 악이었던 것이다.

중근동 서민의 생활 리듬에서 보면 새벽, 날이 샐 무렵은 거의 유일하게 조용한 때이다. 일단 아침 해가 솟고 나면 골목이나 우물가, 그리고 집안과 들판 할 것 없이 금방 시끌벅적해지는 것이다. 어느 여행가가 오리엔트의 특징이 '소리'라고 쓴 것은 아주 정확한 표현이다.

외치는 소리, 부르는 소리, 돌길을 달려가는 소리, 수레바퀴 소리, 낙타, 양떼, 노새의 울음소리, 닭이 홰치는 소리…… 그러나 해가 돋기 직전 짧은 한순간은 교향곡 가운데 한 점의 쉼표와 같다.

밤은 밤대로 시끌벅적하다. 야행성 동물과 새소리로 인해 밤의 적막은 으레 깨지고 만다. 그러나 밤과 아침을 잇는 새벽, 그 모든 소리는 잠에 취해 있다.

마그레브 오아시스 마을에서 하루를 묵고 난 어느 날 새벽, 혼자 집을 나선 나는 그때의 느낌을 잊을 수 없다. 아직 잠에서 깨어나지 못한 색깔과 소리 진공의 천지를 만들어낸 창조 첫날의 장엄한 평안을 나는 잠시나마 맛보는 것 같았다.

연일 군중에게 둘러싸여 지내는 예수가 조용한 미명에 자주 한적한 곳으로 물러간 것은 납득이 되는 일이다. 인가가 없는 그곳은 커다란 선인장과 무화과나무가 군생하는 자갈 언덕이거나 호수가 내려다보이는 사이프러스 숲이었다. 그런 곳은 가까이에 얼마든지 있었다. 그는 정적에 싸여 명상하고 기도할 필요가 있었다. 기도는 하늘에 계신 아버지, 예수를 가리켜 '내 사랑하는 아들'이라고 말하는 하나님과의 대화였다. 하나님을 보는 것인 동시에 하나님의 기쁨에 동참하는 것이기도 했다. 하나님의 계획의 재인식이었다.

그러나 그러한 안식에 오래 잠겨 있을 수가 없었다. 시몬 베드로를 비롯한 제자들은 아침 해가 솟는 것과 동시에 반드시 그 한적한 곳을 찾아내어 예수를 부르러 왔기 때문이었다. 벌써 군중들이 몰려들고 있었다.

한때나마 한적한 곳으로 물러나 있었던 자신을 꾸짖듯이 예수의 대답은 항상 정해져 있었다.

"그럼 가보자, 마을과 거리로. 나는 그 때문에 하늘에서 내려온 것 아니냐. 그것을 위해 땅에 온 것 아니냐!"

그러고 나서는 다시 갈릴리 호숫가의 회당에서 회당으로 사람들에 둘러싸여 오가는 하루를 시작하는 것이었다. 가르치고 대답하고 병을 고치는 하루가……

율법이 정한 격리소에서 소문을 듣고 찾아온 한 문둥병자가 예수 앞에 나와 무릎을 꿇은 것은 바로 '그때'라고 마가는 적고 있다(마가복음 1 : 40). 한마디로 '찾아왔다'고는 하지만 얼른 행색만 보아도 문둥병임을 알 수 있는데다가 가까이 접근하지 말라는 경고를 쉬지 않고 외쳐대야 하는 (레위기 13) 그로서는 군중을 헤치고 나온다는 것이 결코 쉬운 일은 아니었다. 문둥병자임을 알아차린 사람은 그를 쫓아내려 했을 것이고 그 또한 병든 손으로 군중을 헤치는 것을 망설였을 것이다. 가까스로 바라던 곳, 바라던 사람 앞으로 나왔을 때, 그는 풀썩 주저앉으면서 말했다.

"원하신다면 저를 깨끗이 하실 수 있나이다."

생각해 보면 놀랍기 짝이 없는 부르짖음이었다. 환자는 오직 병을 낫게 하려는 한 가지 바람으로 부자유스러운 몸을 끌고 여기까지 온 것이 아닌가. 그 바람 하나를 충족시킬 수 있다면 다른 모든 것은 아무래도 좋은 것이었다. 동서고금을 막론하고 어떤 환자가 의사에게 "당신이 원한다면 낫게 해주십시오"라고 말할 것인가! 그런데도 이 불쌍한 문둥병자는 그렇게 말한 것이었다. 이미 그는 마음속으로 예수가 육신의 병을 치료하는 이상의 능력이 있음을 인식하고 있었기 때문일 것이다.

"많은 병자를 낫게 한 당신이 지금 앓고 있는 이대로가 좋다고 하신다면 나는 알지 못하지만 거기에는 반드시 어떤 뜻이 있을 것입니다. 원하신다면 저를 낫게 해주십시오!"

문둥병자의 그러한 마음을 예수는 민망히 여겼다고 마가는 기록하고 있다. 환자가 그러한 마음에 이르기까지 오랫동안 겪었을 고뇌와 비애 그리고 그 육신의 비참함에 대해 민망함을 느꼈다는 뜻이다.

"내가 원하노니 깨끗함을 받으라!"

예수는 민망한 마음으로 병자에게 손을 내밀어 그의 병든 몸에 대면서 대답했다.

순식간에 그는 깨끗해졌다. 눈을 덮고 있던 육괴(肉塊)가 사라지고 형태가 문드러진 손, 변색되고 곪았던 목줄기가 원래의 모습을 되찾았다. 건강한 육신이 된 것이었다.

병 고침을 믿어 의심치 않았던, 그래서 언제나 지켜보고 있던 제자들조차 꿈이 아닌가 하고 생각하던 순간, 예수는 아직 어리둥절해 있는 병자에게 구체적인 명령을 내렸다.

"삼가 아무에게도 말하지 말고 가서 네 몸을 제사장에게 보이고 네가 깨끗하게 되었으므로 모세가 명한 것을 드려 저희에게 증거하라."

모세 율법은 공동체의 중심인물인 제사장에게 문둥병을 식별하여 엄격하게 격리토록 하는 권위를 부여하고 있다(레위기). 문둥병 식별에 관하여 모세는 당시의 선진의학적 진단법을 자세하게 지시하고 있다. 제사장은 그러한 의학적 지식에 정통해야 했다. 따라서 그 환자도 이 지구 제사장의 병자 명부에 등록되어 있기 때문에 그것부터 지워야만 정상생활과 사회복귀, 나아가서 일자리를 구할 수 있는 것이다. 예수가 그에게 제사장에게로 가라고 명한 것은 바로 그 때문이었다. 그러나 삼가 아무에게도 말하지 말라고 한 것은 무슨 까닭이었을까? 실제로는 그 명령을 귀담아 들을 여유가 없었던 그는 너무도 기쁜 나머지 아무나 붙들고 기적의 병 치료를 자랑했다. 아마도 그러한 경우에 입을 다물고 있을 사람은 아무도 없을 것이다. 누구보다도 놀란 사람은 제사장이었다. 문둥병이 사라진 몸을 보여주자 경악하면서 어떻게 나았는지 틀림없이 물었을 것이다. 그 남자는 기다리고 있었다는 듯 즉각 대답했을 것이며, 당연히 전보다 많은 군중이 밀고 당기면서 예수를 찾게 된 것이다. 그 때문에 예수는 다시 한적한 곳으로 잠시 물러나야 했다.

아무에게도 말하지 말라고 명령했을 때, 그는 군중들의 마음속에 싹트기 시작한 희구(希求)를 꿰뚫어보았던 것이다.

이러한 권능을 가진 지극히 편리한 지도자를 모신다면 지난날 솔로몬의 영화 시대를 다시 맞는 것도 어렵지 않을 것이다. 지배자로 거드름을 피우는 로마에 대해서도, 나라를 잃은 비참한 상황에서도 이 사람을 추대한다면 너끈히 해결할 수 있을 것 아닌가. 몹쓸 병을 고치고 악령을 쫓아내는 사람이라면 로마를 밀어낼 수 있을 것이다. 이 사람을 왕위에 모실 수만 있다면 왕국은 다시 한번 이 지상을 제패할 수 있다!

군중은 마음속으로 그런 꿈을 그리기 시작했다. 약속된 '기름 부음을 받은 자'의 구원을 그들은 세상적으로, 정치적으로, 경제적인 것으로 해석했던 것이다.

다른 표현을 빌리면 그들 군중이 희구하고 있는 것은 현세의 낙원에 대한 약속을 예수에게 제시했던 사탄(어둠의 힘)의 희구와 동일한 것이었다.

그렇기 때문에 예수는 모두에게 알려지는 것을 바라지 않았다. 소문이 소문을 낳고 희구는 야망으로 변질되어 군중은 마침내 그에게서 정치적 지도자만을 찾아내려 할 것이기 때문이었다.

# 제2기

# 제1장 하나님 나라―주춧돌

## 1. 부름을 받은 세리

가버나움 동쪽 2킬로미터 지점에서부터 헤롯 안디바의 영지와 그의 형제인 빌립(안디바에게 아내를 빼앗긴)의 영지가 갈라진다. 경계선은 거기서 곧장 북으로 뻗어 있다. 대상(隊商)과 통행인은 가버나움 부근의 영지 접경에서 의무적으로 통행세를 내야 한다. 물론 세관 사무소가 설치되어 있었다.

세리(稅吏)라는 직업은 세금을 어떻게 해석하든――예를 들어 정부에 돈을 납부하는 것은 시민 주권의 상징이라는 근대 영국의 해석을 좇든 어떻든 간에――일반 서민의 입장에서 본다면 바람직한 직업이 못된다는 것은 동서고금을 막론하고 일치된 인식이다. 특히 당시 팔레스티나에서의 세금은 성전세를 제외하고는 궁극적으로 정복자 로마의 수입이었다. 더군다나 세금 부담액은 지중해 저편의 로마 원로원에서 지역 사정과는 관계없이 정했던 것이다.

같은 핏줄, 같은 역사 속에 살면서도 세리는 로마 지배권의 말단 대표자로서 로마법을 내세워 지역 주민에게는 굴복의 상징인 세금을 징수했다. 더군다나 대부분의 세리는 할당금액을 적당히 증액시켜 사복을 채우는 수단으로 이용했다. 세례 요한이 지난날 요단 강변에서 회심(回心)의 길을 묻는 세리에게 '세액을 멋대로 늘이지 말라'고 깨우쳐 준 것만 해도 그러한 부정이 얼마나 만연하고 있었는지를 여실히 보여준다. 적당히 마음대로 증액시킨 금액은 박봉의 그들에게는 큰 수입원이 되었던 것이다.

그러므로 세리는 당시 팔레스티나 일대 사람들에게는 혐오와 두려움의 대상일 뿐만 아니라 부정을 일삼는 '죄인'이었던 것이다. 반대로 세리들의 마음속에는 씻을 수 없는 열등감이 뿌리를 내리고 있었다. 어쩔 수 없이 먹고 살기 위해서 자신의 직업을 버리지 못했던 것이다. 그러한 비참한 생각이 그들로 하여금 열등감에 빠져들게 했다. 혼인이나 장례 등 마을 사람들이 모두 모여 먹고 마시는 자리에도 그들은 초대받지 못했고 또 갈 생각도 못하는 실정이었다. 그들은 자타가 인정하는 일종의 '따돌림족'이었던 것이다.

영지 경계선 세관 사무소에 레위라는 세리가 있었다. 그의 다른 이름은 마태였다. 그 역시 먹고 살기 위해 어쩔 수 없이 세리로 근무하고 있기는 했으나 조금은 그럴듯한, 마음을 채울 수 있는 그 무엇을 희구하고 있었다. 하루 종일 로마 황제(카이사르. 여기서 '카이사르'는 황제를 뜻하는 말로 인명이 아니다)의 이름이 새겨진 드라크마 화폐나 세면서 사람들로부터 세금을 걷다가 늙어 죽을 생각은 없었다. 그는 정직했다. 적어도 세액으로 장난치는 일은 없는 아주 드문 세리 중의 한 사람이었다. 또 동료 세리들과 먹고 마시며 즐기는 것을 좋아하면서도 직업상 고독한 그 무엇인가를 끝없이 희구하는 불행한 사람이었다.

그는 이미 이 지방을 휩쓸고 있는 예수에 대한 소문을 듣고 있었다. 사람들이 전하고 있는 소문을 종합해 보면 예수의 가르침이나 말에 자신을 채

위주는 그 무엇이 들어 있을 것 같은 느낌이 들었다. 가까운 가버나움이 그 사람의 본거지라면 한번 찾아가서 직접 만나보고 가르침을 들어보는 것이 좋겠다고 생각했다. 그러나 그는 그렇게 하지 않았다. 세리라는 자신의 신분 때문이었다. 눈앞에 늘어서 있는 상인과 나그네로부터 통행세를 받아 계산해야 하는 직무도 그의 발목을 잡고 있었다. 그는 결국 예수를 찾아가는 것을 포기할 수밖에 없었다.

여름이 절정을 이루었을 무렵, 돌로 지은 좁은 사무실의 후텁지근한 공기에 지쳐 그 지방의 다른 상점들이 그렇게 하는 것처럼 그 역시 책상을 들고 밖으로 나와 일을 보고 있었다. 문득 오후의 나른한 공기 속을 뚫고 어수선하게 누군가가 이쪽으로 다가오고 있었다. 멀리서는 전혀 보이지 않는 한 사람을 둘러싸고 군중들이 다가오고 있는 것이 보였다. 소문을 익히 듣고 있었던 레위는 그 군중의 정체를 금방 알아차렸다.

예수가 오고 있다!

가까이 가보고 싶다, 한마디라도 직접 들어보고 싶다. 평소에 간직하고 있던 바람이 그의 가슴 속에서 크게 소용돌이쳤다. 그는 그 사람을 둘러싸고 다니는 군중이 부럽기 짝이 없었다. 소외당한 마음의 아픔을 달래면서 그는 화폐가 쌓여 있는 책상에 매달려 애써 일에 열중하려고 노력했다.

그런데 그 사람이, 생각지도 않았던 그 사람이 인파를 헤치고 책상 앞으로 다가와 그를 응시하는 것이었다. 그는 순간, 경악했다. 그의 시선은 레위의 직업과 신분 따위는 도외시하며 직접 그의 영혼을 꿰뚫어보고 있는 것 같은 느낌을 주었다. 레위의 슬픔과 불안 그리고 희구를 읽고 있는 것 같기도 했다. 레위도 예수의 시선을 맞받으면서 눈에 힘을 쏟았다. 무언의 그리고 보다 강력한 대화가 마주친 시선 속에서 이루어졌다. 레위는 자신의 은밀한 바람이 헛된 것이 아니었음을, 아니 자신이 바라고 있던 한계를 훨씬 뛰어넘은 것이 지금 이루어지고 있음을 느꼈다.

"나를 좇으라!"

단 한마디, 레위를 응시하던 예수는 명령했다. 마치 기다리고 있던, 당연히 들어야 할 말을 들은 것처럼 레위는 그 명령을 받아들였다. 그를 좇으면 어떻게 되는가, 생계는 어떻게 되는가, 직무를 마음대로 내팽개쳤을 때 받아야 하는 벌은 어떻게 되는가 따위를 레위는 따지지 않았다. 다만 그는 그 부름에 따랐을 뿐이었다. 세리라는 직업을 그는 열등감과 함께 벗어던진 것이다.

따돌림받던 자에게 나를 좇으라고 한 예수의 태도야말로 놀라운 것이었다. 기쁨에 젖은 그가 모든 친구에게 —— 대부분이 같은 세리였다 —— 달려가서 그 소식을 전하자 그들은 한결같이 감동했다. 정신적으로 하층에 속하는 그들은 자신들이 겪는 비애와 아픔에서 한 동료가 벗어나게 된 것을 함께 기뻐하고 축하해 주었던 것이다. 그날 밤 레위는 크게 잔치를 벌였다. 일생 일대의 축하연이었다. 세상 사람들의 눈길을 의식하지 않고 세리인 레위를 제자로 받아들여준 그 사람을 비롯하여 시몬 베드로, 안드레, 그리고 세리 친구들을 초대한 잔치였다.

갓 잡은 양 통구이, 얇게 구운 둥근 빵, 쌉쌀한 맛의 수초(水草) 곁들임, 꿀과 말린 과일, 항아리에 가득 찬 새로 사온 고급 술……. 또한 새로 심지를 해 박은 등잔불을 밝혀 분위기를 돋우었다. 레위는 분위기를 해치지 않으려고 조심하면서도 평생 처음으로 만족감을 느끼며 부지런히 손님들을 대접했다. 많은 돈을 들였지만 조금도 아깝지 않았다. 친구들과 세리들은 유명한 선지자 앞에서 처음에는 조심을 했으나 이윽고 마음놓고 떠들며 즐겼다. 먹고 마시면서 말하고 웃으며 즐겼다. 예수는 조용한 가운데서도 따뜻함을 풍겼다. 모든 사람들의 물음에 대답했고 누구에게든 말을 걸었다. 기품과 품격을 잃지 않으면서도 친숙함과 부드러움을 보여주었다.

언제까지나 불을 밝혀 두고 이야기 소리가 끊이지 않는 집, 그것은 그 지역에서 예의 군중을 끌어들이기에 충분한 예외적인 행사였다. 몰려든 사람

들은 열려 있는 대문으로 아무 거리낌 없이 중근동 특유의 무표정한 얼굴
로 안을 들여다보았다. 그들 가운데는 율법학자도 있었고 바리새인들도 섞
여 있었다. 들여다보던 사람들은 깜짝 놀라고 말았다. 하나님의 아들이라
는 사람이, 그렇게도 소문이 자자하던 그 사람이 어떻게 세리와 함께 잔치
상에 앉아 기분좋게 먹고 마실 수 있단 말인가. 술까지 곁들여서…… 세리
가 따르는 잔을 예수가 받아 마시는 좌중에는 이야기 소리와 웃음이 그치
지 않았다.

스캔들이다!

적어도 안식일마다 회당 단 위에 오를 자에게는 어울리지 않는 파렴치!

"천국이 가까이 왔다, 회개하라!" 외치던 그 입으로 널리 알려진 죄인들
과 함께 시간 가는 줄도 모르고 먹고 마시다니!

옛 선지자 중 어느 누가 죄인들과 잔을 주고받으며 마시며 먹으라고 가
르쳤단 말인가!

"규탄받아 마땅하다!"

그러나 지금까지 규탄할 때마다 역습당한 경험으로 미루어 보아 맞대어
놓고 힐난하지는 못했다. 문앞 가까이 앉아 있는 제자들의 어깨를 두드리
면서 알아듣게 말해준 것이 고작이었다.

"도대체 무슨 까닭으로 너희 주는 세리 같은 죄인들과 함께 먹고 마시는
가?"

실제 복음서를 주의 깊게 읽은 사람이라면 바리새인들이 아니더라도 금
방 알 수 있는 일이지만 예수는 온갖 부류의 사람들과 식사를 했고 음식을
나누었다. 음식을 나눈 것은 그 음식으로 지탱되는 생명을 나누는 것을 의
미하기 때문이었다. 예수가 모든 사람의 식사 초대를 한번도 거절하지 않
고 응했던 사실에서 나는 예수가 나중에 설정하게 되는 '주의 식사', 즉 성
체 비적(秘蹟)의 전구(前驅)를 보고 있다.

제자들은 당혹했다. 왜라는 의문을 꿈에도 생각해 본 적이 없기 때문이

었다. 다만 기뻐하는 자와 함께 기뻐해 왔을 뿐이었다. 주 역시 다른 생각이 없었을 것이 분명했다.

난처해진 제자들은 주를 바라보았다. 주는 기대했던 대로 적절한 답을 내려주었다.

"건강한 자에게는 의원이 쓸데없고 병든 자에게라야 쓸데가 있느니라. 나는 의인을 부르러 온 것이 아니요, 죄인을 부르러 왔노라."

'그래서 너희들도 불렀느니라'는 뜻이 그 말 속에 함축되어 있었다.

"선지자 호세아가 한 말을 기억하고 있느냐? 호세아가 말하기를 '나는 인애를 원하고 제사를 원치 아니하노라'(호세아 6 : 6)라고 했느니라."

옛 기록을 되풀이해서 인용하는 학자나 바리새파 사람들이라면 1천 800년이라는 긴 세월에 걸친 지적·문화적 발전에 따라 그 가르침이 조금씩 변형되고 그 변형된 것이 표면에 나타나기 시작했으며 그러한 수많은 형태를 바탕으로 한 새로운 종교의 길이 갖추어지고 있음을 알 수 있었을 터인데도 사실은 그렇지 못했던 것이다. 호세아는 '마음의 법', 다시 말하면 사랑을 하나님과 사람과의 계약 관계로 보았으며 그 사랑이 종교의 구극(究極)임을 노래한 최초의 선지자였다. 그는 오실 이, 그리스도를 사랑이란 단한마디로 요약했던 것이다. 사랑이란 개인적인 관계를 말한다. 법이나 계명과 같은 조문과 인간과의 관계가 아닌 것이다.

> 오직 저주와 사위(詐僞)와
> 살인과 투절(偸竊)과 간음뿐이요,
> 강포하여 피가 피를 뒤대임이라.
> 그러므로 이 땅이 슬퍼하며
> 거기 거하는 들짐승과 공중에 나는 새가
> 다 쇠잔할 것이요……
> •「호세아」 4 : 2~3

그러므로 우리가
다 여호와를 알자.
힘써 여호와를 알자.
그의 나오심은 새벽 빛같이 일정하시니
비와 같이,
땅을 적시는 늦은 비와 같이
우리에게 임하시리라.
나는 인애를 원하고
제사를 원치 아니하며
번제보다 하나님을 아는 것을 원하노라.
•「호세아」 6 : 3~6


　세리를 배척하면 땅의 슬픔이 사라지는가. 죄인을 없애버리면 피가 피를 씻으며 흐르는 대지가 깨끗해지는가.

　문앞에서 레위네 잔치를 들여다보던 사람들 가운데는 지난날 세례 요한을 따르던 자도 몇몇 끼여 있었다. 세례 요한이 예수에 대해 했던 말을 잊지 않고 있는 그들은 예수를 마음속으로 무척 존경하고 있었다. 그러나 지금 그들은 레위의 잔칫상 앞에 앉아 먹고 마시는 예수를 보면서 금욕의 은자(隱者)로서 들판에서 나는 식물——메뚜기, 벌꿀, 풀 열매 등등——이외는 먹지 않던 세례 요한을 생각지 않을 수 없었다. 은자의 제자답게 그들 역시 모든 것을 삼가는, 특히 음식의 향락과는 거리가 먼 생활을 해오고 있었다. 단식 역시 일과의 하나였다. 율법의 일언일구를 지키는 바리새 사람들은 말할 것도 없고 단식을 일과로 하는 수행자가 일반 백성의 눈에 거룩하게 비치는 것은 어느 시대나 마찬가지였다.

　율법학자들은 단식 문제를 중심으로 예수에게 따져 묻기로 마음을 정했다. 모든 사람들이 다 들을 수 있도록 그들은 예수를 힐책했다.

"요한의 제자들과 바리새인의 제자들은 금식을 하는데 어찌하여 당신의 제자들은 금식하지 아니하나이까?"

나란히 앉아 먹고 마시는 것이 당연하지 않겠느냐고 예수는 즉각 대답했다.

"혼인집 손님이 신랑과 함께 있을 때에 금식할 수 있느냐? 신랑과 함께 있을 동안에는 금식할 수 없나니. 그러나 신랑을 빼앗길 날이 이르리니 그 날에는 금식할 것이니라."

복음을 가지고 오실 이, 기다리고 기다리던 자는 신랑처럼 이미 와 있었다. 날이 새기 전, 아직 어두울 때, 단식하면서 기다리던 자도 즐거운 아침이 밝으면 잔치를 벌이게 마련인 것이다. 아침은 밤의 연장이지만 밤과는 다르다.

"생베 조각을 낡은 옷에 붙이는 자가 없나니 만일 그렇게 하면 새 기운이 낡은 기운을 당기어 해어짐이 더하게 되느니라. 새 포도주를 낡은 가죽 부대에 넣는 자가 없나니 만일 그렇게 하면 새 포도주가 부대를 터뜨려 포도주와 부대를 다 버리게 되리라. 오직 새 포도주는 새 부대에 넣느니라."(마가복음 2 : 18~22, 마태복음 9 : 14~17, 누가복음 5 : 33~38)

신랑이 온 지금은, 그가 없었던 어제까지와는 다르게 모든 것이 바뀐다. '그것'을 보고 새로워지라는 것이었다.

그러나 예수는 비애와 함께 혼자말처럼 다음과 같이 덧붙이지 않고는 견딜 수가 없었다.

"묵은 포도주를 마시고 새 것을 원하는 자가 없나니 이는 묵은 것이 좋다 함이라."(누가복음 5 : 39)

새롭게 고치는 데는 아픔이 따르게 마련이다. 세리와 죄인을 마음으로 받아들여 사랑하는 것은 형식상 단식하는 것보다 더욱 어려운 일이다. 고정관념과 풍습이 '저 사람은 나쁘다' 하고 못박아 놓은 그 사람을 친구로 맞는 데는 크나큰 용기가 필요하다. 기록된 법을 기록된 대로 지키는 것은 사람을 사랑하는 것보다 쉬운 일이다. 음식이 사랑하고 사랑받는 마음의 표현이라면 음식 역시 거룩한 것이다.

단식이라는 이름의 '희생'은 그러한 음식 앞에서는 빛을 잃게 마련이다. 가난하고 비천하여 세상으로부터 백안시되는 '죄 많은' 사람들과 함께 먹으면서 그들의 마음을 받아들이는 사람보다는 오히려 며칠씩 손쉽게 단식하는 사람들이 더 많은 것이다.


## 2. 새 술과 묵은 술

레위의 잔치 자리를 어지럽혔던 신구 논쟁은 그 며칠 뒤의 안식일과 1주일 뒤의 같은 날에 다시 되풀이된다.

팔레스티나 도처에는, 마을을 약간만 벗어나도 거의 야생에 가까운 밀밭이 펼쳐져 있다. 우리의 논과 비교할 때 노동가치가 전혀 다른 그런 밀밭을 사람들은 아무런 조심 없이 마음대로 가로지른다. 목적지로 가는 지름길이라는 한 가지 이유만으로 손으로 이삭을 헤쳐가면서 밀밭을 즉석에서 길로 만들어 버리는 것이다.

예수와 제자들도 그날, 지극히 팔레스티나적인 행동을 하였다. 회당으로 가기 위해 밀밭을 가로지르기 시작한 것이다. 그러한 예수 일행을 줄곧 지켜본 사람이 있었다. 그러고 나서는 회당에서 그것을 화제로 삼았다. 그 집요함이 그저 놀라울 뿐이었다.

"밀밭을 가로지를 때······,"

이제는 무슨 꼬투리만 잡으면 몰아세우기로 마음을 정한 바리새파의 몇몇이 이것 보라는 듯이 입을 열었다.

"당신 제자들이 밀 이삭을 잘라 손으로 비벼 먹는 것을 보았소. 안식일에 그렇게 해도 되는 것이오? 안식일에는 아무 일도 하지 말라는 율법에 어긋나는 짓을 했는데도 당신은 보고도 모른 체했소!"

신랑과 혼인 잔치의 비유가 여기에도 해당되지만, 이미 들으려고도 않고, 이해하지 않기로 작정을 한 사람들은 완고하기만 했다. 안식일은 누구를 위한 것인가? 그 안식일의 주인이 와 있는 지금, 그의 부재를 전제로 한 관습이 무슨 소용이 있단 말인가!

"인자는 안식일의 주인이니라."

예수의 대답은 간단 명료했다.

그리고 그 다음 안식일. 회당의 단 옆에 오른팔 한쪽만이 심하게 말라붙은 사람이 앉아 있었다. 그는 말하자면 일종의 함정이었다. 절호의 미끼였다. 예수가 그를 낫게 하면 '안식일에는 일하지 말라'는 율법 위반으로 추궁할 수 있었다. 그것은 예수가 그를 낫게 할 것이라는 확신이 전제된 것이었다. 그 남자는 원래부터 병 고치기를 간절히 바란 나머지 그날도 아침 일찍 회당으로 와서 가장 눈에 잘 띄는 자리를 차지했던 것이다. 단의 주변에 둘러앉은 바리새인들과 학자들은 흥분이 뒤섞인 긴장감에 싸여 있었다. 싸울 준비는 끝나 있었다.

회당으로 한걸음 들어서는 순간 예수는 그들의 계략을 알아차렸다. 예수는 곧장 그 사람에게로 다가갔다. 마른침을 삼키면서 지켜보는 악의에 찬 수십 개의 눈길을 등에 받으면서 예수는 언제나 다름없는 어조로 자기를 쳐다보고 있는 오른팔 한쪽만 마른 남자에게 말을 걸었다.

"일어나 한가운데 서라!"

안식일은 하나님을 위해 있는 것인 동시에 사람을 위한 것이기도 했다. 율법 역시 마찬가지였다. 율법을 위해 사람이 존재하는 것이 아님을 이 남자는 자신의 몸으로 증명해 보일 것이다……. 예수는 앉아 있는 사람들을 돌아보았다. 오늘은 예수가 먼저 질문을 던졌다.

"내가 너희에게 묻노니 안식일에 선을 행하는 것과 악을 행하는 것, 생명을 구하는 것과 멸하는 것 어느 것이 옳으냐?"

그들은 돌과 같은 침묵으로 대답을 대신했다. 예수 곁에 있던 시몬 베드로는 그 순간 주의 얼굴에서 분노와 비통을 읽었다. 회당 구석구석을 샅샅이 눈길로 좇던 예수는 자신의 물음에 스스로 대답하듯이 한가운데 일어서 있는 그 마른 사람에게 우렁찬 소리로 말을 걸었다고 시몬 베드로는 훗날 그의 제자 마가에게 구술하고 있다.

"네 손을 내밀라!"

그때 말라붙은 오른팔이 똑바로 펴지면서 병들었던 반신이 성한 쪽처럼 건장하게 변하는 것이었다. 생명이 고침을 받은 것이었다. 그러나 감탄도, 기뻐하는 소리도, 불가사의에 놀란 경이의 탄성도 그날 회당 안에서는 들리지 않았다. 어색해진 공기가 이윽고 또 한번 당했다는 분노로 응결되기 시작했다.

"저 사내를……어떻게 처치한다지?"

결론은 그것뿐이었다고 「누가복음」은 기록하고 있으나 「마가복음」은 바리새인들이 나가서 곧 헤롯 왕파 사람들과 함께 어떻게 하여 예수를 죽일까 의논하였다고 적고 있다.

당시 팔레스티나 사정에 대한 지식이 충분하지 못한 상황에서, 더욱이 바리새파와 율법학자가 차지하고 있던 종교적·사회적·정치적·학문적 지위를 제대로 알지 못하고 20세기 현재의 상식만을 바탕으로 이 사건을 보면 예수 혹은 세례 요한에 대한 그들의 반응은 지나칠 정도로 히스테릭했다고 볼 수밖에 없다. 예를 들면 바로 앞에서 든 에피소드가 그들에게는 분명 아픈 곳을 찌르는 불쾌한 사건임에는 틀림이 없다. 또 그로 인해 증오가 불타오른다 해도 어쩔 수 없는 일이다. 더욱이 그 에피소드는 예루살렘 성전 앞 광장 사건 이래의 여러 사건과 연장선상에 있었으니 사사건건 도전하는 사람이란 인상은 더욱 깊어질 수밖에 없었다. 그에 대한 시급한 대책수립이 논의될 만했다. 그러나 어떻게 하여 죽일까 했다니 약간 성급한 비약이 아니었을까?

그러나 사실은 결코 비약이 아니었다.

오래 전 독립국가로서의 주권을 잃고 희대의 대지배자인 로마제국에 눌려 가까스로 괴뢰정권을 유지하고는 있는 대가로 정치적·사회적 자유는 깡그리 박탈되었으며, 이 땅에 겨우 남아 있는 것이라곤 현세주의·현실주의자인 로마가 황제를 향한 충성에 저촉되지 않는 한 관심을 보이지 않고 방치한 종교의 자유뿐이었다.

그러한 상황에서 로마적 범신론과 다신교와는 전혀 다른 일신교를 받드는 백성이 불만과 비통 그리고 위기감에 몰린 나머지 스스로 선민으로서의 자긍을 앞세우게 된 것은 자연스러운 귀결이었다. 다시 말하면 로마 점령하의 불만과 비통감은 그들로 하여금 오실 이, 그리스도를 다윗과 같은, 솔로몬과 같은 현세적 의미에서의 구주(救主)로 변질시켰던 것이다. 그리스도는 선민과는 질적으로 다른 로마인을 비롯한 이방인과는 어떤 관련도 가지지 않는 '애국의 민족주의자'가 아니면 안되었던 것이다. 내셔널리즘에 불타는 지도자여야 했다. 그리스도의 사명은 다윗 왕의 대사업과 비슷한 구국, 국가 재건책을 중심으로 해야만 이루어질 수 있는, 따라서 극히 제한적인 선민 중심주의의 강력한 내셔널리즘이어야 했던 것이다.

허용된 유일의 자유, 즉 종교 분야에서 선민이 지켜야 할 계명을 지금까지 비통한 위기감과 극한까지 과장된 사명감을 바탕으로 일점일획도 고칠 수 없이, 씌어진 그대로 전하고 전해받는 전통과 이에 근거한 사회적 안녕질서를 사수하는 자가 율법학자와 바리새파 그리고 제사장들이었다.

나는 지금도 여전히 옛 율법을 바리새파처럼 지키는 것으로 유명한 예루살렘의 정통 유대교도 집에서 머문 적이 있는데 이방인인 나에게도 안식일을 엄수하도록 강요했다. 그날 아침 무심코 구두를 닦는 '노동'을 한 탓에 쫓겨날 뻔했으며 또 안식일 준비가 끝난 뒤 담배에 불을 붙인 것만으로 집주인에게 불려가 야단을 맞았다. 평일에도 우유를 넣은 커피를 마시고 싶으면 '계명'에 따라 가족과 함께하는 식탁을 떠나야 하는 것이었다.

계명의 일점일획이라도 소홀히 하는 것은 엄청난 죄였다. 하나님에 대한 죄라기보다는 보다 인간적인 복잡한 요인에 따른 범죄였던 것이다. 민족적인 대범죄였으며 배반이었다.

일점일획의 계명지상주의는 그들 종교 지도자가 날마다 읽는 「예언서」에 기록된 가르침과 종교의 내면적 가치를 잊게 만들었다. 「시편」과 「예언서」가 되풀이하고 있는, 그리스도가 오면 모든 이방인도 복음의 부름을 받아 이 땅이 새로워진다는 것을 그들은 읽기는 해도 모른 체했다. 오히려 일부러 무시함으로써 이방 이교도인 로마에게 정복당한 자신들의 존재 이유를 선민 내셔널리즘의 강화에서 찾으려 했던 것이다.

그러나 생각해 보면 바리새인이나, 율법학자와 같은 일점일획 지상주의는 우리 주변에서도 얼마든지 찾을 수 있다. 생활보호가 법으로 제도화되면서 피보호자가 스스로 땀을 흘려 약간의 돈을 벌면 즉시 보호가 끊기는 것도 일점일획 지상주의가 아닌가. 법이 지향하는 것이 무엇인지를 잊어버리고 문자로 표현된 조문만이 중시되고 있는 것이다. 그렇게 되는 순간 법은 죽고 만다. 죽지 않을 수 없다.

말이 나온 김에 한 가지만 덧붙이기로 한다.

아무리 기억력이 뛰어난 사람이라 하더라도 다 기억할 수 없을 정도로 여러 갈래에 걸친 구약 율법의 계명은 극히 원시적인 유목에서 농경으로 이행되는 과도기 고대 중동의 백성을 고려하지 않고는 이해하기 어렵다. 그들은 얼마든지 다른 민족에 융화되어 민족적 특징과 생명을 잃어버릴 가능성에 노출되어 있던, 당시 문화수준이 아주 낮은데다 열악한 풍토와 자연 환경으로 인해 완고하고 사납기 짝이 없는 백성이었다. 계명은 그러한 백성을 순종시킴과 동시에 종교적·문화적·심리적인 면에서 민족 독립심을 구축하고 위생적인 사회관념, 예를 들면 문둥병 대책과 같은 것을 심어주기 위한 것이었다. 그것은 일종의 준비교육이었다.

계명 가운데 안식일에 관한 것은 특히 더 중시했다. 계명 중의 계명, 다시 말하면 하나님의 십계 가운데 하나였기 때문이다. 아득한 옛날 시내 산의 구름과 불꽃, 그리고 연기 가운데서 모세는 하나님으로부터 십계를 받았다.

나는 너의 하나님 여호와로다.
너는 나 이외에 다른 신을 네게 있게 말지니라.
너는 너의 하나님 여호와의 이름을 망녕되이 일컫지 말라.

제 칠일은 너의 하나님 여호와의 안식일인즉
너나 네 아들이나 네 딸이나 네 남종이나 네 여종이나
네 육축이나 네 문 안에 유하는 객이라도 아무 일도 하지 말라.

네 부모를 공경하라.
살인하지 말지니라.
간음하지 말지니라.
도적질하지 말지니라.
네 이웃에 대하여 거짓 증거하지 말지니라.
네 이웃집과 이웃의 아내나 그의 남종이나 그의 여종이나
그의 소나 그의 나귀나 무릇 네 이웃의 소유를 탐내지 말지니라.
　•「출애굽기」 20 : 1~22

그러므로 선택된 백성의 선택된 지도자들은 예수가 보내는 안식일의 동태를 줄곧 지켜보는 것이 그들의 사명이라고 생각했다. 사람의 생명을 낮게 하는 행위조차도 '일'이 틀림없는 이상 십계에 어긋나는 대죄라고 보았다.

안식일을 둘러싼 예수와 바리새파, 율법학자들의 상극은 이 뒤에도 계속된다. 그때마다 사태는 한걸음 한걸음 클라이맥스를 향해 전개된다.

## 3. 열두 사도─주춧돌

죽음의 그림자는 오른팔이 말라붙은 사람이 안식일에 고침을 받은 순간, 나그네의 앞길을 가로막는 수평선처럼 예수 앞에 나타나기 시작했다.

이 죽음의 예고를 앞에 놓고 그는 자신의 뒤를 이을 일단의 제자를 고르기 시작했다. 제자라기보다는 그 이상인 '친구로서'(마가) 자신의 사업을 돕고 또 이어가는 동시에 예수 자신의 '증인'이 될 사람을 세우는 것이다.

그는 산으로 올라갔다. 성서고고학자들에 의하면 아마도 갈릴리 호수 서쪽, 가버나움 배후의 구릉이었을 것이다. 그는 거기서 홀로 밤을 새워 기도했다. 기도는 가시 세계의 배후의 불가시 세계에 존재하고 있는 하나님 아버지와의 대화였다.

그날 밤 그는 '인자'의 세계에서 물러나 '하나님의 아들' 세계로 들어가 영겁의 빛 안에서 이행하는 시간의 흐름을 누비면서 '시간의 종말까지' 무려 수십, 수백억으로 이어질 '인자들'의 무리 선두에서 최초의 주춧돌이 될 사람들을 '보았을' 것이다. 그 자신이 지복(至福)의 하나님 자리에서 시간이라는 제약 가운데로 들어와 날마다 피로와 노고, 결핍과 번거로움을 받고 있는 것처럼 모든 이웃의 기쁨을 위해, 하나님 나라를 위해 즐겁게 이기(利己)와 자아의 안일의 틀에서 뛰쳐나오는 용기를 바탕으로 시간의 종말까지 그를 따를 자를 '보았을' 것이다.

인자로서 구원을 행하기로 한 그는 인자들이 그 사업을 시간의 종말까지 이어가도록 했던 것이다.

아침이 밝았다. 새벽은 빠르게 흘러갔다.

이미 언덕 기슭에는 팔레스티나를 두 진영으로 가른 그를 오늘도 만나보고 가르침을 받고자 하는 군중들로 가득 차기 시작했다.

그를 죽이기로 작정한 세력이 등장한 지금, 그를 찾아가는 것부터 용기가 필요했다. 제사장, 율법학자, 바리새인들은 어디서든 눈에 불을 켜고 감시의 대상인 예수를 지켜보고 있었기 때문이었다.

이를 보다 역설적으로 말하면 용기를 가지고 어느 한쪽을 선택할 필요성이 대두될 때를 기다리면서 예수는 제자단(弟子團)의 구성을 늦추어 왔다고 볼 수 있다.

> 보라 이 아이는
> 이스라엘 중 많은 사람의 패하고 흥함을 위하여
> 비방을 받는 표적을 위하여 세움을 입었고……
> •「누가복음」 2 : 34

그렇다. 그, 인자는 '팔방미인'적인 인화(人和)를 위해서 이 세상에 온 것은 아니었다.

주님의 휴식을 방해하는 것은 내키지 않지만 아침 일찍부터 이처럼 많은 사람들이 주님을 찾아 몰려든 것을 그냥 두고만 볼 수 없는 일이라고 생각한 베드로와 요한은 홀로 기도하는 예수와 군중을 가로막고 서 있었다.

예수는 몸을 일으켰다.

하나님 아버지와의 대화가 새로운 활력을 그에게 가득 부어넣어 주었다.

그는 언덕 아래의 군중을 향해 몇 걸음 내디뎠다. 예수의 모습을 발견한 군중이 앞다투어 달려오는 것을 본 그는 손을 들어 제지했다.

군중을 제지하면서 예수의 눈길은 제자들에게로 향했다. 선교를 시작한 날로부터 만 4개월, 뜨거운 7월 하순의 이 아침까지 밤낮으로 그의 곁에 머문 그들이었다. 시선은 시몬 베드로의 얼굴에서 멈추었다. 여전히 한쪽

손으로는 군중을 제지하면서 다른 한 손으로는 베드로를 불렀다. 성급하고 단순한 베드로는 부름을 받은 기쁨으로 가슴을 두근거리면서 스승이 왜 불렀는지도 모른 채 아침 이슬에 젖은 수풀을 헤치면서 언덕 위로 달려갔다.

예수의 시선은 어부 세베대의 두 아들 요한과 야고보에게로 옮겨졌다. 신선한 젊음, 열정적이고 격렬한 성격 때문에 예수로부터 '우레의 아들'이란 사랑의 별명을 받은 두 사람이었다. 그들 역시 예수의 손짓에 끌려 군중을 뒤로했다. 이어서 예수의 눈길은 안드레, 빌립, 그리고 바돌로매로 이름을 바꾼 나다나엘, 기쁨의 잔치를 벌인 그날부터 세리 때의 이름 대신 마태로 불리고 있는 훗날의 복음사가, 예수의 친척인 알패오의 두 아들 야고보와 다대오, 로마를 몰아내고 유대의 독립을 부르짖고 있는 영세 정당인 '열혈당'(熱血黨) 당원처럼 한번 결심만 하면 일에 몰두하고 마는 시몬(그래서 동료들은 그를 열혈당원이라고 불렀다)에게로 옮겨졌다.

마지막으로 예수는 유대 지방 작은 마을 가룟 출신으로 다른 열한 명보다 머리 회전이 빠른데다가 어른스러운 침착성을 갖춘 유다를 바라보았다. 그를 향한 예수의 눈길에는 어두운 그림자가 서려 있었다.

인자는 인간의 조건을 좇아 인간의 지혜 범위 안에서 그 유다를 제자로 뽑았다. 아마도 날마다 예수에게로 몰리는 군중 가운데서 사람을 알아보는 눈을 가진 자라면——제자들도 포함하여——가장 타당한 인선이라고 전원 일치로 찬성했을 사람이 바로 이 유다였다. 그는 읽고 쓸 줄도 알았다. 계산과 장부정리도 가능했다. 무엇보다도 사려가 깊었고 일의 경중을 가릴 줄 알았다. 그런 의미에서 그는 유일한 인텔리였던 것이다. 진흙투성이 호반 마을에는 어울리지 않는 유능한 존재였다.

당연히 누구든 탐을 내는 가룟 유다를 인자 예수도 그날 아침 제자로 지명했다.

그러나 인자 예수는 하나님의 눈으로 꿰뚫어보아 그를 알고 있었다. 재지가 번뜩이는 바로 그 유다가 두번째 봄을 맞음과 동시에 영리한 계산과 지식인의 연약성으로 인해 무슨 일을 저지를 것인지를 예수는 꿰뚫어보고 있었던 것이다. 그러한 사람을 친구로서, 제자로서 함께해야 하는 것 자체가 고뇌임에 틀림없었다. 그러나 하나님의 아들로서는 알고 있더라도 인자의 인성은 인간의 제약 속에 숨겨진 미래를 알 수 없었다. 마지막까지 아무것도 모르는 사람처럼 예수는 그를 사랑하고 그를 믿으며 그와 고락을 같이하며 그의 발까지 씻어주게 된다. 하나는 예수 자신의 과업을 성취하기 위해서, 예언을 이루기 위해서. 다른 하나는 무수한 인간이 맛보게 될 믿는 사람에게 배신당하는 아픔을 예수 자신도 맛보기 위해.

부름을 받은 유다도 주 예수 곁으로 갔다. 선택되었다는 순수한 기쁨이 그날 아침 유다의 가슴 속을 가득 메우고 있었음은 분명한 일이었다.

열두 사람.

유대 민족의 조상 야곱은 열두 아들을 두었다. 그 열두 사람을 조상으로 하여 이스라엘 열두 지파가 태어났던 것이다. 모세 시대, 광야에서 40년을 보낸 뒤 마침내 약속의 땅 가나안의 지평선이 눈앞에 펼쳐졌을 때 모세는 감동으로 떨리는 마음을 억누르면서 열두 지파를 대표하는 열두 사람으로 하여금 약속의 땅으로 첫 정찰을 보냈다.

지금도 역시 열두 사람.

새롭게 시작하는 지금, 새로운 약속의 땅을 향해 예수의 뒤를 따를 열두 사람이 뽑힌 것이었다. 그들이야말로 새로운 이스라엘 열두 지파이며 새로운 조상들이었다. 왜냐하면 예수야말로 새로운 야곱 이스라엘이었기 때문이다.

당시 아무리 문화적·지적으로 세련되지 않은 사람들이라 하더라도 그들 마을과 촌락, 주민들 사이를 누비면서 새로운 언약을 전할 사도로 뽑힌 열두 명을 (가룟 유다는 제외하고) 군중 가운데 아주 뛰어난 사람들이라고는 생각할 수 없었다. 아무리 가난하고 소박한 사람들이었다 하더라도 말이다.

특별히 뛰어나기는커녕 멸시받던 전 세리, 고기잡이로 생계를 잇던 무학의 청년, 목수 예수의 가까운 친척으로 날품팔이 생활을 해온 알패오의 아들들……. 학식이나 지성이나 사회적 지위에 있어서나 성전의 제사장들이나 율법학자, 바리새파의 엘리트와는 비교가 안되는 무리였다.

그런 사람들을 뽑아 모든 것을 맡긴 대담성! 군중 속의 몇몇 사람들의 가슴에는 말로는 표현 못할 놀라움이 몰아쳤다.

예수는 열두 사람을 사도라고 이름붙였다. 이는 원어 아람어의 의미로는 '쓰임을 받아 보낸 자', 현대어로는 미셔너리(Missionary), 즉 쓰는 사람에 의해 쓰임을 받은 자이다. 자신의 특권이었던 병을 낫게 하고 귀신들린 사람의 마음을 바로잡아 주며 사람을 죽음에서 구하고 복음을 전파하는 권능을 그날 아침 그들에게 내려주었던 것이다.

"가라! 먼저 우리가 속한 백성에게로 가서 하나님 나라가 가까이 왔음을 전파하라. 병을 고치고 문둥병을 깨끗이 하고 악에서 사람을 구하라. 값 없이 얻은 복음을 값 없이 전파하라!"

권능을 받는 조건은 무엇이었을까? 영리함도 아니었고 지위나 신분도 아니었다. 오직 예수에 대한 제자들의 사랑과 믿음이었다. 한참 뜸을 들인 다음 예수는 그들에게 부름을 받은 자의 마음가짐, 특히 선교자로서의 마음가짐에 대해 설명했다.

"여행을 위하여 아무것도 가지지 말라. 지팡이나 주머니나 양식이나 돈이나 두 벌 윗옷(윗옷은 그 지방의 야외 노숙용이었다)을 가지지 말라."

다시 말하면 선교 사도의 조건은 인간적·사회적·경제적인 것이 아니었다. 나중에 세상에 선포하게 되는 산상수훈, 새로운 율법에 대한 설교의 첫 부분에 호응하여 그들이 지녀야 할 유일한 보물은 예수의 말씀, 복음뿐이었다. 다른 사람들에게 깊은 인상을 심어줄 명성이나 학력, 교묘한 수사(修辭)나 철학적·문학적 미문조(美文調)의 명설교 등의 '부'(富)와도 인연이 없는, 다만 예수의 마음을 마음으로 받아들여 그 말씀을 전파하는 빈약한 무리가 바로 그들, 사도들이었던 것이다.

가난과 고행을 겪었다 하여 예수가 가난을 높이 평가했다는 뜻은 결코 아니다. 다만 가난 속에 살아가는, 말하자면 서민이 인구의 태반을 이루고 있는 각 지역 각 시대를 통해 그들의 삶을 나누어 가지자는 것이었다. 그리고 또 무엇보다도 부와 안락 그리고 명성 등 현세의 안정에서 벗어나 하나님 아버지만을 의지하는 길을 강조한 것이다. 그렇게 가난과 하나님에 대한 믿음은 밀접하게 이어지고 있었다.

> 한 사람이 두 주인을 섬기지 못할 것이니
> 혹 이를 미워하며 저를 사랑하거나
> 혹 이를 중히 여기며 저를 경히 여김이라.
> 너희가 하나님과 재물을 겸하여 섬기지 못하느니라.
> •「마태복음」 6 : 24

'보라, 일하는 자는 반드시 양식을 받게 될 것이니……'

> 목숨을 위하여 무엇을 먹을까 무엇을 마실까
> 몸을 위하여 무엇을 입을까 염려하지 말라.
> 목숨이 음식보다 중하지 아니하며
> 몸이 의복보다 중하지 아니하냐.
> 공중의 새를 보라.
> 심지도 않고 거두지도 않고
> 창고에 모아들이지도 아니하되
> 너희 천부(天父)께서 기르시나니
> 너희는 이것들보다 귀하지 아니하냐.
> 오늘 있다가

내일 아궁이에 던지우는 들풀들도
하나님이 이렇게 입히시거든 하물며 너희일까보냐?
•「마태복음」 6 : 25~30


너희는 이렇게 기도하라.
하늘에 계신 우리 아버지시여
……
나라이 임하옵시며
……
오늘날 우리에게
일용할 양식을 주옵시고…….
•「마태복음」 6 : 9~10

양식은 반드시 주어진다.

무엇을 먹을까
무엇을 마실까
무엇을 입을까 하지 말라.
너희 천부께서
이 모든 것이 너희에게 있어야 할 줄 아시느니라.
너희는 먼저 그의 나라와 그의 의를 구하라.
그리하면 이 모든 것을
너희에게 더하리라.
•「마태복음」 6 : 31~33

그러한 하나님 아버지에게 반석과 같은 믿음을 두고 예수의 말씀을 간직하고 살아가는 사람은 자연히 하나님 아버지 자신의 평안을 마음에 받아들이게 되어 그 평안 안에서 살게 될 것이다. 설령 박해의 소용돌이가 휘몰아칠 때라 하더라도. 그러므로,

"마을에 들어갔을 때 맞아주는 자가 있거든 그의 집으로 들어가되 먼저 말하되 '이 집이 평안할지어다'(샬롬) 하라."

"만일 평안을 받을 사람이 거기 있으면 너희가 빈 평안이 그에게 머물 것이요 그렇지 않으면 너희에게로 돌아오리라. 어느 동네에 들어가든지 너희를 영접하지 아니하거든 그 거리로 나와서 말하되 너희 동네에서 묻은 우리 발의 먼지도 너희에게 떨어버리노라 하라."

우리가 기묘하게 생각하는 이 마지막 구절에 대해 성서고고학자 파로는 그의 저서 『그리스도의 대지(大地)』에서 다음과 같이 해석하고 있다.

"그것은 현실적인 행위이다. 왜냐하면 일부러 조작한 허황된 행동이 아니기 때문이다. 그 지방에서는 건조기엔 특히 흙먼지가 도처에 쌓이게 된다. 베두인 유목민은 텐트 앞에서 구두를 벗는다. 그렇게 하더라도 흙먼지가 장막 안으로 묻혀 들어가는 것을 막는 것은 어렵다. 그러므로 숙박을 거절당해 문앞에서 발의 먼지를 터는 것은 그 집에서는 아무것도 받은 것이 없음을 나타내는 행위가 되는 것이다."

그러나 또 하나의 고전적인 해석이 보다 적절할 것으로 생각된다. 그것은 이방 토지에서 자기 지역으로 들어올 때에는 신발의 먼지를 턴다는 당시 유대인의 습관을 바탕으로 한 해석인데, 의식적으로 사도를 거부하는 집은 적어도 그 시점에서는 '이방'으로 간주하라는 의미를 내포하고 있다는 것이다.

영접하는 자를 찾아 먼저 그 집부터 선교하라. 쓸데없는 갈등은 일으키지 말라. 영접하지 않는 자를 두고 이러쿵저러쿵하면서 마음 아파하지 말고 잊어버려라. 그것보다는 영접하는 자를 먼저 찾아 시간을 허비하지 말라는 것이 예수가 한 말의 참뜻이라는 것이다. 그렇기 때문에,

"보라. 내가 너희를 보냄이 양을 이리 가운데 보냄과 같도다. 그러므로 너희는 뱀같이 지혜롭고 비둘기같이 순결하라. 사람들을 삼가라."

진심이 있다면 적지 사마리아 사람들도 유대 사람들과 같이 하나님의 언약을 받는다고 밝힌 것만으로 분노하는 편협한 내셔널리즘과 안식일을 지키는 것보다는 안식일에 괴로움을 겪는 자를 구하는 것이 하나님의 마음이라고 말했다 하여 잡아 죽이려는 법지상주의. 그것이 이 세상의 경향이라는 것이다.

당대의 권력이 예수 이름을 꺼린다면, 또 시류와 유행이 복음에 반하는 것이라면.

"또 너희가 나로 인하여 총독들과 왕들 앞에 끌려가리니 이는 저희와 이방인들에게 증거가 되게 하려 하심이라. 너희를 넘겨줄 때에 어떻게 또는 무엇을 말할까 염려하지 말라. 그때에 무슨 말할 것을 주시리니 말하는 이는 너희가 아니라 너희 속에서 말씀하시는 자, 곧 너희 아버지의 성령이시니라."

참새 다섯이
앗사리온(1앗사리온은 2전. 로마시대 동전의 최소 금액) 둘에 팔리는 것이 아니냐.
그러나 하나님 앞에는
그 하나라도 잊어버리시는 바 되지 아니하도다.
두려워 말라.
너희는 많은 참새보다 귀하니라.
• 「누가복음」 12 : 6~7

그러므로 '회당으로 끌려갈 때 두려워 말라.'
그러나 두려움보다 더 참지 못하는 것은 비애였다.

"장차 형제가 형제를, 아비가 자식을 죽는 데 내어주며 자식들이 부모를 대적하여 죽게 하리라. 또 너희가 내 이름으로 인하여 모든 사람에게 미움을 받을 것이나 나중까지 견디는 자는 구원을 얻으리라. 이 동네에서 너희를 핍박하거든 저 동네로 피하라. 내가 진실로 너희에게 이르노니 이스라엘의 모든 동네를 다 다니지 못하여서 인자가 오리라.

제자가 그 선생보다, 또 종이 그 상전보다 높지 못하니 제자가 그 선생 같고 종이 그 상전 같으면 족하도다. 집주인을 바알세불이라 하였거든 하물며 그 집 사람들이랴. 그런즉 저희를 두려워하지 말라. 감추어진 것이 드러나지 않을 것이 없느니라. 내가 너희에게 어두운 데서 이르는 것을 광명한 데서 말하며 너희가 귓속으로 듣는 것을 집 위에서 전파하라. 몸은 죽여도 영혼은 능히 죽이지 못하는 자들을 두려워하지 말고 오직 몸과 영혼을 능히 지옥에 멸하시는 자를 두려워하라. 누구든지 사람 앞에서 나를 부인하면 나도 하늘에 계신 내 아버지 앞에서 저를 부인하리라.

내가 세상에 화평을 주러 온 줄 생각지 말라. 화평이 아니요, 검(劍)을 주러 왔노라. 내가 온 것은 아들이 그 아비와, 딸이 어미와, 며느리가 시어미와 불화하게 하려 함이니, 아비나 어미를 나보다 더 사랑하는 자는 내게 합당치 아니하고 아들이나 딸을 나보다 더 사랑하는 자도 내게 합당치 아니하고……."

육친의 사랑을 초월하고 고향을 버리는 것은 검으로 마음을 찌르는 것이 아닌가. 마음에 못을 박는 아픔이 아닌가. 예수 자신, 또 그의 어머니 마리아 자신이 그 아픔을 사도에 앞서 맛보게 된다.

'제자가 그 선생 같고 종이 그 상전 같으면 족하도다', '제자는 그 선생과 같은 길을 가게 된다…….'

거기까지 말한 예수의 말투에는 어떤 엄숙함이 서리기 시작했다. 공생애가 시작된 이후 처음으로 그는 '십자가'라는 말을 입에 담았다.

그를 좋는 모든 사람들, 사도와 성자 그리고 그리스도를 사랑하면서 연약함으로 인해 날마다 넘어지는 신도 등 모든 사람들이 그의 나라의 국적 표지로 높이 쳐들게 될 그 십자가를 예수가 처음으로 입에 담은 것이었다.

"자기 십자가를 지고 나를 좇지 아니하는 자도 내게 합당치 아니하리라."

다른 사람의 십자가가 아니었다. 상상의 십자가도 아니었다. 한 사람 한 사람이 그 자신의 구체적인 십자가를 말하고 있는 것이었다. 그것이 선교할 곳으로 가는 사람의 살을 에는 것 같은 이별의 슬픔이 되었든, 그곳 습관에 적응하지 못한 데서 오는 괴로움이 되었든, 예수를 좇으려 하면서도 나날의 안일에 젖어 행동으로 옮기지 못하는 자기 연민이 되었든, 마음에 들지 않는 상사나 동료에 대한 혐오를 극복하려는 십자가였든, 힘에 벅찬 책임이었든 간에 구체적인 십자가를 지고 따르기를 예수는 요구하고 있다.

병고, 빈곤, 고독, 치욕, 실패. 일체의 자기 십자가를 지고 나를 좇으라는 것이었다.

드라마틱한, 문자 그대로의 순교가 아니더라도 날마다 자신의 십자가를 진다는 것이야말로 예수를 위해 목숨을 잃는 것을 말한다. 십자가를 지고 좇으라!

"자기 목숨을 얻는 자는 잃을 것이요, 나를 위하여 자기 목숨을 잃는 자는 얻으리라."

십자가는 당시의 지배자 로마 법에 따른 최극형인 동시에 가장 치욕적인 형벌이었다. 예수가 그러한 치욕적인 극형에 처해지게 될 두번째 봄이 찾아오고 있음을 전혀 알지 못하는 사도들과 군중들도 보물처럼 날마다 십자가를 지라는 말에 자신도 모르는 사이에 주춤거리지 않을 수 없었다. 그것을 본 예수는 다시 목소리를 가다듬어 희망과 힘을 불어넣어 주면서 격려했다.

"너희를 영접하는 자는 나를 영접하는 것이요, 나를 영접하는 자는 나를 보내신 이를 영접하는 것이니라. 또 누구든지 제자의 이름으로 이 사람들 가운데 하나에게 냉수 한 그릇이라도 주는 자는 내가 진실로 너희에게 이르노니 그 사람이 결단코 상을 잃지 아니하리라."

격려와 동시에 시야가 넓어졌다. 냉수 한 그릇이라도 주는 자, 어떤 지역의 누구가 되었든 그 누구에게든지 하나님 나라의 상이 주어진다는 것, 물한 그릇을 주는 마음이 있는 곳을 하나님 나라는 결코 잊지 않을 뿐만 아니라 커다란 물결을 이루게 해준다는 것이었다.

물 한 그릇을 주는 사랑이 있는 곳에 하나님 나라의 씨앗이 뿌려진다. 역으로 말하면 주는 물 한 그릇이라도 기쁜 마음으로 받는 솔직성이 주는 자를 축복으로 유도한다는 뜻이었다. 사랑은 주는 것만이 아니라 받는 것도의미하기 때문이다.

물결을 일으키고 씨를 뿌려 싹이 트는 계기를 만들어 주는 자로서 그는사도와 제자를 보낸 것이었다. 마음이 가난하고 몸이 가난한 그들이었기때문에 그러한 계기를 만들어 줄 수 있었다. 아니 그들이 지니고 가는 예수의 가르침 자체가 세상적인 기준으로 볼 때 '가난한 것'이었다. 예수가 이지상에서의 날을 마칠 때 그들 사도는 분명히 그것을 깨닫게 된다.

"우리는 십자가에 못박힌 그리스도를 전하니⋯⋯."(고린도 전서 1 : 23)

그것은 지혜를 찾는 헬라인(그리스인), 그들처럼 학식을 구하는 모든 사람에게는 '미련한 것'(고린도 전서 1 : 21)이었으며 가난한 가르침인 것이다. '선교의 미련한 것'이 사도들에게는 부(富)가 되며 또 십자가인 동시에드라마였던 것이다. 아니 그들의 뒤를 잇는 모든 선교자의 드라마 역시 거기 있었다⋯⋯.

자격과 사명, 그리고 사도들을 기다리고 있는 길은 그렇게 분명하게 밝혀졌다. 지상에 남아 있는 2년. 날마다, 기회 있을 때마다 예수는 더욱 자세하게 그 자격과 사명을 그들에게 가르쳤다. 차츰차츰 배움이 커감에 따라 그들이 마침내 눈을 뜸과 동시에 그 가르침의 핵심이 무엇인지를 깨닫게 될 때까지.

그러나 그 아침 예수가 한 말이 열두 사람의 기억에 확실하게 새겨졌다 하더라도 그들이 예수의 말을 완전히 이해한 것은 아니었다. 그 증거로 당시의 일반 유대 사람과 마찬가지로 그들 역시 예수가 정치적 왕국을 설립해 주기를 마음속에 바라고 있었음을 들 수 있다. 그들은 예루살렘 언덕에 꽂힌 번영 제국을 꿈꾸었으며 솔로몬과 다윗과 같은 왕으로서의 예수를 꿈꾸었다. 열두 사람 가운데 누가 군주 예수와 가장 가까운 심복인가를 둘러싸고 다투기도 했고, 장관으로서 예수를 모실 영광을 그려보기도 했던 것이다.

참고 참으라고 예수는 가르쳤으나 가르치는 예수 자신도 깨달음이 더딘 열두 제자를 사랑으로 참고 견디어야 했다.

# 제2장 하나님 나라와 그 법

## 1. 산상의 소리

준비는 끝났다.

새로 열두 명도 뽑았다.

영혼과 마음, 육신을 낫게 하는 자 메시아 그리스도의 권능도 이미 보여주었다.

그것을 계기로 그에게 의지하려는 자, 적어도 그의 가르침을 듣고자 하는 자와 그를 배격하려는 자의 명암이 차츰 그 윤곽을 드러내기 시작했다.

돌판 위가 아니라 마음에 새겨야 할 새로운 헌법을 그에게서 들으려는 자들, 제자 및 뽑힌 사람들의 중핵을 이루고 있는 사도들을 향해 예수가 하나님 나라의 헌법을 알려주기 시작한 것은 바로 이 무렵부터였다.

모세가 받은 낡은 선구(先驅) 헌법이 사람들을 두렵게 만드는 열악한 암석사막지대 시내 산에서 주어진 것인 데 반해 이 세상 끝날까지 계속될 새로운 헌법은 푸른 싹이 돋아 사람의 마음을 푸근하게 해주는 호반 언덕 위에서 주어지게 된다. 그리고 그것이 주어졌을 때 예수의 선교는 제2기로 접어든다. 비유적으로 말하면 '한낮'으로 접어드는 것이다.

그것은 특별한 날인 동시에 특별한 사건이었다.

종파, 국경, 국적, 시대를 불문하고 적어도 인생에서 무엇인가를 구하려고 하는 모든 사람들의 영혼에게 말하지 않고는 못 견디는 말씀이 '말씀 자체인 자'에 의해 말해졌던 것이다. 그리고 또 세기를 통해 그를 알려고 하는 모든 사람들에게도 그날 그가 한 말씀이야말로 그에게 이르는 길, 유일하고 착실한 길이 되는 것이다. 그 길은 순례도 필요없고 까다로운 책상 위에서의 연구도 필요없고 그가 살았던 팔레스티나를 찾아 그의 발자취를 더듬는 것도 필요로 하지 않는다.

찬란한 아침 햇살을 받으면서 그날 그가 말한 헌법은 실로 놀라울 정도로 단순한, 생명 자체처럼 단순한 것이었다. 사람은 그것으로 나날을 '살아가려고' 노력하면 그것으로 족한 것이었다. 살아가려고 노력한다는 자체가 순례이며 그를 찾는 여행이며 삶 자체의 연구가 되기 때문이다.

마태와 누가는 거의 같은 내용의 설교를 기록하고 있다. 그러나 여기서 약간의 비교론에 들어가 보면 행해진 장소에서 두 사람의 기술은 차이를 보이고 있다.

마태가 "예수께서 무리를 보시고 산에 올라가 앉으시니"(마태복음 5 : 1)라고 한 데 반해 누가는 "이때에 예수께서 기도하시러 산으로 가사……날이 밝으매……예수께서 저희와 함께 내려오사 평지에 서시니"(누가복음 6 : 12~17)라고 적고 있다.

이것은 예로부터 논쟁을 부른 차이점이다. 그러나 오늘날에 와서 더욱 진전된 성서학과 성서지지학은 그 설교의 내용이 나중에 그리스도교로 불리게 되는 종교의 핵심이 되는 동시에 요약임을 생각할 때 단 한 번이 아니라 몇 번이고 되풀이된 것이라고 결론을 내리고 있다. 누가는 예수의 직계 제자가 아니며 생전의 예수를 본 적이 없으나 초대교회시대 사도들과 행동을 같이하는 동안 예수의 행적을 그들로부터 들었다는 점,「누가복음」의 치밀한 기술 등을 미루어볼 때 예수의 가르침 가운데 획기적인 의미를 가진 설교를 기술함에 있어서 장소에 착오를 범했을 까닭이 없다는 점 때문에 그런 결론을 내린 것이다.

　"……복이 있나니."

하고 여덟 번이나 반복되었기 때문에(누가는 줄여서 네 번만 기록하고 있다) 이후 예수의 모든 가르침은 복음으로 불리게 되는데 그처럼 중요하고 의의 깊은 설교의 장소와 분위기 그리고 예수의 표정을 사도 한 사람 한 사람은 생애를 통해 생생하게 기억하고 있었음이 틀림없다. 실제 펜을 들어 기록하기 시작했을 때 마태는 첫머리에 유대 전승에 따른 특수한 표현을 썼던 것이다.

　"예수께서……입을 열어"라고 쓴 것이 바로 그것이다. '입을 열다'는 결코 가볍게 들어 넘겨서는 안되는 '중대한 것을 말하다'란 뜻이다.

　예수가 이 세상을 떠난 뒤 합류한 누가에게 사도들은 아주 자세하게 '중대한 것을 말한' 그때의 일을 말해 주었을 것이다. 그러므로 산에 올라가 말한 것이나 산에서 내려와 말한 것이나 모두 옳다고 학자들은 추론하고 있다. 그리고 설교가 몇 번 있었든 예수의 청중은 사도들과 최초의 신도들이었다. '눈을 들어 제자들을 보시고 가라사대'라는 한 줄을 누가는 잊지 않고 덧붙이고 있다.

　제자들이란 무슨 뜻일까? 되풀이 말하지만 처음부터 예수에게 끌려 그를 따랐거나 그로부터 부름을 받았으나 충분히 이해하지 못한 채 그에게서 하나님의 아들 그리스도를 발견하고 그의 말에 귀를 기울인 시몬 베드로와 요한 형제가 그들의 중핵을 이루고 있었다.

　그러나 그 밖에도 한 무리의 제자가 있었다.

　그를 죽이자고 획책하는 세력이 이미 대두되고 있는 지금, 그에게로 모여든다는 것 자체가 용기를 뜻했다. 그의 가르침을 듣는 데에는 단순한 호기심 이상의 용기와 보통 이상의 성실이 필요했던 것이다.

다시 말하면 그때의 군중은 표면적으로는 그 이전의 군중과 같은 것으로 보이지만 질에 있어서는 달랐다. 잡다한 무리라고는 하더라도 그들은 '최초의 신도들'이었다. 그 가운데 특히 열심이었던 수십 명은 신도 대표라고 불리는 확실한 제자였으며 나중에 열두 사도의 '외곽'(外郭)인 72명이 나오게 된다.

예수가 입을 열어 중대한 사항을 알린 상대는 그러한 사람들이었다. 되풀이되는 것이지만 구원의 복음의 새로움을 거기서 비로소 드러냄으로써 구약과 대체될 신약 율법을 어떤 사람이 되었든 받아들이려고 이미 마음을 연 사람들을 상대로 알려주려 했기 때문이었다.

(새로운 율법의 핵심은 예수가 '그날' 아침에 말한 것이 분명하다. 그러나 3장에 걸친 '산상수훈'의 대부분은 산상수훈과 동일한 마음, 동일한 비중으로 다른 때 다른 장소에서 말했던 것을 나중에 복음사가 마태가 종합한 것으로 생각된다.)

산상수훈의 산은 어디였을까? 호반 가버나움 북서쪽에 이마를 맞대고 있는 구릉 가운데 하나였음은 분명하다. 팔레스티나 고고학의 태두인 파로는 마태가 그냥 산이라고만 기록한 것은 그 산이 어디 있는 무슨 산인지를 당시 사람들은 모두 다 알고 있기 때문일 것이라고 말하고 있다.

지금은 부드러운 풀로 덮여 있는 녹색 구릉 위에 백색 건물의 '산상수훈의 교회'가 우뚝 서 있다. 원기둥으로 이어진 회랑에서는 갈릴리 호수가 한눈에 들어온다. 그곳은 가버나움과 그 남쪽 막달라와의 중간 지점에서 약간 북서쪽으로 쏠린 지점이다. 만약 지금 지형이 그 당시로부터 조금도 변하지 않고 그냥 남아 있는 것이라면 그곳은 구릉 능선이 완만해지는 지점이기 때문에 많은 군중이 편하게 풀밭에 앉을 수 있었을 것이다.

사람들은 동쪽의 찬란한 햇빛을 등지고 앉아 있었다. 예수는 모든 군중이 쳐다볼 수 있는 위치에, 정면으로 빛을 받으면서 서 있었다. 그와 가장 가깝게 지내고 있던 제자들은 그의 곁에 있었다.

그때는 지금 우리가 사용하는 달력으로 서기 28년 6월 하순이었던 것으로 추측된다.

우리는 6월 하순의 가버나움 근역의 맹렬한 더위를 염두에 두고 이 장면을 살펴야 한다. 아침 9시면 벌써 사람들이 풀밭에 앉아 있기 어려울 정도로 더위는 극성을 부린다. 따라서 설교는 동녘이 붉은 보랏빛에서 황금빛으로 바뀌면서 하루가 시작되는 무렵에 시작되어 태양이 이글거리기 전에 끝났을 것이다.

지휘자가 단상에 자리를 잡자 연주자들이 악기를 들어올리는 순간의 연주장처럼, 그러나 보다 소박하고 진지함으로 가득 찬 침묵이 산 위의 여명을 감싸고 있었다. 시몬 베드로를 비롯한 제자들은 얼핏 보아 같은 일의 되풀이처럼 보이는 예수의 일상이 그 내면에서 조금씩 변화, 전개되고 있음을 느꼈다. 그들의 신변 가까이로 몰려드는 군중을 앞에 놓고 있는 그날 아침의 태도 역시 그러한 변화의 한 표현이었다.

그들의 마음속에는, 그리고 풀밭에 앉아 있는 군중들의 마음속에는 어떤 기대가 무의식적으로 용솟음치고 있었다. 그들은 예수를 응시했다.

바로 그러한 상황과 분위기 속에서 예수는 '입을 연' 것이다.

그리고 그가 마침내 입을 열었을 때 쏟아져 나온 말은 단순히 그리스도교의 가르침을 종합한 진수일 뿐만 아니라 수십 세기를 통해 그 무수한 문학, 시, 그림, 철학 등에서 끊임없이 인용될 세계 종교사상 가장 아름다운 말씀 가운데 하나였다.

## 2. 복

복이 있나니.

정적을 깨뜨린 첫 구절은 그 한마디였다. 원어——예수는 당시 팔레스티나의 일상어였던 아람어를 사용했다——로는 복이 영원하게 유지되는 상태를 뜻한다. 어느 한때의 복이 아니었다. 한순간의 향락적인 복이 아니었다.

복이 있나니.

율법의 모든 계율 가운데 그러한 말로 시작되는 것은 하나도 없었다. 요단 강변에서 세례 요한의 외침이 있던 날 역시 날이 새기 전의 어둠이 깃들어 있었다. 회개하고 복음을 믿으라고 말하는 예수 역시 초기 무렵인 지난 겨울과 봄에는 회개하라, 천국이 가까이 왔느니라고 가르쳤었다.

그러던 것이 오늘 아침엔 달라진 것이다. 아니 달라졌다기보다는 이미 온 하나님 나라를 믿고 예수를 따르고 있는 자들에게는 복이 있다는 것과 그 복의 의미를 밝혀야 할 정도로 발전했다고 말하는 것이 옳을 것이다.

복!

그것을 원하지 않는 자, 구하지 않는 자가 있을까?

재물을 소유하는 것도, 친구와 아내를 원하는 것도, 사랑을 하는 것도, 물과 풀을 좇아다니는 것도, 마을을 일구는 것도 따지고 보면 모두 복을 얻기 위한 일이 아닌가. 병이 낫기를 바라는 것도 구원을 기다리는 것도 복받기를 원하기 때문이 아닌가.

그러나 복을 얻어 영원히 그 속에 머무는 것이 과연 가능한 일일까? 아니. 복을 원하는 마음이 용솟음치면 칠수록 그것은 불가능하게 생각되는 것이다. 하나의 복을 얻으면 금방 다른 복을 찾게 된다. 복으로 생각한 것이 허무하게 사라져 버리는 일을 삶 속에서 얼마나 많이 경험하고 있는가.

도대체 복이란 무엇인가.

"복이 있나니……."

이 한마디는 사람들을 깜짝 놀라게 만들었다.

그 다음 말이 듣고 싶어 마음이 조급해졌다. 그 한마디는 아직 문법적으로 불완전한 것이며, 상태를 알리는 그 구절 뒤에는 그 상태를 조성할 조건이 뒤따름을 비록 세상사람들로부터 무식하다는 말을 듣는 그들이었으나잘 알고 있었다.

예수는 다시 입을 열었다. 사람들은 마른침을 삼키면서 예수의 입술을지켜보았다.

"심령이 가난한 자여, 하나님 나라가 너희 것임이요……."

그러므로 심령이 가난한 자는 복이 있다는 것이었다. 제자와 군중은 다시 한번 깜짝 놀랐다. 계명을 지키는 자라고 예수는 말하는 것이 아니었다. 회개하는 자라고도 하지 않았다. 하나님을 경외하는 자도 아니었다. 로마의 지배로부터 민족을 해방시켜 안녕과 영화를 이 땅에 꽃피우는 자라고도말하지 않았다.

심령이 가난한 자는
복이 있나니.

누가가 기술하고 있는 '평지'에서의 설교에서 예수는 한걸음 더 나아가'마음'이라는 한정을 설정하고 있다.

마음이 가난한 자는
복이 있나니.

'가난한……'이 조건이란 말인가? 사람들이 가장 두려워하고 가장 혐오스럽게 생각하는 가난이 조건이란 말인가? 설마……!

여기서 우리는 예수의 산상수훈(또한 이의 부연이자 연장인 「마태복음」 25장까지 계속되는 비유의 훈화를 포함하여)을 한 줄씩 순서를 좇아 읽는, 말하자면 줄지어 서 있는 전봇대를 한 개씩 한 개씩 살피는 것과 같은 방법이 아니라 오히려 원심적이고도 종합적인 방법으로 읽을 필요를 느끼게 된다.

왜냐하면 말씀은 시간의 제약 가운데서 순차적으로 이어져야 하지만 말씀이 전하는 의미는 언제나 그 말씀 전부를 종합하고 있기 때문이다.

더군다나 산상수훈과 그 뒤에 이어지는 수많은 비유는 하나로 묶어 종합적으로 파악할 때 비로소 그때그때 이야기한 개개의 말과 말 사이에 가로 놓여 있는 불가사의한 모순을 풀 수 있는 것이다.

심령이 가난한 자는
복이 있나니…….
왜냐하면 사람은 하나님과 재물을 함께 받들지 못하기 때문이며, 따라서

네 보물 있는 곳에는
네 마음도 있느니라.
• 「마태복음」 6 : 21

그것이 금은보화와 같은 현실의 물질적인 보물이라면 아무리 현실적 측면에서 말한다 하더라도 마음이 묶여 있을 정도로 항구 불변한 것이 아니라는 뜻이다.

너희를 위하여 보물을
땅에 쌓아두지 말라.
거기는 좀과 동록(銅綠)이 해하며

도적이 구멍을 뚫고 도적질하느니라.
• 「마태복음」 6 : 19

고온다습한 팔레스티나의 좀벌레의 피해는 우리가 알고 있는 것 이상으로 심각하다. 더군다나 동록까지 곁들여졌으니 쌓아둔 금은보화가 위협받는 것은 당연한 일이다. 좀과 동록을 비유적으로 생각한다면 그것은 보물을 둘러싸고 일어나는 사람의 마음과 욕심과의 싸움이기도 하다. 선망과 질투이다. 부를 얻으면 얻을수록 더욱 부유해지려는 끝없는 욕망. 그 욕망을 이루기 위해 사람을 배반하고 친구를 버리는 것조차 주저하지 않는 어두운 마음. 쌓은 부를 잃지 않으려는 데만 급급한 나머지 이웃의 가난과 병고에는 일부러 눈을 감는 이기심.

물질을 하나 얻었다고 하여 만족하지는 않는다. 사람의 마음은 그럴 정도로 하찮은 것이 아니기 때문이다. 하나를 얻으면 다시 하나를 가지고 싶어한다. 욕망이야말로 욕망을 낳는 어머니인 것이다. 그렇기 때문에 부자와 재산가 가운데 부의 노예가 된 인색한 사람이 많은 것은 조금도 이상할 것이 없다⋯⋯.

재물과 금은을 자기 마음대로 손에 넣을 수 있는 것을 이 세상은 '자유'라고 부른다. 그러나 사실은 자유이기는커녕 족쇄인 것이다.

한 사람이 두 주인을 섬기지 못할 것이니
혹 이를 미워하며 저를 사랑하거나
혹 이를 중히 여기며 저를 경히 여김이라.
그러므로 너희가 하나님과 재물을 겸하여 섬기지 못하느니라.
• 「마태복음」 6 : 24

부를 섬기는 마음속에는 하나님이 들어갈 여지가 없다는 말이다.

여지(餘地), 빈 것(空), 가난.

빈 마음은 가난한 마음이며 따라서 족쇄가 걸리지 않는 가난한 자는 복이 있는 것이다.

마음의 부는 또 무한하게 존재한다. 예를 들면 『행복론』의 저자 힐티가 말하고 있는 것처럼 사람의 마음을 얽매어 버리는 '예술·문화지상주의'(아무리 예술과 음악이 좋은 것이라 하더라도), 일이야말로 인생 최대의 목적이라고 생각함으로써 영혼의 문제를 잊어버리는 사업욕, 또 현실의 물질을 갖지 못한 자의 경우도 마음을 빼앗기는 부가 얼마든지 있다. 온갖 욕정의 우상화, 특정 인간의 우상화, 그리고 제 뜻대로 기분 내키는 대로 특정인을 미워하는 것 역시 여기에 속한다. 증오와 선망 그리고 불평에 귀중한 마음 한 구석을 할애하는 것 역시 문제가 된다.

자기중심, 자아중심, 자기를 우상화하여 금은보화처럼 자기를 높이 받드는 것. 집념과 집착. 과도한 식도락, 곧 '배'를 하나님으로 삼는 식도락. 자신의 하잘것없는 지식과 학문을 천상천하 최고의 기준으로 삼는 오만함.

이 모든 것 역시 부이며 따라서 부유한 마음은 그 족쇄 때문에 하나님 나라가 들어갈 여유를 남기지 않는 것이다. 그리고 마음이야말로 사람을 사람답게 하는 인격의 중심이다. 마음이 거짓 부와 족쇄에 묶여서는 안되는 것이다. 마음이야말로 자유여야 한다. 그리고 이 '자유'를 예수는 '가난함'이라고 표현한 것이다. 동양적인 표현을 빌린다면 '허심'(虛心)에 해당될 것이다.

심령이 가난한 자는 복이 있나니
천국이 저희 것임이요.

공생애 초두부터 예고해온 천국의 본질을 이처럼 예수는 이날 아침에 알려준다. 그것은 복이었으며 계명의 집대성이 아니라는 것을 알려준 것이

다. 동시에 이런이런 것은 하되, 이런이런 것은 해서 안된다는 식의 법치국
가적인 '의'(義)도 아님을 밝힌 것이다.

그것은 기쁨과 평안이 넘치는 본연의 자세인 동시에 살아가는 방식이었
다. 그것은 복의 국가이며 그것을 받아들이는 자에게 주어지는 보답은 그
상태에 영원히 머물수 있는 무한의 복이었다.

다른 해석 역시 가능하다.

특히 청중의 중핵이 그 예수와 하나님 나라를 위해서라면 돈과 지위, 처
자와 부모, 그리고 안일까지 그 모든 것을 팽개친 사도들이었음을 생각할
때 다른 해석 역시 가능한 것이다.

'너희는 가난해졌다. 지금까지 집착해왔던 모든 것을 버렸다. 그러나 모
든 것을 버리고 스스로 선택한 가난조차 최대의 복이 될 정도로 한없이 선
한 것이 하나님의 나라이다'라는 해석을 내릴 수 있다.

심령(마음)이 가난한 자는 마음에 자아욕(自我欲)이나 영예, 권세욕 등
의 우상을 가질 수 없으며 우상을 자랑으로 여기지 않으므로 온유하다.

> 온유한 자는 복이 있나니
> 저희가 땅(약속의 땅, 천국)을
> 기업으로 받을 것임이요……

상속의 자격은 유대 민족, 아브라함의 혈통에 있는 것이 아니라는 것이
다. 예수의 말씀을 받아들일 여지를 가지고 있는 가난한 마음(심령), 거기
서 오는 온유한 마음을 가진 자라면 유대인이나 헬라인(그리스인)이나 종
이나 자유인이나 남자나 여자나 할 것 없이(갈라디아서 3 : 28), 국적을 불
문하고, 인종·성별의 구애 없이 복된 상속자가 된다.

그러나 세번째 부름에서 그의 말투는 더욱 불가사의한 것이 되었다. 모
순과 당착으로 가득하여 듣는 사람들이 서로 얼굴을 돌아볼 정도였다.

애통하는 자는
복이 있나니…….

이 한 구절은 다른 복음과 마찬가지로 그것에 앞선 구절과 연관지어 파악하지 않으면 안된다. 복음은 종합이기 때문이다.

다른 것과 떼어서 다르게 해석한다면 이 한 구절은 의미를 상실하게 된다. 왜냐하면 첫째 복과 애통은 얼핏 보기에 상반되는 것이며, 둘째 '복이 있는 상속자'에 어울리지 않는, 즉 하나님 나라의 '복'과는 전혀 어울리지 않는 것이 애통이기 때문이다. 예를 들면 복수에 실패했을 때의 애통 따위가 여기에 속한다.

애통하는 자를 복이라고 부르기 위해서는 그가 새로운 마음으로 하나님 나라를 받아들이려고 하는 심령이 가난한 자여야 하는 것이다. 애통하고 있더라도 심령이 가난하다면 무한한 복으로 들어갈 수 있다. 혹은 규탄당하는 아픔과 그 아픔이 가져오는 애통을 각오하고 병든 자와 괴로움에 떠는 자, 몸이 마른 자에게 안식일임에도 불구하고 도움의 손길을 뻗쳐 일할 수 있는 사랑, 그리고 아무리 가난한 자라 하더라도 그 역시 사람이므로 자신이 쌓아올린, 그래서 귀중하게 여기고 있는 자기 취향과 자기 시간, 자기의 형편을 하나님 나라를 위해 팽개치는 애통을 감수하는 자……, 그들이야말로 하나님 나라의 복에 참여하는 자인 것이다.

가난한 자와 병자를 위해 아낌없이 금품을 제공하면서도 자신의 시간만은 할애하지 않는 자를 얼마든지 볼 수 있다. 자기 성(城) 속의 안일과 편력 ──취미와 가풍, 습관과 작은 안락, 예를 들면 목욕 뒤의 따뜻한 한잔의 술 ──에 지장이 없는 범위에서 타인의 궁핍을 돕는 인간은 얼마든지 있다. 손안에 쥔 구슬처럼 애지중지하는 명예와 세상에 대한 체면에 별다른 지장이 없는 정도라면 선행에 앞장서는 사람도 적지 않다. 아무리 곤란한 대사업이라도 자신을 바치는 사업에 비교하면 아픔이 훨씬 적은 법이다. 난민의 불결과 악취가 미치지 않는 곳에서 미식과 휴양을 할 수 있는 한 미사여구로 난민구조의 필요성을 호소하면서 구조업무에 헌신하는 사람들의 구조 방식을 비판하는 자도 얼마든지 볼 수 있다.

그러나 복이 있는 자는 그런 무리가 아니다.

극한적인 아픔을 느껴 애통하면서 자신의 성을 하나님에의 사랑을 위해 허물고, 명예와 세평을 초월하여 하잘데없는 자신의 안일에서 용기 있게 뛰쳐나오는 자야말로 복이 있는 것이다.

애통하는 자는 복이 있나니
저희가 위로를 받을 것임이요.

위로는 이 세상에서의 삶이 끝난 '뒤', 마치 교환거래처럼 주어지는 것은 아니다. 자기 성을 허물고 나오는 바로 그 순간, 애통하는 자는 한 걸음, 두 걸음, 아니 보다 더 하나님 나라 깊숙이 들어가게 된다. 그렇게 하나님 나라의 빛과 기쁨이 그의 마음속으로 흘러들어가는 것이다.

애통하면서 기뻐한다는 복음적 패러독스가 이론이 아니라 '실재'(實在)로서 그의 마음을 적셔 주는 것이다.

애통하는 자의 필두라고 해야 할 순교자들이 최후의 순간에 보여준 충일한 침착성은 이 패러독스로써 설명이 가능하다. 왜냐하면 보신의 안락에서 나와 하나님 나라를 위해 공포와 고통, 비애와 고민, 그리고 애통 속으로 들어가려는 자에게 하나님은 결코 침묵하지 않기 때문이다.

"태초에 하나님과 함께 계셨고 만물이 그로 말미암아 지은 바 된……"(요한복음 1 : 1) 말씀이신 하나님은 위로의 말씀으로 용기 있는 '애통하는 자'의 마음을 채워주는 것이다.

'애통하는 자'에는 또 다른 뜻이 있다.

인류의 공유재산이 틀림없는 죄와 그 결과, 다시 말하면 악의 경향, 증오와 이기의 경향, 거짓과 교활 그리고 심술을 즐기는 마음 등을 애통해하면서 적어도 내게서만은 그것을 완전히 지워버리지는 못하더라도 씻어내려고 하는 사람.

자기 마음 깊숙한 곳에 스며든 지옥과 같은 어두움을 슬퍼하는 자. 애통함으로써 빛을 구하는 자.

"구하라, 그러면 너희에게 주실 것이요."

예수는 이날 아침 여덟 가지 복을 밝혀 가르친 다음 '구하라'고 말한다. 구하기 위해서는 구하는 것을 아직 가지지 못한 상태의 인식이 전제가 된다. 아직까지 소유하지 못한, 그래서 간절히 구하고 있는 마음에는 애통이 따르게 마련이다.

그러므로 애통을 아는 마음은 바로 정의에 굶주리고 목말라하는 마음으로 통하는 것이다.

> 의에 주리고
> 목마른 자는
> 복이 있나니…….

가장 기본적인 최저한의 사회정의가 행해지는 것도 이 지상에서는 아주 드문 일이다.

> 한 부자가 있어
> 자색 옷(자색 염료는 당시 아주 비싼 수입품이었다. 자색 옷은 그렇기 때문에 최고가의 옷을 가리킨다)과 고운 비단 옷을 입고
> 날마다 호화로이 연락(宴樂)하는데
> 나사로라 이름한 한 거지가 헌데를 앓으며
> 그 부자의 대문에 누워

부자의 상에서 떨어지는 것으로 배불리려 하매
심지어 개들이 와서 그 헌데를 핥더라.
• 「누가복음」 16 : 19~21


허황된 이야기가 아니다. 나날이 우리 신변 가까이에서 얼마나 자주 되
풀이되고 있는 일인가! 개인 단위로도, 국가 단위로도 항상 반복되고 있는
일이다. 비 한 방울 내리지 않아 가축과 농작물이 마르는 바람에 100만 단
위의 수많은 사람들이 죽어가고 있는 나라. 그러한 나라를 보고도 못 본 척
하는 부유한 나라들. 국적이 다른 것만으로 배격당해 나사로처럼 상에서
떨어지는 것을 바라고 있는 자. 땀 한 방울 흘리지 않고 억만 금을 손에 쥔
사람과 늙은 몸을 쉬게 할 한 뼘의 땅조차 없는 사람.

기회도 부도 균등한 것은 아니다. 부를 사랑하는 마음이 모여 불균형을
만들어 내고 있다. 균등하지 못한 이 세상에서 기회와 부를 필요한 이상으
로 손에 쥘 수 있는 것은 거의 대부분이 불의한 사람들이다.

그러한 것을 바라보면서 의에 주리고 목말라하는 자는 '긍휼히 여기는
자'가 되게 마련이다.

'긍휼'(compassion)이란 '함께'(com) '괴로움'(passion), 즉 함께 슬퍼하
는 것을 말하며, 긍휼히 여기는 자란 괴로움과 슬픔에 젖어 있는 사람을 내
일처럼 생각하고 행동하는 자를 말한다. 직분에 따라 법을 배운 사람은 법
의 실천을 통해, 정치를 익힌 사람은 법의 운영에 의해, 일반 서민은 자신
이 가지고 있는 것의 나눔을 통해. 애통하는 사람과 함께 애통하고 기뻐하
는 자와 함께 기뻐함으로써.

그러고 보면 예수야말로 가장 앞서서 긍휼을 가진 복된 자였던 것이다.

긍휼.

애통.

의에 목마른 자는

복이 있나니…….

이는 예수 자신이었던 것이다. 영원한 말씀(로고스), 지복(至福) 가운데 서 나와 신고(辛苦)와 피로로 가득한 인간의 조건, 제약 가운데로 들어온 것이다. 그 제약을 나누어 가졌다. 오로지 죄와 그 결과라고 할 괴로움에서 인간을 구원하기 위하여.

니체는 『차라투스트라는 이렇게 말했다』에서 긍휼의 '약함'을 그 중핵에 두는 그리스도교를 규탄하고 있다. 그러나 긍휼은 '초인' 니체가 해석하고 있는 것처럼 과연 약함으로 가득 차 있는 것일까? 실은 그렇지 않다. 오히 려 '강함'을 뜻한다. 애통하는 자와 함께 애통하고 무거운 짐진 자와 짐을 나누며, 자신이 가진 모든 것을 타인과 나누기 위해서는 니체의 표현을 빌 려 말한다면 사람이 스스로를 '초월'하지 않으면 안되는 것이다.

좁은 문으로 들어가라(마태복음 7 : 13).

'좁은 문'은 예수의 청중에게는 어떤 구체적인 의미를 가지고 있다. 모든 마을이 문에 의해 지켜지던 당시 좁은 문은 넓은 문보다 안전했다. 왜냐하 면 넓은 문은 멋지고 편리한 반면 마을을 노리고 있는 도적들 역시 숨어들 어오기 쉬웠기 때문이다.

초월하는 것은 어려운 일이다. 그렇기 때문에

구하라,
찾으라,
두드리라.
그러면
주실 것이요,
찾을 것이요,
열릴 것이라.
• 「마태복음」 7 : 7~8

"너희 중에 누가 아들이 떡을 달라 하면 돌을 주며, 생선을 달라 하면 뱀을 줄 사람이 있겠느냐? 너희가 악한 자라도 좋은 것으로 자식에게 줄 줄 알거든 하물며 하늘에 계신 너희 아버지께서 구하는 자에게 좋은 것으로 주시지 않겠느냐?"(마태복음 7 : 9~11)

그렇다면 어째서 가난이 있으며 병고가 있고 악이 만연하고 있는가 하고 현대인은 반문할 것이다. 그에 대한 대답은 조금씩 조금씩 밝혀지게 된다.

그러므로

믿고

확신을 가지고

구하라.

찾으라.

두드리라.

그러면 주실 것이요, 찾을 것이며, 열리는 하늘의 도움으로

심령이 가난해지고

온유와

애통

의에 주리고 목마르게 되며

긍휼로써

좁은 문으로 들어가게 되며

그 문은

생명으로 인도해 주는 것이다.

'나는 길이요, 생명이니……'라고 이 지상에서의 끝날을 눈앞에 두고 말한 예수가 솔선하여 가는 그 길을 마음과 힘을 다해 가라! 그러한 자의 눈은 맑고 깨끗한 것이다. 마음 역시 마찬가지이다. 외곬이기 때문이다.

마음이 청결한 자는

복이 있나니
저희가 하나님을 볼 것임이요.

그리고 하나님을 보는 자는 하나님의 평안의 한 조각이라도 이 지상에
가져오고 싶은 간절함을 품지 않을 수 없다. 증오, 투쟁, 알력 대신에 사랑
과 화목과 이해를 간절히 바라게 된다.

화평케 하는 자는
복이 있나니
저희가 하나님의 아들이라 일컬음을 받을 것임이요.

증오와 상극과 알력이 죄의 결과라면 화평을 위해 애쓰는 것은 바로 속
죄에의 참여를 뜻한다. 화평은 또 죄의 결과로서 이 세상에 번지고 있는 병
고를 다스리는 의(醫)로도 볼 수 있다. 무지를 다스려 지성의 조화를 구축
하는 교육일 수도 있는 것이다. 그리고 여기서도 속죄의 수고를 맨 먼저 하
는 자가 하나님의 아들 예수, 병 고침의 예수라면 화평을 위해 애쓰는 자는
그것만으로 이미 예수의 형제가 되는 것이다. 하나님의 아들과 그들이 부
름을 받은 까닭이 거기 있다.
그러나 복음적 드라마는 여기서 바로 나타나고 있다. 세상은 과연 화평
을 간절하게 바라고 있는 것일까? 화평을, 평화를 입에 담는 모든 사람들
이 '진심으로' 화평과 평화를 바라고 있는 것일까? 슬프게도(그러므로 다시
의에 주리고 목마른 자가 등장하지 않을 수 없지만) 그에 대한 답은 '아니
다'이다.
이데올로기로 대립하는 나라들은 누가 아무리 중개자의 역할에 진력한
다 하더라도 그것을 받아들이지 않는다. 테러, 지하공작, 그리고 정면 도전
을 통해 마음껏 싸우지 않으면 끝이 나지 않는다. 화평을 위해 애쓴 탓에

오늘에 이르기까지 도처에서 얼마나 많은 사람들이 추방당하고 극형에 처해졌는가! 선동자, 위험인물로 낙인찍힌 사람들을 둘러싼, 폭도화한 군중의 사형(私刑)을 막으려고 스스로 사형을 받은 자는 또 얼마나 많은가. 그러한 극단적인 예가 아니더라도 사회의 편견과 습관 때문에 기피되고 멸시받는 인종과 사람에게 최소한의 마음의 화평, 피난처를 주려 했던 것만으로 비판의 대상이 된 자는 지금 또 얼마나 많은가.

> 의를 위하여
> 핍박을 받은 자는 복이 있나니
> 천국이 저희 것임이라.
> 나를 인하여 너희를 욕하고 핍박하고
> 거짓으로 너희를 거스려
> 모든 악한 말을 할 때에는 너희에게 복이 있나니
> 기뻐하고 즐거워하라.
> 하늘에서 너희의 상이 큼이라.
> • 「마태복음」 5 : 10~12

하늘이란 머리 위에 펼쳐져 있는 그 하늘이 아니다. 삶의 끝, '저 세상'도 아니다. 피안도 아니다.

> 하늘에 계신 우리 아버지…….
> • 「마태복음」 6 : 9

> 은밀한 중에 계신
> 은밀한 중에서 보시는 네 아버지.
> • 「마태복음」 6 : 6

하늘이란 불가시의 지금, 여기 있는 실재의 세계를 말한다. 눈에 보이지 않고 감각기관으로도 느낄 수 없는, 그러나 확실히 실재한다. 그것은 하늘에 계신 아버지의 존재와는 비교가 안되는, 아득하고 희미한 아날로그라고나 할까. 그것은 수(數)의 법칙의 존재와 원자의 존재 그리고 모든 추상이념의 존재를 통해 추찰할 수 있을 것이다.

하늘은 지금 여기 있다.

지금 여기서 시작되고 있다. 하나님의 나라는 '지금 여기서' 시작된다.

그러나 하늘이 완전히 인간을 향해 열리는 것은 지금이 아니다. 복음·변증론적 진리를 예수는 그 자리에서 제시하고 있다. 그것은 종말론과 지금 현재의 이음새를 나타낸 것이라고도 볼 수 있다.

보답은 지금 여기서 불가시적인 영(靈)의 내면세계에 기쁨과 즐거움의 형태로 주어지는 것이다. 동시에 종말 때, 시간이 영원으로 변했을 때, 그때야말로 완벽한 희열이 현실로 완전하게 주어진다.

다시 말하면 여덟 개의 '복'은 무브먼트인 것이다. 다이너미즘인 것이다. 목적을 향하여 곧장 나아가는 '힘'인 것이다.

여덟 가지 복 가운데 첫번째인 심령이 가난한 복과 마지막의 욕과 핍박과 모든 악한 말을 듣는 복에 대해 약속된 보답은 똑같다.

　　천국은
　　하나님 나라는
　　너희 것임이라…….

그렇다면 욕설과 핍박, 그리고 모든 악한 말을 듣는 일을 예수의 이름 때문에 참는 것은 심령이 가난한 것과는 끊을래야 끊을 수 없는 관계이다.

그렇다. 그것은 분명한 일이다.

하나님과 재물, 두 주인을 섬길 수 없음을 깨달아, 앞에서도 밝힌 바와 같이 모든 유형·무형의 '부'(富)를 버리고 하나님을 위해서만 열린 가난한 마음(심령)을 가진 자만이 하나님으로 인한 욕설과 핍박을 받을 수 있는 용기가 솟아나는 것이다. 자신의 이익으로 대표되는 부에의 집착이 없어졌기 때문이다.

이렇게 여덟 가지 복의 가르침은 차츰 다이너미즘을 띠면서 원운동을 계속한다. 그것은 단 하나의 것을 여러 각도에서 말하고 있는 것이기도 하다.


## 3. 전개

여기까지가 최초의 1절이었다. 지금과 종말, 차안(此岸)과 피안(彼岸), 시간과 영원, 땅과 하늘을 희망으로 이어주는 복음의 첫머리였다.

만인이 끊임없이 구하고 있는 행복의 정의인 동시에 요약이었다.

이 1절의 뒤를 잇는 예수의 어조는 약간 달라진다. 그는 자신의 가르침을 '산 위에 있는 동네'에 비유하여 설명하기 시작한다.

구약을 조금이라도 알고 있는 사람이라면 '산 위에 있는 동네'가 무엇을 의미하는지 분명히 알 수 있을 것이다. 모래먼지가 휘몰아치는 사막 가운데서 산은 바로 바위산을 가리키는 것이며 산 위에 있는 것은 부동견고(不動堅固)한 암석 요새를 뜻한다. 흔들림 없는 안정을 상징하는 암석 요새의 특질을 가리키는 것이다.

> 여호와께서 환난 날에
> 나를 바위 위에 높이 두시리라.
> •「시편」 27:5

또 예수는 스스로를 빛에 비유한다. 빛은 공포, 전율, 불안을 일소한다.

빛은 밝다.

>여호와는 나의 빛이니
>내가 누구를 두려워하리요.
>•「시편」 27 : 1

그러므로 요새이며 빛인 주의 복음을 듣는 자는, 더 나아가서, 들은 대로 살아가려는 사람은 내일을 알 수 없는 이 변덕스러운, 괴로움과 짙은 어두움의 세상을 밝히는 작은 등불이 되어 사람들로 하여금 그것을 바라보면서 안도할 수 있도록 하는 부동의 반석이 되어야 하는 것이다. 만인이 끊임없이 추구하고 있는 요새와 같은 안정은 도적에게 빼앗길 가능성이 있는 재물과 변하기 쉬운 타인의 평가, 지위, 그리고 언제 병들지 모르는 건강에서는 찾을 수 없는 것이다. 참된 안정은 지금과 하늘을 잇는 복 가운데만 있다. 마음 안에만 있다는 뜻이다.

또 복음을 받아들이는 자는 소금이 되어야 한다. 소금은 쓰고 떫음을 없애어 맛을 내게 한다. 부패하기 쉬운 음식을 오래 보관하게 해준다.

>네 모든 소제물에 소금을 치라.
>네 하나님의 언약의 소금을
>네 소제에 빼지 못할 것이니.
>•「레위기」 2 : 13

괴로움이 많은 삶에서 쓴맛을 제하고 먹을 수 있도록 맛을 내어주며 부정과 재물, 질투와 거짓 등으로 부패의 위험에 노출된 인생을 복음으로 불리는 소금은, 새로운 언약의 소금은 지켜주는 것이다. 그러나 소금이 한번 염분을 잃고 나면 아무리 많이 쳐도 음식 맛을 낼 수 없으며 결국 썩고 만

다. 염분을 잃은 소금──예수의 가르침에 완전히 젖어들지 못한 채 겉모양
만으로 제자 흉내를 내는 자──은 이미 아무런 쓸모가 없다. 버릴 수밖에
없다.

　소금의 비유는 보다 광범위한, 보다 근본적인 가르침을 포함하고 있다.
그것은 예수의 가르침의 핵심인 '사랑'과 이어진다.

　아무리 소금이라 하더라도 소금만을 먹는 사람은 없다. 소금은 필요불가
결한 것이지만 그것만으로 모든 것이 해결되는 것은 아니다. 소금이 소금
으로서의 가치를 발휘하기 위해서는 다른 식품과 혼합되어야 한다. 다른
것과 혼합되지 않은 소금은 귀중품임에는 틀림이 없으나 아무런 쓸모가 없
는 것이다. 아니 소금만을 먹는다면 갈증만 심해질 뿐이다.

　하나님 나라의 사람 역시 소금처럼 홀로 나의 이익, 나의 안일, 나의 성
(城), 나의 즐거움, 나의 신앙, 내 자신의 구원을 위한 열심에 틀어박혀 버
린다면 아무런 쓸모도 없게 된다. 그냥 쓸모가 없어진다면 그래도 괜찮지
만 좁은 '이기'(利己)에 틀어박혀 입만으로 하나님 나라를 외치는 자는 주
위 사람들에게 목마름과 같은 고통을 주게 되는 것이다. 소금처럼 다른 것
과 섞여라. 광범하게 다른 사람 사이로 들어가라. 다른 사람과의 공동체 안
에서 살아라. 다른 사람의 약점과 결점도 온유로 용서하고 다른 이에게 선
을 베풀며 다른 이의 비애를 나의 비애로, 괴로움과 굶주림을 내 몸으로 느
껴 도와주면서 온 힘과 정성을 바치면서 살아라.

　소금의 비유는 특히 인간 본연의 자세와 인간관계를 가리키는 가르침이
되는 것이다.

　여기서 다시 예수는 앞으로 나아간다. 논리를 전개한다.

　그의 말씀을 듣고 거기에 빠져드는 것은 그 말씀을 실행으로 옮겨 살아
있는 것으로, 가르침 그대로 행하는 것이다. 요새의 튼튼함도, 빛의 밝음
도, 살아 있는 행함에 의해서만 사람이 따르게 된다는 것이다. 그것은 예
(藝)와도 같다. '여기서 이렇게 다리를 올려라' 하고 아는 것만으로는 발레

리나가 태어나지 않는다. 밤낮으로 알고 있는 것을 행하지 않는 한 예술은
이루어지지 않는다.

> 나더러 주여, 주여 하는 자마다
> 천국에 다 들어갈 것이 아니요.
> •「마태복음」 7 : 21

> 그럴 뿐만 아니라,
> 내가 너희를 도무지 알지 못하니
> 불법을 행하는 자들아
> 내게서 떠나거라.
> •「마태복음」 7 : 23

설사 그 사람이 주의 이름으로 예언하고 훌륭한 가르침과 깊은 철학을
저술하고 선교학(宣教學)의 저술을 낸다 하더라도, 나아가서 위대한 기적
을 행한다 하더라도, 모든 복음을 사람들에게 전파한다 하더라도 자기 자
신이 복음으로 살지 않는다면,

> 그날, 그때에(마지막 때, 심판 때)
> 내가 저희에게 밝혀 말하되
> 내가 너희를 도무지 알지 못하니
> 불법을 행하는 자들아
> 내게서 떠나가라 하리라.

행하지 않는 것은 이미 악을 행한 것이다. 상식적인 차원에서도 이 말은
정당하다. 의사가 환자를 생각하기만 하고 팔짱을 끼고 있으면 악을 행한

것이 된다. 굶주린 아이의 이름만 부르고 먹을 것을 주지 않는 어머니는 이미 어머니가 아니다.

그러면 복음으로 산다는 것은 무엇을 의미하는 것일까? '행하다'란 무엇인가? 그것은 '복이 있나니'로 시작되는 그 말씀의 요점만을 알고 행하면 되는 것일까?

요점은 도입부인 동시에 결론부였다. 바탕인 동시에 헌법이기도 했다. 그것은 아주 구체적으로 개개인의 일상 가운데서 전개되지 않으면 안되는 것이다.

> 심령이 가난한 자는 복이 있나니
> 가난한 심령은
> 앞으로 내가 말하는 것 일체를
> 마음으로 듣고
> 마음으로 행할 수 있기 때문이다.
> 심령에 가시를 품지 않는 온유라면
> 지금부터 내가 가르치는 대로
> 행할 수 있기 때문이다.
> 의에 주리고 목마르다면
> 내가 앞으로 가르치는 것을
> 스스로 행할 수 있을 것이기 때문에…….

그렇기 때문에 '복이 있나니'라는 말이 사는 것이다.

그렇다면 그는 여덟 가지 복 다음엔 무엇을 알리려 했던 것일까?

말씀은 이렇게 이어진다.

"(선입관, 분노, 부의 과시 등 마음의 족쇄로부터 자유롭다면) 원수도 사랑할 수 있다. 원수, 다시 말하면 나 자신을 괴롭히는 자 가운데도 나와 마찬가지로 구하면서 괴로워하고 즐거워하는 '인간'을 발견할 수 있을 것이다. 옛 사람은 마음으로 가까운 자들을 사랑하고 원수를 증오하라고 하였으나 나와 가깝고 내게 잘해 주는 자를 사랑하는 것은 악인들조차 이미 행하고 있지 않느냐? 나를 이해해 주고 나에게 친절한 사람들과만 인사를 나누는 것 역시 죄인들도 옛날부터 행하고 있느니라.

복음을 받아들여 복 있는 자가 되고 싶으면 원수를 사랑하라. 나를 비방하고 거스르면서 욕하는 상대를 위해 기도하라. 그들의 적의를 나를 위해 참는 것만으로는 아직 부족하다. 더욱 앞으로 나아가라. 원수가 떡을 원하면 떡을 주라. 빌리러 온 사람을 무시해서는 안된다. 너희를 습격하여 겉옷을 빼앗으려는 자, 뺨을 때리면서 욕설을 퍼붓는 자, 아무 까닭 없이 나를 비난하는 자라도 마음으로 용서하라. 참는 것으로 그치지 말고 용서하고 그들을 위하여 기도하라. 마치 십 리를 같이 걷자는 사람과 이십 리를 함께 가는 것과 같이 세상 통념이 '여기까지'라고 정한 한계를 훨씬 뛰어넘어 용서의 범위를 넓혀라.

용서란 원래 무엇을 의미하는가? 자기 자신이 단속 나온 경찰관인 것처럼 행세하는 것이 아니라 상대의 인간성을 향해 나아가는 것을 말하는 것이 아닌가. 그러므로 십 리를 가자면 이십 리를 가야 하는 것이다. 또 용서한 뒤에 두고두고 '용서해 주었는데도……'라는 생각에 얽매여 있어서는 안된다. 그렇게 해야만 이십 리를 함께 간 것이 된다. 오른뺨을 때리는 자에게 왼뺨을 내어주는 것처럼 분노의 뿌리를 뽑아내라. 증오는 마지막 한 조각까지 마음속에서 훑어버려라. 그리고 은수(恩讐)의 틀을 뛰어넘어 상대를 위해 하나님 아버지께 기도하라.

왜냐하면…….

하늘에 계신 너희 하나님 아버지가 해를 악인과 선인에게 골고루 비춰게 하시기 때문이다. 의로운 자와 불의한 자에게도 골고루 비를 내리시지 않느냐. 천국의 상속자라면 하나님 아버지의 완전함에 가까워져야 하느니라.

왜냐하면 너희는 회개를 통해 마음을 새롭게 하여 옛 것을 용서받았기 때문이다.

자기 자신이 죄사함을 받은 것처럼 다른 사람을 용서하라. 진심으로 용서하라. 다른 사람으로부터 대접받고 싶거든 우선 다른 사람을 대접하라.

성서의 모든 것은 거기에 요약된다. 그것이 바로 율법이다. 선지자가 알린 모든 것도 역시 그것이다."

거기까지 말한 예수는 제자들과 군중이 예수가 안식일의 계율을 어긴 것과 죄인과 세리와 함께 먹고 마심으로써 계율 밖의 행위를 했던 것을 상기하고 있음을 알아차렸다.

"내가 율법이나 선지자나 폐하러 온 줄로 생각지 말라. 폐하러 온 것이 아니요 완전케 하려 함이로라. 내가 말하는 율법과 법도는 옛 율법을 학자처럼, 또는 바리새파처럼 해석하는 것보다 훨씬 엄격한 것이다."

왜냐하면 그것은 조문으로 된 법규가 아니기 때문이다. 매일매일 들은 것을 상기하고 들은 것은 전력을 경주하여 각자 지금의 일상에 적용하여 살아가야 할 생명이기 때문이다. 모든 생명은 외부를 향해 자기 자신을 표현하지 않고는 못 배긴다. 그러나 순서를 좇아 보면 그것은 먼저 내부에서 시작된다. 내부에서 살지 못하는 생명은 외부를 향해서도 살지 못하는 것이다.

그러므로 마음을 소중히 여겨야 한다. 내면 밑바닥에서 용솟음쳐 나오는 생명일수록……. 왜냐하면 구원은 '생명을 얻는 것'이기 때문이다.

그러나 내가 너희에게 말하노니
솔로몬의 모든 영광으로도
입은 것이 이 꽃(백합) 하나만 같지 못하였느니라.
• 「마태복음」 6 : 29

솔로몬이 입은 빛나는 옷은 솔로몬의 마음과는 별개인 옷감과 보옥(寶玉)으로 만든 것이다. 그러나 백합의 차림새는 내적 생명이 발로된 아름다움이다. 솔로몬의 옷과 들백합의 차이는 바로 옛 율법의 학자적인 양하는 바리새인의 의와 새로운 율법의 의의 차이다.

"옛 사람에게 말한 바 살인하지 말라, 누구든지 살인하면 심판을 받게 되리라 하였다는 것을 너희가 들었으나.

나는 너희에게 이르노니, 형제에게 노하는 자마다(너희는 모두 서로 형제이니라), 형제에게 욕하는 자마다 살인자와 마찬가지의 심판을 받게 되리라. 형제에게 미련한 자, 마귀와 같은 자라고 욕하는 자는 지옥불(원본에는 '게헨나의 불'로 되어 있음. 게헨나는 예루살렘 남방 교외의 계곡으로, 날마다 예루살렘에서 거둔 쓰레기를 태우는 곳이기 때문에 악취 속의 불길은 지옥을 연상하게 한다―지은이)에 들어가게 되리라. 그러므로……."

예수는 다시 비약한다.

사마리아 여인이나 니고데모와 대화할 때와 마찬가지로 다른 차원으로 청중을 끌어올리는 예수의 독특한 화법이었다.

"예물을 제단에 드리다가 거기서 네 형제에게 원망 들을 만한 일이 있는 줄 생각나거든 예물을 제단 앞에 두고 먼저 가서 형제와 화목하고……."

예수는 '네가' 형제 가운데 누구에게 원망을 품은 적이 있음이 생각나거든이라고는 말하지 않았다! '누군가'(형제)가 네게 원망할 만한 일이 있는 줄 생각나거든이라고 말했다.

통상의 논리는 여기서 거꾸로 보이게 된다.

관용에 대한 통념이 뒤집어진 것처럼 보였다.

그러나 사실은 그런 것이 아니었다. 예수는 두 가지를, 얼핏 생각하기에는 '거기까지 하자면 끝이 없겠다'고 사람들이 수군거릴 수밖에 없는 그 가르침을 통해 분명히 하고 싶었던 것이다.

하나는 눈에 보이지 않는 존재로서 모든 것을 보고 계시는 하나님 아버지의 눈의 투철함에 이끌려, 전력을 쏟음으로써 투철한 눈으로 수많은 이웃을 지금까지 자신이 어떻게 대해 왔는가를 보라. 영원한 '현재'인 하나님 안에서 지나간 모든 시간과 그 시간 안에서 행한 자신의 모든 행위를 꺼내어 살펴보라. 궁핍한 이웃으로부터 도움을 부탁받았을 때, 귀찮아서 또는 그때그때 기분에 따라 냉담하게 보고도 못본 척하지는 않았는가, 상대를 허전함과 시름 속에 버려둔 적은 없는가. 자신의 척도로 사람을 비판하면서 그 사람의 처지를 배려하지 않고 괴로움과 슬픔을 안겨준 적은 없는가. 근거 없는 소문을 퍼뜨려 남의 명예를 훼손한 일은 없는가. 타인을 한때 이용하다가 이용가치가 없어지자 헌옷 벗어던지듯이 팽개치지는 않았는가. 살펴보라. 자신의 마음을 한번 살펴보라고 말하고 있는 것이다.

그리고 자신을 분명히 살핀 다음, 그것을 바탕으로 하여 보상과 화평의 이니셔티브는 언제나 '네 쪽에서' 잡도록 하지 않으면 안된다. 체면도, 부끄러움도, 불운도, 혹은 사과하러 갔다가 상대로부터 오히려 된통 당하지나 않을까 하는 불안도 문제가 되지 않는다. 결단을 내리고 화평을 위한 첫걸음을 내딛도록 하라. 그 결과가 어떻게 되든 최초의 결단은 네가 내려야 하는 것이라고 말하고 있다.

"그렇게 했을 때 비로소 하나님 제단에 예물을 가지고 올 자격을 얻게 된다."

형제, 이웃과 함께 걸어가는 인생이라는 나그네 길에서 한시라도 빨리 화평을 위한 주도권 잡기를 서둘러라. 이 세상에서의 여행이 끝나는 그때, 형제·이웃이 네게 품고 있는 원한은 심판관 앞에 제시되어 너는 그에 대한 결산을 하지 않으면 안된다. 진실로 진실로 말하노니 그 결산은 적당하게 끝낼 수 없는 것이다. 돈에 비유한다면 마지막 한푼까지 다 갚을 때까지 너는 옥(獄)에 갇혀 있어야 한다.

이 구절은 또 예수가 가져다 준 새 법과 새 시대에 함축되어 있는 또 하나의 새로운 교의(敎義)를 나타내고 있다. 즉 영원한 죽음(게헤나의 불)에 이르는 살인——실제 살인은 물론, 말과 생각에 의한 살인——등의 대죄(大罪)와 동렬에 놓기는 가볍지만, 그러나 형제와 이웃의 마음을 상하게 하는 작은 행위를 한 사람은 이 세상에 있을 동안 그것을 갚지 않으면 세상에서의 때가 끝난 뒤 '갚음의 곳'(가톨릭 용어로는 연옥, '풀가토리움' 즉 정화의 장〔淨化場〕)으로 가야 함을 말하고 있다.

여기서 말하는 옥(獄)은 동서고금의 지옥도(地獄圖)에 그려져 있는 것과 같은 업화(業火)의 옥이 아니다.

완전한 하나님 아버지의 완전함이 '얼굴과 얼굴을 대하여'(고린도전서 13 : 12) 보는 것과 같이 분명하게 나타나는 '그때', 그 완전함에 접근할 길이 없는 불완전한, 이기(利己)라는 상처투성이의 자신을 똑똑히 보아야 하는 '아픔의 옥(獄)'이다. 비유로 말하자면 화학, 수학, 어학 등을 오류투성이의 자기류로 파악한 채 자신이야말로 학문의 천재라고 생각하고 있는 사람이 어느 순간 정해표(正解表)와 사전을 통해 비로소 자신의 어리석음을 깨달아 창피한 나머지 근심에 잠기는 것과 같은 이치이다.

눈에 보이는 차안(此岸)에서 개개 인간에게 주어진 '때'의 의의는 회개를 통해 피안(彼岸)을 향해 나날이 다시 태어나는 데 있다. '이 세상에 있을 동안 빨리 회개하라. 회개란 하나님과 나의 관계를 다시 쌓아 나와 사람의 관계를 화평으로 회복하는 것을 말한다……. 그러므로 화평을 서둘러 구하라.'

'빨리' '서둘러'란 다시 말해서 '당장' 그렇게 하라는 뜻이다. 귀찮으니까 내일 하지. 기회가 오면 하지. 잠깐, 한동안 동태를 보고 나서 하는 것이 좋겠지. 그러나 시간이 과연 무진장으로 사람에게, 개개인에게 주어지는 것일까?

한 부자가 있었다. 밭의 소출이 넘쳐 새로 크게 곳간을 지어 곡식을 쌓아 둔 다음 말했다.

"내 영혼아, 여러 해 쓸 물건을 많이 쌓아 두었으니 평안히 쉬고 먹고 마시고 즐거워하자."

그러나 하나님이 이르시기를,

"어리석은 자여, 오늘 밤에 네 영혼을 도로 찾으리니⋯⋯."(누가복음 12 : 16~20)

허리에 띠를 두르고 등불을 켜고 서 있으라(허리에 띠를 두르는 것은 당시 아람어의 독특한 표현으로서 길떠나는 차림, 또는 돌발사태에 대비하여 깨어 있는 상태를 뜻한다—지은이).

그 주인이⋯⋯돌아와 문을 두드리면 곧 열어 주려고 기다리는 사람과 같이 되라. 너희도 예비하고 있으라. 생각지 않은 때에 인자(여기서 말하는 인자는 개개인의 생과 사를 주관하는 주를 뜻함)가 오리라(누가복음 12 : 35~40).

무진장하게 내일, 모레가 앞으로 계속 있을 것이라고 착각하는 '때'는 '지금'을 제외하고 나면 현실이 아니다. 내일, 모레가 반드시 확실히 온다는 보증은 어디에도 누구에게도 없는 것이다. 구원의 때, 화평의 때, 회개의 때는 지금 이 순간이다. 그러므로 세월을 아끼라(골로새서 4 : 5).

사람은 옛 지혜에 바탕한 습관으로, 체험에 의한 상식으로 날씨와 기상에 대해 주관과는 다른 판단을 내린다.

"서쪽에서 구름이 몰려오는구나. 그렇다면 내일은 비가 오겠군."

그러므로 추수를 서둘러야 한다.

"이 바람은 동남풍이다. 사막 바람이다. 더워지겠군."

그러므로 지금 서둘러 일을 끝내야 한다.

외식(外飾)하는 자여, 너희가 천지의 기상은 분별할 줄을 알면서 어찌 이 시대는 분별치 못하느냐? 또 어찌하여 옳은 것을 스스로 판단치 아니하느냐? 네가 너를 고소할 자와 함께 법관에게 갈 때에 길에서 화해하기를 힘쓰라(누가복음 12 : 56~58).

그리고 죽음 저편에서의 심판이 없다고 한다면 모든 도덕률은 무의미하게 된다. 제 마음대로 살인을 하고 현세를 즐기고 이를 위해 돈을 버는 것이 슬기로운 것이 된다. 따라서 정직한 사람은 어이없는 꼴을 당하게 된다. 그뿐만 아니라 아무리 현세를 즐길 돈을 벌려고 노력한다 하더라도 병을 앓거나 재능이 모자라 목적을 달성하지 못하는 자가 엄청나게 나올 것이다. 이러한 불공평은 증오를 낳고 간악한 자만이 승리하게 된다. 윤리 따위는 쓸데없는, 거추장스러운 것이 될 것이다. 그러므로 심판은 실재하고 있다.

시간을 누비면서 영겁을 향한 나그네 길에서 장애가 되고 족쇄가 되는 것, 화평을 깨뜨리고 의를 허무는 모든 것은 따라서 잘라내는 것이 마땅하다. 오른쪽('오른쪽'은 이스라엘의 전통이나 당시 팔레스티나 발상법에 있어서나 가장 중요한 혹은 가장 필요한 것을 의미하는 형용사였다. 예를 들면 "예루살렘아, 내 너를 잊을진대 내 오른손이 그 재주를 잊을지로다"〔시편 137편〕, "내가 네 원수로 네 발등상 되게 하기까지 너는 내 우편에 앉으라"〔시편 110편〕 등―지은이) 눈과 같이 귀한 것이라도, 오른손과 같이 불가결한 것으로 생각되는 것이라도 잘라내야 한다. 보통의 여행이라도 나그네는 무사히 목적지에 도착하는 데 장애가 되는 모든 것을, 설령 아무리 아름답고 즐거운 것이라 하더라도 뿌리치고 가지 않는가!

오른쪽 눈도 오른손도 영겁의 구원과 하늘 나라의 저울과는 비교가 되지 않는다. 지체의 가장 중요한 일부라 하더라도 영원한 생명과 영원한 겁화(劫火)와 함께 하늘 나라의 저울에는 달 수 없는 것이다. 좁은 문으로 들어가라, 간음하지 말라 하며 옛 시대 가르침은 말하고 있다(출애굽기 20 : 14, 신명기 5 : 18).

그러나
진실로 네게 이르노니
여자를 보고 음욕을 품는 자마다
마음에 이미 간음하였느니라.
•「마태복음」 5 : 28

옛 법은 사회도덕상의 죄로서 간음을 보고 있는 동시에 타인의 소유재산
을 훔친 죄라는 시각으로도 파악하고 있다.

네 이웃의 아내나 그의 남종이나 그의 여종이나
그의 소나 그의 나귀나
무릇 네 이웃의 소유를 탐내지 말지니라.
•「출애굽기」 20 : 17

이는 개인도덕이라기보다는 사회질서상의 도덕이었다. 옛 율법이 주어
졌던 모세시대의 백성은 태고의 풍습을 그대로 간직하고 있는 유목민들이
었다. 장막을 치고 소와 양떼와 함께 모세를 따라 민족성을 형성해가면서
약속의 땅을 향해 험하고 거친 광야를 돌아다니는 사람들이었다. 습관, 사
념(思念), 이해, 종교가 다른 사나운 민족에게 둘러싸여 도전을 받으면서
도 하나의 목적을 향해 나아가는 백성이었다. 무지하고 고집 센, 그러면서
도 변덕이 심한 백성을 하나의 목적에 집결시키기 위해 지도자 모세는 생
애를 통해 온갖 신산(辛酸)과 마음 고생을 겪어야 했다.
간음……
단순한 음란이 아닌, 기혼자의 간음은 당연한 결과로서 집착과 다툼, 그
리고 증오──그것은 종종 사람을 살인으로 몰아넣는다──는 백성의 단결
과 융합을 해치는 가장 무겁고 확실한 길 가운데 하나였다.

일부일처제가 옛 시대를 통해 십계를 받기는 했으나 아직 뿌리내리지 않았음은 광야의 유랑시대를 거쳐 예루살렘을 도성으로 한 독립국가를 건설했을 때 여호와의 축복을 받은 현군(賢君)들이 예전과 다름없이 많은 왕비를 거느렸음에서도 잘 나타나고 있다.

한 인간과 또 다른 인간 상호간의 전인격적 인식인 사랑에 뿌리를 둔 창조적인 공동생(共同生)——이는 새로운 시대에 처음으로 계시된 삼위일체의, 생명으로 넘치는 공동적 생명의 모형이기도 하다——이 혼인이며, 따라서 혼인의 중핵은 정욕과 재물이 아닌, 인격적 결합이며 무엇보다도 먼저 마음과 심령의 결합이라는 새로운 일부일처의 혼인관이 모세시대에는 아직 나타나지 않았던 것이다.

혼인이 질서를 위한 제도라면 정당한 이유가 있을 경우 제도에 따른 이혼장 작성으로 그 혼인을 해소할 수도 있었다. 그러한 제도와 계율은 정에 약하고 욕심에 물들기 쉬운 사람들의 마음 때문에 남용될 여지가 많았다. 쫓아낸 아내의 앞날이 어떻게 되든 그 절차가 제도상 정당한 것이라면 그것으로 일단 매듭을 지을 수 있는 것이다.

그러나 새로운 시대가 오면 하나님에 대해, 이웃에 대해, 또 혼인에 있어서(왜냐하면 혼인의 대상이야말로 가장 가까운 이웃이기 때문에) 제도가 아니라 인격과 마음이 문제의 핵심이 된다.

간음은 타인(아내 또는 남편)의 인격을 무시하는 일이며 욕정으로 다른 여인을 보는 마음은 기회가 주어진다면 당장 행동으로 옮길 수 있는 바탕이 된다. 마음속의 살인이 존재한다면 마음속의 간음 역시 존재하게 마련이다.

명심하라, 조심하라, 바리새인들이여, 위선자들이여.

겉에 나타난 간음을 심판하는 너희는 마음으로 간음을 범하고 있지 않느냐! 보이지 않더라도 보이는 것과 마찬가지의 행위가 있을 수 있음을 명심하라.

만일 네 오른 눈이
너를 실족케 하거든
빼어내 버려라.
좁은 문으로 들어가라.
마음이 청결한 자는
복이 있나니.
(자신의 연약함을 깨달은 아픔으로)
애통하는 자는 복이 있나니
천국이 저희 것임이요.

혼인을 제도로 생각지 말라.

혼인은 마음의 문제이다. 타인을 인식하는 것이다. 그러므로 혼인은 사랑이다. 간음이 죄가 되는 것은 그것이 인격을 무시하고 사랑을 파괴하는 것이기 때문이다.

그러나 간음을 행한 당사자에게 예수는 옛 시대의 그 가혹한 태도를 한 번도 나타내지 않았다. 간통을 범한 여자들의 에피소드가 다른 세 복음서보다 훨씬 깊게 예수의 신성(神性)의 비의(秘義)를 추구하고 있는 「요한복음」에 더욱 많이 기록되어 있는 것 역시 까닭이 있다.

예수가 구주임을 맨 처음 공적으로 전파한 증인은 사마리아 여인으로 그녀는 간통한 사람이었다. 사람들의 눈을 피해 우물로 물을 길으러 올 수밖에 없는 여자였다. 입이 험한 마을 사람들이, 아마도 이른바 품행이 단정한 여인들이 보다 심하게 그랬을 터이지만, 눈짓을 주고받으면서 들으라는 듯이 짓궂게 수군대는 대상인 그 여자에게 예수는 한 그릇의 물을 달라고 부탁했다.

그 과거의 상처를 어루만져 주면서 단 한마디의 힐책도 하지 않았다. 오히려,

"눈을 들어라. 구주가 왔다. 지금이 바로 그때이니라. 영원히 목마르지 아니할 물을 내가 네게 주노라."
고 말했던 것이다.

요한은 또 복음 가운데 ──적어도 나에게는── 가장 감동적인 에피소드 하나를 적고 있다. 그것은 반 년 뒤 골고다의 클라이맥스 직전, 다시 말하면 지상 최후의 초막절(출애굽기 23장, 광야 유랑 때 초막에서 생활한 것을 기념하기 위해 참배자 전원이 장막에서 먹고 자는 8일간의 가을 제사) 직후에 예루살렘 성전 앞 광장에서 일어난 사건이었다.

그때 예수는 웅크리고 앉아 땅에 깔린 돌 위에 손가락으로 무엇인가를 쓰고 있었다. 우리가 생각에 잠겼을 때 혹은 무엇인가에 귀를 기울면서 문득 줄을 긋거나 의미 없는 글자를 쓰는 것과 마찬가지로 예수도 지금 낙서를 하고 있는 것일까? 지면을 쓸고 지나가는 흙먼지에 금방 지워지는 문자들이 예수가 이 세상에서 공적으로 쓴 유일한 것이었다.

간음중에 붙잡힌 여자를 율법학자와 바리새인들이 끌고 온 것은 바로 그때였다. 한 가지 계략이 그들 마음속에서 꿈틀거리고 있었다. 사랑이다, 용서다. 긍휼이다 떠들고 다니는 이 남자가 간통죄(율법은 돌로 쳐죽이라고 규정하고 있다) 현행범을 용서하라고 주장할 것인가? 그렇다면 그것은 율법을 부정하는 것이 된다. 법에 따라 돌로 쳐죽이라고 할 것인가? 그렇다면 그 자신이 모순을 범하는 것이 된다. 어떻게 나올 것인가? 어느 쪽이 되었든 그에게 함정임에는 틀림이 없다고 생각했다.

"선생이여……,"
그들은 손가락으로 땅에 글자를 쓰고 있는 예수를 새삼스러울 정도로 정중하게 불렀다.

"이 여자가 간음하다가 현장에서 잡혔나이다. 모세는 율법에 이러한 여자를 돌로 치라 명하였거니와 선생은 어떻게 말하겠나이까?"

극형의 공포 때문에 실신 직전에 있는 여인. 겹겹이 둘러싸고 있는 구경꾼들. 여자를 향해 쏟아지는 외설스러운 욕설. 잔혹한 호기심으로 이글거리는 눈빛. 여자를 끌어다 예수 앞에 세워놓고 거드름을 피우고 있는 학자들.

예수는 자세 하나 흐트러뜨리지 않았다. 엎드려 글자를 썼다가는 지우고 지우고는 다시 썼다.

듣지 못한 것이 아닐까. 학자들은 기다리면서도 차츰 초조해지기 시작했다. 같은 말을 반복해서 물어보았다.

"돌로 쳐야 합니까? 어서 대답해 주십시오!"

끔찍한 말에 이미 파랗게 질려 있는 여자는 그 자리에 무너지듯이 주저앉았다. 단 하나의 희망은 로마 점령하의 예루살렘(그밖의 지배지 전역)에서는 돌로 쳐죽이는 형벌이 대부분 유명무실해졌다는 사실뿐이었다. 그것이 공공연하게 허용되는 것은 독성죄(瀆聖罪)를 범한 경우에 국한되어 있었다.

문득 예수가 자리에서 일어섰다.

"너희 중에 죄 없는 자가 먼저 돌로 치라!"

말을 마치자 다시 몸을 굽혀 손가락으로 땅에 글자를 쓰는 것이었다.

죄 없는 자! 단 한번도, 단 한 조각의 죄도 지은 적이 없는 자!

누가 '내가 그렇다'고 나설 수 있단 말인가? 죄를 지었기 때문에 성전으로 가서 번제를 올리는 것 아닌가! 내겐 한 조각의 죄도 없다고 말하는 순간, 그 말 자체가 이미 독성(瀆聖)의 죄가 아닌가. 율법은 그렇게 가르치고 있었다. 학자도 바리새인도 그것을 잘 알고 있었다.

눈에 보이지 않는 곳에서부터 동요가 일어났다.

한 사람, 또 한 사람 말없이 물러나기 시작했다. 군중도 학자도 그렇게 물러갔다.

아직도 웅크리고 있는 예수 옆에는 몸과 마음이 위축될 대로 위축된 여자만이 남게 되었다.

다시 몸을 일으킨 예수는 여자를 보고 입을 열었다.

"너를 고소하던 그 자들은 어디 있느냐? 너를 정죄한 자가 없느냐?"

"주여, 없나이다."

"나도 너를 정죄하지 아니하노니 가서 다시는 죄를 범하지 말라."

나도 정죄하지 아니하노니!

메시아, 죄가 없는 자도 정죄하지 않는다! 하나님, 즉 구원하는 자는 정죄하기 위해 인자가 되어 이 땅에 온 것이 아니었다. 때가 이르러 하나님은 구원하는 자, 새로운 삶을 주는 하나님으로서 나타나신 것이었다. 모든 벌을 한몸에 지는 것은 다름아닌 구원자인 그리스도이며 그의 속죄로 말미암아 모든 죄인에게 구원의 길이 열린다.

계명은 어떤 것이었든 간에 모두 조문화되며 그렇기 때문에 외관에 나타난 행위에 대해 구속력을 가진다. 계율은 '실재'보다도 '행동'을 대상으로 삼는다. 실재——다른 표현을 빌리면 내적 본연의 자세——는 눈에 보이지 않는다. 보이지 않는 것을 구속하는 조문은 엄밀히 말해서 있을 수 없는 것이다.

그러나 외적 행위에 구속력을 가지는 계명. 조문은 유추 해석될 때에는 큰 의미를 갖게 된다.

주일인 안식일에 수선스러운 행동을 하지 말라, 부정한 음식을 먹지 말라 등의 계명은 동일한 주의력으로 마음의 소란을 몰아내고 동일한 주의력으로 영혼을 더럽히고 마음을 해치는 양식을 멀리하라는 가르침으로 이어지는 것을 전제로 하는 하나의 비유였다.

누구의 눈에나 분명하게 보이는 외적 행위에 있어서 누구의 눈에나 분명한 조문화된 계명을 적용하여 행동하는 것, 그것은 초보적인 훈련이었다. 마치 모든 화가가 먼저 엄밀한 데생에서 시작하여 색소의 성질, 캔버스 사용법, 붓 씻는 법 등을 배우는 것처럼. 그런 뒤에라야 개성과 대담한 오브

제를 핵심으로 한 앱스트랙트가 창출되는 것이다. 일단 앱스트랙트와 자기 개성을 발견한 화가는 초보시대로 되돌아갈 수가 없다. 초보시대는 끝났기 때문이다.

예수의 산상수훈의 후반은 마음의 살인, 마음의 간통으로 시작하여 지나간 초보시대와 지금의 대비에 주력하고 있다.

모두 알고 있는 것처럼 그는 이렇게 말한다.

"율법은 이러하지만, 내가 진실로 진실로 너희에게 이르노니……."

율법과 나를 동격에 놓고 있다.

옛 율법의 연장선상에 옛 율법 대신에 한 단계 높은 차원의 율법이 자리하고 있는 것이다. 이른바 치환이 이루어진 것이다. 그러므로 "무리들이 그 가르침에 놀라니 이는 그 가르치시는 것이 '권세 있는 자'와 같고 저희 서기관들과 같지 아니함일러라" 하고 복음서는 기록하고 있다.

"또 옛 사람들이 말한 바 헛맹세를 하지 말고 네 맹세한 것을 주께 지키라 하였다는 것을 너희가 들었으나 나는 너희에게 이르노니.

도무지 맹세하지 말지니 하늘로도 말라. 이는 하나님의 보좌임이요. 땅으로도 말라, 이는 하나님의 발등상임이요. 네 머리로도 말라, 이는 네가 한 터럭도 희고 검게 할 수 없음이라. 생명의 주인이 아닌 자가 생명의 주인을 걸고 맹세할 수 없음이라.

오직 너희 말은 옳다, 옳다, 아니다, 아니다 하라. 이에서 지나는 것은 악으로 좇아나느니라.

사람에게 보이려고 그들 앞에서 의를 행하지 않도록 주의하라. 구제(救濟)할 때에 외식하는 자가 사람에게 영광을 얻으려고 회당과 거리에서 하는 것같이 너희 앞에 나팔을 불지 말라(만인에게 알려야 할 새 법령을 공포할 때 관리는 나팔을 불어 사람들을 불러 모았다—지은이). 진실로 너희에게 이르노니 나팔을 불어 사람들에게 자기 선행을 알린다면 저희는 자기 상을 이미 받았느니라. 너희는 구제할 때에 오른손이 하는 것을 왼손이 모르게 하여 네 구제함을 은밀하게 하라. 은밀한 중에 보시는 너의 아버지가 갚으시리라.

또 너희가 기도할 때에 외식하는 자와 같이 되지 말라. 저희는 사람에게 보이려고 회당과 큰 거리 어귀에 서서 기도하기를 좋아하느니라. 너는 기도할 때에 네 골방에 들어가 문을 닫고 은밀한 중에 계신 네 아버지께 기도하라. 은밀한 중에 보시는 네 아버지께서 갚으시리라. 기도할 때에 중언부언하지 말라. 말이 많아야 들으실 줄 생각하는 것은 하나님을 알지 못하는 증거이니라."

## 4. 하늘에 계신 아버지

너희는 이렇게 기도하라.

하늘에 계신 우리 아버지여,
이름이 거룩히 여기심을 받으시오며
나라이 임하옵시며
뜻이 하늘에서 이루어진 것같이
땅에서도 이루어지이다.
오늘날 우리에게 일용할 양식을 주옵시고
우리가 우리에게 죄지은 자를 사하여 준 것같이
우리의 죄를 사하여 주옵시고
우리를 시험에 들게 하지 마옵시고
다만 악에서 구하옵소서.

'너희가 들었거니와' 옛 사람들은 눈에는 눈, 이에는 이로 갚으라고 가르쳤다. '너희가 들었거니와' 네 이웃을 사랑하고 네 원수를 미워하라 하였다.
그러나,

나는 너희에게 이르노니

너희 원수를 사랑하며 원수를 용서하라. 용서한 척도로 너희도 용서를
받게 된다. 심판한 척도로 심판을 받게 됨을 알라.

어느 누가 남한테 심판받는 것을 좋아하겠느냐? 사죄를 거절당함을 좋
아하겠느냐? 심판자는 모든 것을 꿰뚫어보시는 자만이 할 수 있느니라. 너
희는 형제의 심판자가 되어서는 안된다. 단죄하는 그 순간, 상대는 이미 회
개하여 다른 사람이 되어 있을지도 모르지 않느냐? 너희는 사람의 마음을
꿰뚫어볼 수 없느니라.

무엇이든지 남에게 대접을 받고자 하는 대로 너희도 남을 대접하라. 남
을 대접한 뒤에 괴로워하지 말라. 하나님 아버지의 공평으로, 하나님의 아
들로써 남을 사랑한 뒤에는 마음을 괴롭히는 괴로움을 두지 말라.

염려한다고 해서 생명을, 또 그 키를 한 자나 더할 수 있느냐?

그렇다면……

목숨을 위하여 무엇을 먹을까, 몸을 위하여 무엇을 입을까 염려하지 말
라. 목숨이 음식보다 중하지 아니하며 몸은 의복보다 중하지 아니하냐. 들
의 백합은 솔로몬의 모든 영광으로도 입은 것이 이 꽃 하나만 같지 못하였
느니라. 너희 천부(天父)께서 이 모든 것이 너희에게 있어야 할 줄을 아시
느니라. 날마다 먹고 입지 않으면 살아갈 수 없는 인간을 창조하신 이가 천
부가 아니냐. 너희는 먼저 그의 나라와 그의 의를 구하라. 그리하면 이 모
든 것을 너희에게 더하시리라.

그러나 그 모든 것은 호화로움, 안일, 부 등을 의미하는 것은 아니다. 자
본주의와 결부된 초기 미국 동부의 그리스도교는 '하나님 나라를 구하면 부
가 온다', '부야말로 하나님 은총의 징표'라고 가르쳤으나 이는 잘못된 것이
다. 예수는 '일용할 양식'을 기도하라고 말했다. 양식과 맛있는 음식, 잘 익

은 술 그리고 안락을……이라고는 말하지 않았다.

　아직 오지 않은 내일이라는 미래를 위하여 마음이 흔들리거나 염려하지 말라. 내일이 와서 오늘이 되고 보면 안정된 마음은 스스로 눈앞에 벌어진 일에 어떻게 대처해야 하는지 그 방법을 찾게 될 것이다. 한 날의 괴로움은 그날에 족하니라. 현명한 생각으로 앞을 내다보는 것과 갈팡질팡 걱정하는 것은 구별되어야 한다. 염려와 걱정은 하나님 아버지에 대한 불신이다. 염려와 걱정은 하나님이 아닌 자신의 판단을 지상(至上)이라고 생각하는 마음의 부(富)에서 비롯되는 것이다.

　내가 이르노니, 나날의 십자가, 즉 개개의, 그날 그날의 괴로움을 지고 나를 따르라. 내일의 십자가, 미래의 십자가, 상상 속에 만들어낸 십자가가 아니라 '지금' 이 순간의 십자가를 지고 따르라.


　'지금' 애통하는 자는 복이 있나니.
　'지금' 의에 주리고 목마른 자는 복이 있나니.
　'지금' 심령이 가난한 자는 복이 있나니.
　'지금' 화평케 하는 자는 복이 있나니.


　풀밭에 몰려 서 있는 자들은 모두 놀라고 기이하게 여겼다고 마태, 마가, 누가는 기록하고 있다. 그리고 군중이 설교를 마치고 산을 내려오는 예수의 뒤를 따랐다고 적고 있다.

　앞에서 말한 바와 같이, 그러나 산상수훈과 같은 긴 설교는 한 번만 한 것이 아니었다. 예수가 세상을 떠난 뒤 주로 유대교에서 개종한 사람들(바꾸어 말하면 옛 가르침을 숙지하고 있는 사람들)을 대상으로 당시 팔레스티나에서 사용되었던 아람어로 기록한 마태도, 유대교를 모르는 로마 신자들을 대상으로 복음을 쓴 마가(원문은 그리스어. 서기 54~60년 사이에 로마에서 저술)도, 또 유대교 이외의 여러 종교에서 그리스도교로 개종했거나 관심을 가졌던 외국인을 위해 복음서를 기술한 누가도 예수가 공생애를 통해 이곳저곳에서 행했던 가르침 가운데서 산상설교의 첫머리, 복음의 연장, 또는 다르게 표현했으나 내용이 동일하다고 생각되는 것을 일괄하여 하나로 종합하고 있다. 그러므로 거기에는 시간의 전후 혼동과 비약이 많이 포함된 것이다.

아득한 미래까지 이어질 무수한 일반 사람들을 향해 말하면서도 예수가 마음속으로는 특히 '그를 좇는 자', '호의를 표하는 자' 즉 제자들에게 준 새로운 헌법이 앞에서 지적한 바와 같이 하나로 뭉뚱그려져 후세에 '산상수훈'으로 불리는 한 장을 이루게 되었다.

아니면 이렇게 된 것인지도 모른다.

한 나라로 가서 거기서 정주하려는 사람과 그 나라에 특히 관심을 가진 사람, 혹은 이미 그 나라 국적을 취득하여 영주하기로 작정한 사람이 그 나라 헌법을 알고 그것을 이해하여 지키려는 것과 마찬가지로 하나님 나라에 정주하고 싶어하는 모든 사람은 하나님 나라의 헌법을 알고 받들어 지키지 않으면 안되는 것이다. 법이 없는 나라는 난센스에 지나지 않는다. 한 나라의 성격은, 적어도 그 기반은, 헌법으로 응결되어 형상화된다. 그러므로 "들으라, 내 나라의 헌법을!"이라고 예수는 사람들에게 말한 것이다.

헌법을 완전히 터득하고 그 정신을 헤아려 날마다 행위 속에 반영하려고 노력하면서 살아가는 동안 그 헌법을 만든 나라, 즉 살아 있는 실체도 터득하게 되는 것이다.

그 헌법 가운데는 이미 옛 시대의 율법이 집요하게 반복하고 있던, 빠뜨려서는 안될 한마디가 자취를 감추고 있다. "들으라, 이스라엘 백성아……"라는 말이 없어졌다.

국적은 사라졌다. 그 대신 심령이 가난한 자, 마음이 청결한 자, 마음을 화평케 하는 자, 마음으로 긍휼히 여김을 받을 자, 곧 지상의 국적을 초월한 '마음' 본연의 자세가 하나님 나라의 국적 조건으로 강조되고 있다.

그리고 복음이 특히 기도하라고 가르친 기도는 "하늘에 계신 우리 아버지여"로 시작된다.

아브라함의 하나님

이삭의 하나님

야곱의 하나님

이스라엘의 하나님

이라는 말은 사라지고 없는 것이다.

하늘.

모든 사람——모든 나라와 피와 문화의 사람——신변에 언제나 있는 하늘. 그 하늘에 언제나 존재하는 유일의 실재(實在). 아버지. 생명의 근원.

사하라의 성자로 불리는 샤를르 드 푸코(1858~1916)는 그의 『메모와 서간』에서 "왜, 어째서 아버지 하나님의 형용에 '하늘에 계신'이란 말을 쓰고 있는 것일까" 하고 묻고 있다.

이 물음은 아마도 이렇게 기도하라는 가르침을 받았던 군중들 가슴 속에서도 일어났던 것이 아니었을까. 옛 가르침 어디에 아버지 하나님을 '하늘에 계신'이란 한마디로 형용하는 전통이 있었단 말인가.

빛이신 하나님

거룩하신 하나님

만군의 주 여호와

라고 선지자 이사야는 즐겨 읊었다.

번제물을 태울 불을

하늘 저편에서

불꽃과 함께 보내시는 하나님

이라고 선지자 엘리야는 부르짖지 않았는가.

영광의 왕 주님

천지만물의 영예를 한몸에 가지신 하나님

이라고 「시편」은 노래하면서

　여호와는 나의 목자

　여호와는 나의 빛

　여호와는 나의 피할 바위

　여호와는 나의 구원

이라고 연거푸 노래한다.

　천지만물을 만드신 주님

　전능의 하나님

　힘이신 하나님

　예지의 하나님

이라고도 노래했다.

　그러나 예수는 하나님 나라 헌법에서,

　"너희는 이렇게 기도하라,

　하늘에 계신

　우리 아버지여라고."

하며 가르치고 있다.

　"왜 그렇게 가르쳤을까?" 하고 자문한 푸코는 오랜 기도생활 끝에 그것은 모든 것이 하나도 빠짐없이 그 속에 포함되어 있기 때문이라고 자답하고 있다.

　'하늘'이란 언젠가 없어지는, 지나가는 우유(偶有)의 가시 물체――불가시라도 물체에 깃들어 있거나 의존하는, 그러므로 물체의 틀을 초월할 수 없는 것들을 포함하여――와는 차원을 달리하는 다시 말하면 시간의 법칙에 얽매이지 않는 '영겁의 현재'이며 그렇기 때문에 지나가지 않는 '실재'(實在)의 세계를 의미하고 있기 때문이라는 것이 푸코가 내린 결론이었다. 하늘은 '언제나', '지금', '여기'를 가리키는 것이다.

　언제나 지금 여기 있으면서 한 마리 참새가 떨어져 죽는 것조차 알고 있는 아버지는 한 사람 한 사람의 운명과 한 사람 한 사람의 마음속 깊이 숨겨져 있는 부르짖음도, 이른 봄 녹아 내리는 서리 기둥 사이에서 힘껏 뻗어 나려고 애쓰지만 돋아나지 못하는 새싹처럼 이루지 못하는 간절한 희구도 모두 알고 계신다.

그는 언제나 함께 있는 아버지인 것이다! 얼마나 큰 기쁨이며 안도인가. 눈에는 보이지 않는, 그러나 보이지 않기 때문에 언제나 지금 여기 함께 계시는 것이다……. 아무리 비참한 외톨이 인간이라도 사실은 외톨이가 아닌 것이다. 하나님 아버지와 언제나 함께인 것이다. 그 하나님 아버지는 보이지 않기 때문에 외관으로는 보이지 않는 마음만을 보시고 계신다. '아버지'는 명령을 내리는 권위를 휘두르는 '어른'이 아니다. '아버지'는 생명과 기쁨의 원천이며 복 자체인 동시에 사랑인 것이다.

'하늘에 계신 아버지여'라고 부를 때, 부른 사람 역시 눈에는 보이지 않는 하나님 아버지의 나라, 하나님 나라의 국적 보유자임을 선언하게 되는 것이다. 다윗의 나라, 솔로몬의 나라, 블레셋 사람들의 나라 등 눈에 보이는 국적은 거기서 사라지게 된다.

이렇게 하여 모든 사람들은 형제가 되는 것이다. 우리들의 하나님 아버지가 되는 동시에 사마리아인도, 유대인도, 이집트인도 달리 없고 모든 사람들이 형제가 되는 것이다.

사(赦)하여 주고
화평을 빌며
사랑하라.
하나님 나라가 가까이 왔느니라.

후대에 와서 주기도문이라고 불리게 되는 이 기도는 이미 초기 그리스도교의 주일(새로운 안식일로 정한 주 그리스도 부활의 날. 옛 가르침의 안식일보다 만 하루가 늦은 일요일) 집회당에 모인 형제들이 한마음으로 목소리를 합쳐 드리던 가장 중요한 행사였다.

카르타고(지금의 북아프리카 튀니지) 출신의 위대한 초기 교부(敎父)였던 테리티우리아누스(160~220)는 그의 『기도에 대하여』에서 "주일 기도는 참된 의미에서 전 복음의 요약이다. 여덟 복의 헌장 중의 헌장이다"라고 말하고 있다.

복음의 선구인 옛 언약시대에서도 하나님이 아버지임을 언급한 계시가 있었다. 원래 이집트 제19왕조 람세스 2세 때 이집트에 살고 있던 이스라엘 열두 지파 자손들이 고역을 견디다 못해 마침내 지도자 모세에게 이끌려 출애굽의 대장정에 나서게 된 발단은 하나님이 모세에게 내린 계시였다 (『성서 이야기』 구약편 참조).

> 너는 바로에게 이르기를
> 여호와 말씀에
> 이스라엘은 '내 아들, 내 장자'라.
> 내가 네게 이르기를
> '내 아들'을 놓아서
> 나를 섬기게 하라 하여도
> 네가 놓기를 거절하니
> 내가 네 아들, 네 장자를 죽이리라 하셨다 하라.
> • 「출애굽기」 4 : 22~23

그러나 이 계시 전후에 기록되어 있는 하나님의 말씀을 읽어보면 아버지와 아들의 관계 설정이 유일절대 존재와 한계 가운데 헤매는 우유(偶有) 존재와의 관계임을 분명히 밝히고 있다. 또 이스라엘 민족을 '장자'라고 부른 것 자체가 장자(당시 언어로 장자는 첫아이를 뜻한다) 다음에는 수많은 아들이 줄을 잇고 있음을 시사하는 것이라고도 볼 수 있다.

아버지로서 하나님의 마음은 어떤 것일까는 다만 때가 찼을 때 오실 기름 부음을 받은 자에 의해서만 알려지게 되는 것이었다.

> 태초에 말씀이 계시니라.
> 이 말씀이 하나님과 함께 계셨으니
> 이 말씀은 곧 하나님이시니라.
> 말씀이 육신이 되어
> 우리 가운데 거하시매
> 우리가 그 영광을 보니
> 아버지의 독생자의 영광이요
> 은혜와 진리가 충만하더라.
> 은혜와 진리는
> 예수 그리스도로 말미암아 온 것이라.
> 본래 하나님을 본 사람이 없으되
> 아버지 품 속에 있는
> 독생하신 하나님이 나타내셨느니라.
> •「요한복음」 1 : 1~18

또한,

> 내가 아버지의 이름(아람어 발상법에서는 이름이 그 사람 자체, 본질을 가리킨다)을
> 저희에게 알게 하였고
> 또 알게 하리니
> 이는 나를 사랑하신 사람이 저희 안에 있고

나도 저희 안에 있게 하려 함이니이다.
• 「요한복음」 17 : 26(최후의 만찬에서 예수의 기도)

나타내어 알게 한 것은 죽지 않는 생명이었으며 그 생명은 넘치는 사랑
이었고 그 사랑의 참가를 구원이라고 부르는 것이었다.

오늘날 우리가 우리에게
죄지은 자를 사하여 준 것같이
우리의 죄를 사하여 주옵시고…….

하나님 아버지의 사하심은 이미 그리스도라는 형태로 '미리' 주어졌던 것
이다. '그러므로' 서로 용서하라…….
아버지의 마음을 아는 어린 아들의 순진한 기도는 이것을 가르쳐 주었다.
사실 예수는 제자들과 한번은 이렇게 말한 적이 있다.
"진실로 너희에게 이르노니 너희가 돌이켜 어린아이들과 같이 되지 아니
하면 결단코 천국에 들어가지 못하리니……."(마태복음 18 : 3)
예수는 어린아이가 순진무구한 천사라고 말한 것이 아니었다. 사람의 마
음속에 무엇이 있는지를 아는 그는 어린아이 역시 죄인임을 알고 있기 때
문이다. 어린아이에게도 잔학한 마음이나 심술을 부리고 싶은 욕망이 있음
을 알고 있었다. 그가 '어린아이들과 같이'라고 말한 뜻은 어린아이는 누가
가르쳐 주지 않더라도 자신의 불완전성을 알고 있다는 올바른 자기인식을
가리킨 것이 아니었을까. 또 과거에 얽매이지 않고 과거의 경위에 마음 끌
리기보다는 유일한 리얼리티인 현재에 몰두할 수밖에 없는 어린이들의 특
질을 가리킨 것인지도 모른다.
"이것도 아니고 저것도 아닌……그 녀석이 하는 일, 지금 그렇게 하고 있
지만 그의 본심을 어떻게 안담? 그렇다면 적당히 얼버무려 두는 게 상책"이

라는 식의 어른들의 추측과는 거리가 먼 어린이들의 외곬을 가리킨 것이 아닐까.

내일이 아니라, 또 그 녀석이 친절해진 뒤가 아니라, 나와 의견이 일치되고 나서도 아닌 '지금' 용서하라. '지금' 형제로 인정하라. '지금' 아버지를 우러러보라. '지금' 놀이에 몰두해 있는 상대가 어제 어떠한 태도를 취했는지에 대해서는 잊어버리고 있는 어린아이처럼 뒤에는 신경쓰지 않고 오로지 앞만 보는 동심의 본질을, 그리고 또 놀이에 열중하다가 엎어져 다치기라도 한다면 전폭적인 신뢰를 가지고 부모를 찾는 위탁의 동심을 예수는 요구했을 것이다. 그러므로 그는 이렇게 말했다.

> 천지의 주재이신 아버지여
> 이것(천국)을 지혜롭고 슬기 있는 자들에게 숨기시고
> 어린아이들에게는
> 나타내심을 감사하나이다.
> •「누가복음」 10 : 21

지혜롭고 슬기 있는 자는 『팡세』에서 파스칼이 말한 철인(哲人), 학자, 문인들을 가리킨다. 책상에서 학문과 문장과 철리(哲理)를 통해 냉담하게 침묵하는 논리의 신을 지혜롭게 만들어내는 사람들을 말한다. 그러한 사람들은 예수시대에도 있었다. 셀 수 없을 만큼 많았다. 율법학자, 바리새파 등으로 불리는 사람들이었다. 우리시대에도 역시 수도 없이 볼 수 있다.

그들에게는 한 가지가 빠져 있었다.

어린이의 마음, 어린아이처럼 되려는 마음이 결여되어 있었다. '하나님 아버지여!'라고 부르짖는 마음의 외침, 그것이 결여되어 있었다.

제3장 **씨 뿌리는 사람**

## 1. 백부장

여덟 가지 복을 처음 말한 그날 오후.

보다 자세히 말하자면 서기 28년 6월말(성서고고학설에 따름)의 오후. 사도 열두 명과 그를 좇는 무리에 싸여 예수는 산상에서 가버나움으로 돌아왔다.

교역과 교통의 요충. 바쁘게 돌아가는 떠들썩한 가버나움의 호반에서 약간 돌아앉은 곳에 로마 점령군 분대(分隊) 막사가 늘어서 있었다. 분대 규모는 작았다. 일단 '일'이 벌어지면 남쪽으로 약 20킬로미터 지점에 있는 갈릴리 주 군사행정의 중심지인 테베(티베리아)에 주둔하고 있는 주력부대가 출동할 때까지 시간을 버는 것이 그들의 주임무였다. 그 때문에 가버나움 분대는 가버나움과 근교의 일상적인 질서유지에 전력을 쏟았다. 주둔병력은 로마 군대의 관습상 최소 단위인 100명이었다. 그래서 분대장은 백부장이라고 불렸다.

그 지역 주민은 비록 이방의 지배에 대해 반발심이 없는 것은 아니었으나 적지 않은 만족감을 느끼고 있었다. 현재의 백부장이 오만불손한 로마인으로서는 드물게도 인간미가 넘치는 사람이기 때문이었다. 그는 문명적으로 낙후된 열악한 지역민의 종교와 습관을 다른 로마 군인처럼 멸시하지 않았다. 오히려 로마의 다신교와는 전혀 다른 엄격한 일신교에서 진리를 찾을 정도였다. 거느리고 있는 지역민을 오만하고 냉담하게 노예처럼 부리지도 않았다. 대등한 인간으로서 그들을 대했다. 말하자면 백부장은 로마 이외의 다른 문명과 다른 민족을 나름대로 평가할 수 있는 넓은 시야를 가진 군인이었던 것이다. 그러므로 그는 가버나움 사람들이 회당을 신축하려는 계획을 가지고 있음을 알자, 허가뿐만 아니라 적극적인 원조를 아끼지 않았다. 인기를 끌기 위한 것이 아니라——사실 강력한 로마로서는 인기 따위에 신경을 쓸 필요가 없었다——백성들의 소박한 꿈을 자기 일처럼 생각하여 꼭 이루어지게 하고 싶었던 것이다. 이렇게 해서 이교도 로마의 백부장은 갈릴리 사람들의 사랑과 존경을 한몸에 받는 존재가 되었다.

벽이라기보다는 뜨거운 햇볕을 차단하는 장치라고 하는 게 더 잘 어울릴 두꺼운 돌벽의 관사 안쪽. 찌는 듯한 그날 오후, 백부장은 울적한 마음을 달랠 수가 없었다. 특별히 아끼는 하인의 병이 요며칠 사이에 급속하게 악화되었기 때문이다. 강력한 바이러스성 풍토병(「마태복음」에는 중풍으로 나와 있음-옮긴이)으로 보였다. 병은 고비를 맞고 있었지만 의사들 말로는 이 고비를 넘기지 못할 것이라고 말했다. 시원한 계절이었다면 환자가 저처럼 괴로워하지 않고 끝날 수도 있으련만……, 백부장은 이미 죽음의 그림자가 드리워진 병상의 하인을 둘러볼 뿐 달리 손쓸 방법이 없었다.

그는 질서와 보안의 책임을 맡고 있어 관할지역 내의 모든 동태가 그에게 수시로 보고되었다. 환자 생각으로 마음이 무거운 것은 사실이지만 공무는 공무여서 잠시도 자리를 비울 수 없었다.

"오후에 들면서부터 가버나움이 시끄러워지고 있습니다."

보안 당번병이 급히 알려왔다.

"그러나 별일 없을 게야. 예수가 제자들과 함께 왔기 때문에 일어난 소동이니까…… 예수의 얼굴을 한번 보고 싶다, 그의 말을 듣고 싶다, 하고 몰려든 사람들이니까 그냥 따라다니기만 할 게야."

백부장을 비롯하여 로마 병사들에게도 나사렛 목수 예수의 이름은 이미 낯선 것이 아니었다.

작년이었던가? 아니면 올해 들어서였던가?

백부장은 피로에 지친 무거운 마음으로 생각에 잠겨들었다.

집을 옮기거나 다른 마을로 이사가는 것이 극히 드문 갈릴리에서 어떻게 된 일인지 태어난 고향 나사렛을 떠나 이곳 가버나움 한구석으로 옮겨와 가난하게 살고 있는 사람이 있었다. 보안 책임자는 주민의 이동을 완전히 파악하고 있어야 한다.

"이름은?"

"예수."

"직업은?"

"목수."

백부장의 물음에 담당자는 그렇게 조사결과를 보고했다.

한동안 동정을 지켜보았다. 은밀히 신변조사도 해보았다. 유대 독립운동의 급선봉인 열혈당의 공작원일지도 모른다는 생각에서였다. 그러나 조사 결과, 그는 정치적 인물은 아닌 것 같다는 결론을 내렸다.

그 남자는 겨울 어느 날, 여장을 챙겨 남쪽으로 길을 떠났다.

예수라는 이름이 새삼스럽게 백부장과 휘하 군인들의 귀에 들려와 특별한 인상을 심어 주게 된 것은 이른 봄에 접어들고서였다. 예루살렘 성전에서 제사장, 율법학자를 상대로 당당하게 맞섰던 일, 사람들에게 세례를 주기 시작하고 많은 사람들의 병을 고쳐 주었다는 것, 애통하는 사람들의 친구가 되어 가난한 사람들의 존경을 한몸에 받고 있다는 것 등을 듣게 된 것이었다.

치안당국자의 한 사람으로서 백부장은 그러한 소문을 그냥 흘려버릴 수 없었다. 정보를 가능한 한 많이 모으는 한편, 예수의 가르침의 내용을 분석해 보기도 했다. 백부장이 마음속으로 내린 결론은 '위험인물은 아니다'라는 것이었다. 수집된 정보에 따르면 내셔널리즘에 빠져 있는 유대 사람에게는 눈길조차 주지 않을 뿐만 아니라 이방 사마리아에서 '하나님은 유대 민족만의 하나님이 아니다'라고 가르치고 있는 그가 위험인물일 까닭이 없었다. 안식일의 터부를 깨뜨리는 행위도 서슴지 않음으로써 스스로 위험을 초래하면서까지 괴로움에 싸인 사람들을 고쳐주는 사람이 어떻게 불온분자일 수가 있는가.

그런 모든 것을 되새겨보던 백부장은 문득 한 가지 생각이 번개처럼 뇌리를 스치고 지나감을 느꼈다. 그는 무릎을 치면서 예수가 지금 여기 와 있는 것은 하늘의 배려라고 감격해하는 사람들을 머리에 떠올렸다.

"그렇다! 병든 하인을 구해줄지도 모른다. 아니, 반드시 고쳐줄 것이다. 나는 로마인, 이방인이지만 예수 자신은 사마리아조차 차별하지 않았다지 않는가! 이방 로마인. 아, 내 소망도 들어줄 것이다!"

믿음이. 예수가 단 하나의 기본적 조건으로 제시하고 있는 믿음이 그의 마음속에서 싹트고 있었다.

백부장은 서둘러 일어섰다. 어둡던 표정도 싹 가셔 있었다. 실질적이며 세련된 문명국 로마인답게 서둘러 취해야 할 수단 하나하나를 머릿속으로 점검해 보기까지 했다.

백부장은 이렇게 생각했다.

'나는 신분이 낮은 일개 하급장교에 지나지 않는다. 상대가 신분을 따지는 사람은 아니겠으나 상대에게 걸맞는 사자(使者)를 보내자. 이 지역 장로에게 부탁하는 것이 적합할 것이다. 회당 건설 때 친해진 장로에게 모든 것을 털어놓자. 그 장로는 예수와 대립하고 있는 것으로 알려진 율법학자

나 제사장파가 아니지 않는가……'

그는 급한 사적 용무가 생겼다고 부하에게 알린 다음 뜨거운 햇볕 속을 거의 달리다시피하여 장로 집을 찾아갔다. 점령군의 책임자가 지역민의 집을 찾아가는 것은 규칙에 어긋나는 일이었다. 무슨 일인가 하고 깜짝 놀라던 장로는 자세한 이야기를 듣고는 머리를 주억거렸다. 장로는 최선을 다해 보겠다며 즉시 발목까지 내려오는 긴 흰옷을 펄럭이면서 집을 나섰다. 마을의 중심부로 달려가는 장로 뒤에는 흙먼지가 자욱하게 일었다.

이방·이교도에게 읽히기 위해 펜을 든 복음사가 누가는 아주 자세하게 이 부분을 묘사하고 있다.

누가로서는 "이 세상의 국적은 이미 사라졌다. 하나님 나라에서는 마음의 국적만이 의미를 가진다"고 가르친 산상수훈 직후에 일어난 이 사건을 그 설교의 가장 구체적인 표현으로 받아들였고 또 그렇게 생각했던 것이다(누가복음 7).

중앙의 한 인물을 중심으로 시간이 갈수록 늘어나는 군중들이 좁은 길을 메우고 있었다. 이리저리 움직이는 그 무리를 헤치고 장로는 가까스로 군중 한복판에 자리잡고 있는 인물에게로 다가갈 수 있었다. 장로는 그 사람 앞에 엎드리면서 입을 열었다. 자신이 어떻게 말해야 할지는 달려오면서 이미 생각해 두었던 것이다. 환자의 용태를 먼저 자세하게 말한 다음, "간절히 구하여 가로되"(누가복음 7 : 4)라고 누가는 적고 있다.

"이 일을 하시는 것이 합당하나이다. 저가 우리 민족을 사랑하고 또한 우리를 위하여 회당을 지었나이다."

"가보자!"

예수는 한마디로 응낙했다. 환희에 젖어 계속해서 머리를 조아리는 장로의 안내를 받으면서, 또 새로운 구경거리가 생겼다면서 흥분한 무리에 싸여 예수는 병영 막사가 모여 있는 곳으로 걸음을 재촉했다. 장로와 함께 왔던 이들 중의 한 사람이 백부장에게 알리려고 한걸음 먼저 달려갔다.

"오시고 계세요! 저기, 저기 오시고 계세요!"

로마 권위의 대행자인 백부장은 신앙의 빛을 향해 지금 이 순간 어린아이처럼 겸허해졌다. 저 유명한 예수를 한번 보고 싶다, 우리 집에 모시고 싶다는 호기심이나 자랑 따위는 이미 그의 마음속에서 사라지고 없었다. 그는 마침 함께 있던 사람에게 간원했다.

"마중을 좀, 내 대신 마중을 좀 나가 주시오. 가서 내 말 한마디, 잘 들으시오, 한마디 한마디를 그대로 그분에게 전해 주시오."

알았다면서 그 사람 역시 장옷자락을 걷어올리고 달려나갔다. 이미 중간쯤 와 있던 예수 앞에 엎어지듯이 엎드리면서 그는 백부장의 말을 분명하게 전했다

"백부장이 이렇게 말씀하셨소이다. '주여, 이것으로 충분합니다. 여기서 걸음을 멈추어 주십시오. 내 집으로 모시기에는 내가 너무도 미거합니다. 한마디, 단 한마디만, 병이 낫는다는 한마디만 해주십시오! 종은 그 한마디로 병이 나을 것입니다.

왜냐하면, 상사를 모시고 있는 나처럼 미거한 자도 휘하의 병사에게 가라고 명령하면 그 병사는 명령한 대로 움직입니다. 나처럼 못난 자의 말도 그런 힘을 가지고 있는데, 주님의 말씀이야 얼마나 큰 힘을 가지고 있겠습니까?'"

'말씀이 하나님과 함께 계셨으니, 이 말씀이 곧 하나님이시라. 만물이 그로 말미암아 지은 바 되었으니.'(요한복음 1:1)

살아 있는 '말씀'이 하시는 말씀의 창조력을 분명히 믿은 최초의 인간은 가버나움 분대의 로마인 백부장이었던 것이다. 침묵함이 없는 말씀, 생명이 넘치는 말씀, 그 입으로 나오는 살아 있는 말씀, 병을 낫게 하는 말씀.

"예수께서 들으시고 저를 기이히 여겨"라고 누가도 마태도 한결같이 적고 있다. 자신의 본질을 거기까지 추구하면서 거기까지 그 본질을 믿은 이교도 로마 장교에게 그는 감탄한 것이었다. 감탄한 예수는 자기를 좇고 있

는 엄청난 무리를 향해 목소리를 높였다.

　　내가 너희에게 이르노니
　　이스라엘 중에서도
　　이만한 믿음을 만나보지 못하였노라.
　　이 위대한 신앙자를 선구로 하여
　　해돋는 곳에서부터
　　해지는 곳에 이르기까지
　　땅끝에서 끝까지
　　믿음의 사람들이 일어날 것이다.
　　아브라함과 이삭과 야곱과 함께
　　영원의 하나님
　　기쁨의 잔치로 이어지는(당시 유대민의 독특한 표현. 구제·성취의
기쁨이라는 뜻) 자들이
　　동에서, 서에서
　　여러 나라에서 일어나 나타날 것이다.
　　그러나, 그러나
　　아브라함의 지상의 국적에
　　속하는 많은 사람들은
　　이 지상의 국적에 얽매여 있기 때문에
　　얽매여 믿지 않기 때문에
　　기쁨에서 쫓겨날 것이다.
　　바깥 어두운 데 쫓겨나
　　거기서 울며 이를 갊이 있으리라.

말을 마친 예수는 발밑에 엎드려 있는 사자에게로 눈길을 돌리면서 조용

히 입을 열었다.

"가라. 가서 백부장에게 이르라. '네 믿은 대로 될지어다'라고."

사자가 기쁨에 겨워 허둥지둥 백부장에게로 달려갔을 때 집안 분위기는 조금 전과 완전히 달라져 있었다. 어두운 그림자 대신에 기쁨과 놀라움에 덮여 있었다. 병든 하인이 완전히 자리에서 털고 일어났던 것이었다.

예수를 감탄시켰던 백부장의 그 말은 그 뒤 2천 년 동안, 오늘에 이르기까지 동쪽 끝에서 서쪽 끝에 이르기까지 여러 나라 곳곳의 믿는 사람들의 입에서 떠날 날이 없이 이어지고 있다.

"주여, 내 집에 들어오심을 나는 감당치 못하겠사오니 다만 말씀으로만 하옵소서. 그러면 내 하인이 낫겠삽나이다."

이 사건을 계기로 국경과 민족을 초월하여 그 넓이를 더욱 확대한 복음의 지평선은 예수의 다음 행동에 의해 죽음이라는 생명계의 한계를 초월하여 더욱 넓혀지게 됨을 보여준다.


## 2. 나인과 그 뒤

그것은 나인(지금도 옛 모습 그대로 나사렛 동남쪽, 제벨 도이의 기복심한 언덕 위에 남아 있다.)이라는 마을에서 일어난 사건이었다. 언제나 마찬가지로 몰려든 무리에 둘러싸여 예수는 제자들과 함께 그 마을 어귀 문 있는 곳까지 오게 되었다. 백부장의 하인을 낫게 한 사건이 있은 며칠 뒤였다.

모든 마을에는 출입하는 문이 있었다. 문은 경비를 위한 것이기도 했지만 여기서부터 사람이 사는 마을이라는 것을 낯선 나그네에게 알리는 표지이기도 했다. 문과 또 문에 이어진 마을과 도성의 성벽은 그 안에 사는 사람들의 나날의 생명을 지켜주는 증거가 되기도 했다. 왜냐하면 문 안에는 만민과 그들의 가축이 목숨을 이어가는 데 필요불가결한 수원인 우물이 있기 때문이었다. 그러고 보면 상징적인 의미에서 볼 때 문이 '삶'에 이르는, '삶'을 지켜주는 유일한 안전지대임을 알려주는 표지가 되는 것이다. 예수가 나중에 "내가 문이니"(요한복음 10 : 9)라고 한 말에도 이런 의미가 함축되어 있다. 다시 말하면 문 안에 있는 자는 '살아 있는 자'이며 살아 있는 자의 줄을 떠나 죽은 자의 패거리로 들어가는 사람은 문 밖에 있는 묘지로 가기 때문에 문을 '나서다'라고 한다.

그날, 예수와 그 일행은 나인 마을의 문 앞에서 그 문을 영구히 나서게 된 장례행렬과 마주쳤다. 죽은 소년을 멘 자들을 앞세운 마을 사람들이었다.

영접의 문으로 떠나보내는 마지막 길을 위해 가난한 살림을 털어 순백의 베옷으로 소년의 주검을 싼 유족이라곤 첫눈에 봐도 의지할 데 없는 과부 어머니뿐이었다. 폭서의 땅. 그것도 한여름이었다. 모든 희망을 걸었던 나이 어린 외아들의 주검에 마지막 작별을 고할 여유도 없었다. 부패하기 전에 서둘러 갖다 묻으라는 이웃과 장로들의 불 같은 재촉에 쫓겨 지금 막 문을 나서려는 아들의 주검에 매달려 어머니는 눈물을 주체하지 못했다.

예수는 문 옆에 서서 그 어머니의 모습을 응시하고 있었다. 그 과부 어머니를 예수가 '불쌍히 여겼다'고 누가는 기록하고 있다. 누가는 그의 복음서 제7장 13절의 이 부분에서 비로소 예수를 가리켜 '주님'이란 단어를 사용하고 있다(다른 사람이 예수를 향해 '주님'이라고 부른 경우의 묘사는, 예를 들면 5장 8절에 나오고 있으나 누가 자신이 예수를 '주님'이라고 부르는 것은 7장 13절이 처음이다). '주님'이란 옛 언약의 문서인 구약을 통해 '절대 존재인 유일한 자'(여호와)의 호칭으로 쓰인 특수한 말이다. 그것은 주인의 '주'(主)가 아니며 손위의 스승을 부르는 말도 아닌 것이다.

나는 스스로 있는 자니라.

(내 이름은 존재. 한때 나타났다가 사라지는 우유[偶有]와는 본질적

으로 다른 '절대', 언제나 있는 자.)

　스스로 있는 자가 나를 너희에게 보내셨다 하라.
　　•「출애굽기」 3 : 14


　여호와는 나의 빛, 나의 구원이시니
　내가 여호와(주님)께 청하였던 한 가지 일……
　내 생전에 여호와(주님) 집에 거하여…….
　　•「시편」 27편


　절대존재이기 때문에 죽음이라는 한계에 둘러싸여 있는 우유존재의 죽음의 벽을 부활의 이름으로 깨뜨릴 수가 있는 것이다. '그러므로' 예수는 '주님'임을 의사였던 누가는 이 부분에서 독자들에게 강조하고 있다.

　"주께서 과부를 보시고 불쌍히 여기사 울지 말라 하시고 가까이 오사 그 관에 손을 대시니 멘 자들이 서는지라. 예수께서 가라사대 청년아, 내가 네게 말하노니 일어나라 하시매 죽었던 자가 일어나 앉고 말도 하거늘 예수께서 그를 어미에게 주신대……."(누가복음 7 : 13~15)

　아득한 옛날 선지자 엘리야도 사르밧 과부의 외아들을 죽음에서 되불러 살린 일이 있다(『성서 이야기』 구약편 참조). 그러나 엘리야는 그때 "내가 말하노니, 일어나라"라고 말하지는 않았다. "나의 하나님 여호와여 원컨대 이 아이의 혼으로 그 몸에 돌아오게 하옵소서"(열왕기상 17 : 21)라고 빌었던 것이다.

　누가는 또 옛 시대에서 부활의 첫 희망을 알린 선지자 에스겔을 생각했는지도 모른다.


　여호와께서 권능으로 내게 임하시고
　그 신으로 나를 데리고 골짜기 가운데 두셨는데

거기 뼈가 가득하더라.
그가 내게 이르시되
인자야, 이 뼈들이 능히 살겠느냐?
하시기로 내가 대답하되
주 여호와여, 주께서 아시나이다.
또 내게 이르시되
너는 이 모든 뼈에게 대언하여 이르기를
너희 마른 뼈들아 여호와의 말씀을 들을지어다.
주 여호와께서 이 뼈들에게 말씀하시기를
내가 생기로 너희에게로 들어가게 하리니
너희가 살리라.
이에 내가 명을 좇아 대언하니
대언할 때에 소리가 나고 움직이더니……
또 내게 이르시되
인자야, 너는 생기를 향하여 대언하라.
이에 내가 그 명대로 대언하였더니
생기가 사방에서부터 와서
그들에게 들어가매
그들이 곧 살아 일어나서 서는데 극히 큰 군대더라.
그러므로 너는 대언하여 그들에게 이르기를
내 백성들아 내가 너희 무덤을 열고
너희로 거기서 나오게 한즉
너희가 나를 여호와인 줄 알리라.
 •「에스겔」37 : 1~14


"청년아, 내가 네게 말하노니……"

스스로 있는 자의 생기로 청년은 다시 살아난 것이었다.

군중은 경악했다. 두려움에 떨면서 비명을 질렀다.

"하나님께서 우리를 돌아보셨다!('돌아보셨다'는 구약의 독특한 표현법으로 '힘을 가지고 중대한 때에 구원에 개입하다'라는 뜻이다—지은이) 큰 선지자가 우리 가운데 일어서셨다!"

이 사건은 금방 전 유대로 퍼져나갔다.

세례 요한의 제자들은 나인에서 있었던 예수의 소식을 가지고 옥에 갇혀 있는 그들의 스승을 찾았다. 세례 요한은 4월 이후 석 달이 넘도록 옥에 갇혀 있었다. 요단 강변에서의 만남 이후 충실하게 요한을 따르고 있는 그들은 내심 무척 괴로웠다. 어쩌면 질투를 느끼고 있었는지도 모른다. 스승으로 우러러 모시는 세례 요한은 옥에 갇혀 있을 뿐만 아니라 요단 강변에서 들려주고 보여주었던 매력 넘치는 행동도, 말씀도 지금은 금지당한 채 잊혀지고 있는데 예수의 평판만은 좋든 나쁘든 간에 곳곳에서 폭풍처럼 일고 있었기 때문이었다.

"나인에서 또 이런 사건이 있었습니다."

마음속의 괴로움이 그대로 나타난 얼굴로 소식을 알려주는 제자들을 세례 요한은 한동안 물끄러미 바라보았다.

"그는 번창하고 나는 다만 그의 전구(前驅)라고 그처럼 강조했는데도 너희는 아직도 깨닫지 못하고 있느냐."

성질이 격렬한 요한은 속이 상하였다. 그러나 한편으로는 왕의 심기를 거스르는 바람에 옥에 갇힌 자기를 이처럼 찾아와 일일이 의견을 구하는 젊은이들에게 한없는 사랑을 느꼈다. 어떻게 하면 깨달음이 더딘 이들에게 스승인 자기나 그들 자신이 우러러 받들어야 할 사람은 단 한 사람뿐임을 알게 할 수 있을까, 생각에 생각을 거듭해 보았다. 시기심과 괴로움 때문에 이들 젊은이들은 예수에게 접근하는 것조차 피하고 있었다. 곧 만나게 해

주어야겠다고, 예수의 풍모에 접할 수 있도록 기회를 마련해 주어야겠다고
세례 요한은 결론을 내렸다.

"가라, 예수에게로. 세례 요한이 이렇게 묻더라고 말씀드려라. '오실 그
이가 당신이오니이까? 우리가 다른 이를 기다리오리이까?'라고."

여름철, 풀이 우거진 멀고 먼 길을 걸어 세례 요한의 제자들은 스승의 물
음을 전하러 갈릴리로 향했다. 그 물음 뒤에는 예수가 메시아 그리스도임
을 어찌하여 좀더 명확히 공언하지 않고 있느냐 하는 세례 요한의 성급한
초조감이 숨겨져 있음을 제자들은 모르고 있었다.

예수의 소재만큼 찾기 쉬운 것도 없었다. 특히 최근 며칠 동안의 그의 행
동은 병자를 낫게 하고 장님의 눈을 뜨게 하고 미친 사람을 고치는 것에 집
중되어 있었기 때문에 더욱 찾기 쉬웠다. 나인에서 일어난 소식을 듣고 앞
을 다투어 사람들이 그에게로 몰려들고 있었다. 세례 요한의 제자들은 며
칠 뒤 엄청난 군중을 헤집고 예수와 마주할 수 있었다. 젊은이다운 당돌함
으로 그들은 스승의 물음을 전했다. 예수는 그 자리에서 그 간단한 물음에
함축되어 있는 세례 요한의 속셈과 소망을 읽어내었다.

"그렇다면……."

예수는 젊은이들을 향해 입을 열었다.

"너희가 와서 보고 들은 것을 요한에게 고하되 '소경이 보며, 앉은뱅이가
걸으며 문둥이가 깨끗함을 받으며 귀머거리가 들으며 죽은 자가 살아나며
가난한 자에게 복음이 전파된다'(이사야 26 : 19 ; 29 : 18~19 ; 35 : 5~
6 ; 61 : 1~2) 하라. 누구든지 나로 인하여 실족하지 아니하는 자는 복이
있도다."

예수가 인용한 대예언자 이사야의 노래는 전통적으로 특히 메시아니크
(messianic : 구원을 기다린다) 노래로 지정되어 있다. 다시 말하면 '오실
이'의 본질에 대한 예언이다. 젊은이들도 그것을 어릴 적부터 마음속에 깊
이 새기고 있었기 때문에 잘 알고 있었다. 그러므로,

"오실 그이가 당신이오니이까?"
라는 물음에 예수는,

"그렇다!"
고 대답한 것이나 다름이 없었다.

옥에 갇힌 스승에 대한 간절한 마음으로 예수를 피해온 젊은이를 포함하여 보면서도 보지 못하는 장님이 된 마음에 대한 경고와 들으면서도 듣지 못하는 귀머거리 영혼을 향한 훈계를 담아 예수는 대답했던 것이다. '나로 인하여 실족하지 아니하는 자는 복이 있나니'에는 그러한 뜻이 담겨 있었다. 그것은 또 장래에 대한 포석이기도 했다. 골고다 언덕의, 어쩌면 모순의 극치로 보이는 사건에 의해 '잘못 볼 위험이 크다, 마음을 가다듬어라'라는 경고가 담겨 있는 것이었다.

젊은이들은 대답을 가지고, 아마도 마음의 동요를 느끼면서, 그랬구나 하며 스스로를 달래면서 왔던 길을 되짚어 걸음을 재촉했다. 그들을 떠나보낸 뒤 예수는 몰려든 군중을 향해 입을 열었다.

"너희는 무엇을 보려고 광야에 나갔더냐? 바람에 흔들리는 갈대냐? 그러면 너희는 무엇을 보려고 나갔더냐? 부드러운 옷 입은 사람이냐? 보라, 화려한 옷 입은 자는 왕궁에 있느니라. 그러면 너희는 무엇을 보려고 나갔더냐? 선지자냐? 옳도다. 내가 너희에게 이르노니 선지자보다도 나은 자니라. 기록된 바,

보라, 내가 내 사자를
네 앞에 보내노니
그가 네 앞에서 네 길을 예비하리라.

선지자 말라기가 말한 것이 이 사람에 대한 것이라. 내가 너희에게 말하노니 여자가 낳은 자 중에 요한보다 큰 이가 없도다. 그러나 하나님의 나라에서는 극히 작은 자라도 저보다 크니라.

좁은 문으로 들어가라.

오른손이 너로 실족케 하거든
찍어 내버려라.
그러나 이 세대 사람을 무엇에 비유할꼬?

무엇과 같은고? 비유컨대 아이들이 장터에 앉아 서로 불러 가로되 '우리가 너희를 향하여 피리를 불어도 너희가 춤추지 않고 우리가 애곡하여도 너희가 울지 아니하였다' 함과 같도다. 세례 요한이 와서 떡도 먹지 아니하며 포도주도 마시지 아니하매 너희 말이 귀신들렸다 하더니 인자는 와서 먹고 마시매 너희 말이 보라, 인자는 와서 먹고 마시기를 탐하고 포도주를 즐기는 사람이요, 세리와 죄인의 친구로다 하니 지혜는 자기의 모든 자녀로 인하여 옳다 함을 얻느니라. 깨달음이 더딘 자들은 보라, 하나님의 지혜는 행하여진 행위와 이적으로 뒷받침되느니라. 그러므로 행위와 이적을 보고도 모른 척하기로 마음을 정한 성읍(城邑)들은 화가 있을지라. 화가 있을진저, 가버나움이여 화가 있을진저. 고라신(가버나움 인근 마을, 많은 병자를 낫게 한 곳)아, 화가 있을진저. 벳세다여, 타락과 허식의 마을이라고 너희가 고발하는 이방 베니게(페니키아)의 상업도시 두로와 시돈이 너희 마을에서 행한 하나님의 이적을 보았다면 베옷을 입고 지난날을 뉘우치면서 마음을 새롭게 했을 것을……. 보고도 보지 못하는, 보고도 못 본 척하는……."

차츰 슬픔에 젖어들던 예수의 목소리는 여기서 일변하게 된다. 마치 빛이 마음을 꿰뚫어 비추고 있는 것처럼 그의 목소리에는 희열이 넘쳐 흘렀다. 그는 하늘을 우러러 목소리를 높였다.

"천지의 주재이신 아버지여, 이것을 지혜롭고 슬기 있는 자에게는 숨기시고 어린아이들에게 나타내심을 감사합니다. 옳소이다. 이렇게 된 것이 아버지의 뜻이니이다.

내 아버지께서 모든 것을 내게 주셨으니 아버지 외에는 아들을 아는 자가 없고 아들과 또 아들의 소원대로 계시를 받은 자 외에는 아버지를 아는 자가 없느니라."
　아들과 아버지.
　아버지와 아들.
　그 사이에 살아 있는 실존으로서의 상호지식과 상호인식, 그것을 예수는
소리 높여 희열에 넘쳐 외치고 있는 것이다. 삼위일체 하나님의 제2위의
관계를(남은 제1위에 대해 마침내 그가 언급하기 시작하는 것은 지상최후
의 저녁을 맞고 나서부터이다)……. 그가 계속 강조하고 있는 것은 그(예
수)를 길로 삼아 그 관계 안에 참가하는 것이 바로 구원이라는 사실이었다.
　다시 말하면 구원은 넘치는 하나님의 생명으로 '들어가는' 것이라는 사실
이다. 그렇기 때문에 구원을 말하기 직전 예수는 죽음과 질병 등 생명이 아
닌 것으로부터 사람들을 생명으로 되불러들여 보여준 것이었다.
　그러나 영원히 죽음을 모르는 생명에의 길, 다시 말하면 구원의 길은 삼
위일체의 제2위격, '아들'인 동시에 '인자'인 예수의 인식에서 비롯된다. 그
리고 그 인식은,

　　심령이 가난하고
　　어린아이와 같은
　　눈을 가져야만 가능한 것이다.
　　복이 있나니
　　마음이 청결한 자, 욕심에 어두워지지 않은 맑은 눈을 가진 자
　　그들은 하나님을 볼 것이다…….

　산상수훈의 후렴인 것이다.

　　복이 있나니
　　아버지여, 감사합니다.

그러나 후렴은 여기서 뉘앙스를 달리한다. 복을 알리면서 사람들을 복으로 인도해야 할 그가 온 것은 사람들이 복이 아닌 무거운 짐의 짙은 그림자에 너무도 짓눌려 있기 때문이 아니었던가. 가장 짙은 그림자, 무거운 짐은 죽음이었다.

거의 강제당한 것처럼, 어쩔 수 없이 부르짖는 것처럼 예수는 말을 이어갔다.

"수고하고 무거운 짐진 자들아, 다 내게로 오라. 내가 너희를 쉬게 하리라. 나는 마음이 온유하고 겸손하니 나의 멍에를 메고 내게 배우라. 그러면 너희 마음이 쉼을 얻으리니 이는 내 멍에는 쉽고 내 짐은 가벼움이라."

> (죽음의 원천인 죄가 들어온 날부터)
> 땅이 네게 가시덤불과
> 엉겅퀴를 낼 것이라.
> 네가 얼굴에 땀이 흘러야
> 식물을 먹고
> 필경은 흙으로 돌아가리니
> 그 속에서 네가 취함을 입었음이라.
> 너는 흙이니 흙으로 돌아갈 것이라.
> • 「창세기」 3 : 18~19

> 처녀가 잉태하여
> 아들을 낳으리니…….
> 흑암에 행하던 백성이
> 큰 빛을 보고…….
> • 「이사야」 9

깰지어다. 깰지어다
좋은 소식을 가져오는 자의 발이
어찌 그리 아름다운고!
모든 땅끝까지도
우리 하나님의 구원을 보았도다.
　•「이사야」 52

내게 기름을 부으사
마음이 상한 자를 고치며
포로된 자에게 자유를
갇힌 자에게 놓임을 전파하며.
　•「이사야」 61

왔다.
이미 와 있다.
여기에 와 있다.
'내게로 오라……'
죽음을 향해 '내가 명하노니'라고 말할 수 있는 내게로 오라!


### 3. 막달라의 잔치

　1959년 한여름의 어느 날 나는 가버나움에서 호수를 따라 서남쪽 20킬로미터 지점에 있는 티베리아로 갔던 일을 상기해 본다. 지난날의 회당이 있던 곳. 그 폐허를 나오자 녹색의 크고 작은 국자를 모아 바늘을 빈틈없이 꽂아 놓은 것 같은 대형 선인장이 빽빽하게 들어서 있는 절벽을 따라 뜨거운 흙길이 뻗어 있었다. (그로부터 벌써 15년. 그 언저리에 도시화가 착착 진행되고 있다는 소식을 듣고 있다. 선인장 길은 이미 없어졌는지도 모른다.)

왼편에 펼쳐져 있는 호수는 강렬한 햇빛 때문일까, 수면이 조금은 끈끈한 느낌을 주었다. 무수한 금가루를 공중에 뿌려놓은 것 같았다. 공중에서 넘실대던 그 금가루가 이윽고 아래로 떨어지면서 끈끈한 수면에 달라붙어 버리는 것이었다.

"막달라까지 가서 시원한 것이라도 마십시다."

냉방장치가 없는 구식의 대형 자동차 운전기사가 연신 땀을 훔치면서 말했다.

"꼭 절반을 온 셈입니다. 여기가 가버나움과 티베리아의 중간 지점입죠."

막달라는 로마 점령 시대의 북방 행정 중심지와 주둔군 분대 소재지의 중간 지점이었기 때문에 정치도시라기보다는 오히려 두 도시(행정 중심지와 주둔군 분대 소재지) 주민에게 생활필수품을 공급해 주는 기지(基地)의 성격이 강했다. 일상의 생활필수품과 좀처럼 입수할 수 없는 도시 취향의 물품을 가버나움에 공급하는 한편으로 분대에서 놀러나오는 병사들을 위한 가벼운 유흥장도 갖추고 있었다.

티베리아에 대해서는 막달라도 신경을 썼던 것 같았다. 티베리아가 행정 중심지이기 때문이었다. 주재하고 있는 로마인들도 가버나움의 로마인들과는 비교가 안되는 상류계층이었다. 더군다나 행정관료와 고급장교들도 막달라의 널찍한 백사장과 호수가 한눈에 들어오는 툭 터진 전망 때문에 너도 나도 앞을 다투어 몰려들었다. 별장을 겸해 주택을 구입하는 사람도 적지 않았다. 물자가 풍부한 것은 말할 것도 없고 그들 로마인들이 떨어뜨리는 돈도 엄청났다. 그 돈을 재원으로 깨끗하고 멋진 도시를 만들어 보자는 것이 그 지역 요인들의 생각이었다.

　사치로운 로마인을 상대로 하는 유흥시설이 촌스러워서야 말이 되는가. 시원한 그늘을 드리우는 시카모아 큰 나무를 심고, 황혼과 함께 호수에서 불어오는 바람을 가득 받아들일 널찍한 집을 여기저기 지어야 한다…….

　그런 저런 까닭으로 해서 막달라는 멋진 도시가 되었다. 풍요롭고 아름다운 도시였다. 그러나 그 아름다움과는 다른 얼굴도 필연적으로 갖추고 있었다. 이교·이방의 지배를 크게 신경쓰지 않을 뿐 아니라 엄격한 율법에 대해서도 역시 적당히 대처했던 것이다. 따라서 다른 도시의 사람들로부터 편리한 곳이란 말은 들었으나 존경은 받지 못했다. 오히려 이방에 아첨하는 사람들이라는 비난조차 받았다. 형식상으로는 율법학자, 바리새파로 대표되는 상류계층이 있기는 했다. 그러나 그들 역시 막달라의 주민인 이상 적당히 대처하는 학자였고 바리새파였다.

　막달라는 또 가나와 나사렛의 소식을 듣고 전하기 편리한 곳이기도 했다. 호수를 등지고 북으로 올라가면 고라신과도 가까웠다. 또 북쪽의 다볼산 기슭을 동으로 우회하면 나인으로도 쉽게 갈 수가 있었다. 그러므로 예수는 이곳을 자주 지나게 되었던 것이다.

　세례 요한의 제자들이 예수를 찾아온 것도 나인에서의 사건 며칠 뒤, 막달라를 중심으로 한 지역에서였다. 그러므로 그 직후 예수가 막달라에 모습을 드러낸 것은 아주 자연스러운 일이었다. 일부러 들른 것이 아니라 길목이었기 때문에 들르지 않을 수 없었던 것으로 생각된다. 그의 복음은 이곳, 가장 일반적인 의미에서 '속된' 도시에서도 되풀이되었다.

　청중 가운데는 시몬이라는 바리새파가 있었다. 예루살렘 바리새파가 차츰 경화되어 예수를 눈앞의 원수로 여기고 있음을 충분히 알고 있으면서도 이 마을의 적당주의에 젖은 바리새파답게 시몬은 그날 저녁 자기 집으로 예수를 초청했다. 예수에게 끌렸던 것일까? 그런지도 모른다. 그러나 사교적인 막달라 사람인 시몬은 흥취에 젖어 만찬회를 한번 멋지게 열어보고 싶었던 것이다.

"아, 그 유명한 예수 말이지? 그 사람과 저녁을 같이했지."

그렇게 사교계에 자랑하고 싶었기 때문이었다. 그 이상의 것을 시몬이 바라지 않았음은 「누가복음」의 한 장을 읽어보면 금방 알 수 있다(7장 36절 이하). 그는 스스로 초청한 예수를 아랫사람 다루듯 했다. 예의인 동시에 상식이기도 한 손님을 맞는 방식, 즉 길을 걷느라고 먼지투성이가 된 손님의 발을 씻을 물 대야도, 씻어줄 하인도 준비하지 않았던 것이다. 객실에 들어와 앉을 때, 손님은 신발을 벗어 맨발이 되기 때문에 더러워진 발을 먼저 씻어야 했다.

더군다나 빈객을 객실로 안내한 뒤에 최초로 해야 하는, 먼지와 땀으로 달라붙은 머리에 기름을 붓는 예절도 무시한 것이었다.

목수의 아들…….

그런 선입견이 이 도시의 유복하고 멋이 깃들어 있는 문화인의 마음속에 분명히 내재되어 있었던 것이다. 초청한 것만으로도, 이야기를 들어주는 것만으로도 파격적인 대우가 아닌가.

발 씻을 대야도 준비하지 않은 손님 대접은 대접 축에 끼이지도 못하는 것, 그러나 예수는 모른 척하면서 제자들을 데리고 호숫바람이 시원한 마루방으로 들어가 자리를 잡고 앉았다.

당시엔 의자가 없었다.

아주 야트막한, 겨우 방석 두 장을 겹쳐 놓은 높이의 허리걸이에 걸터앉든가, 같은 높이의 팔걸이에 팔을 걸치든가, 어느 쪽이 되었든 맨발을 바닥에 드러내지 않을 수 없었다. 이런 점을 이해하지 못하고는 다음 장면은 아주 부자연스러운 것이 되거나 불가능한 것이 되고 만다.

(이런 자세로 식사를 하므로 팔걸이에 기대고 다리를 뻗은 자세는 옆사람과 마주보게 되기 때문에 약간만 몸을 돌리면 머리가 자연스럽게 옆사람의 가슴을 파고들게 된다. 최후의 만찬 때 '주의 가슴에 요한이 기대었다'는 것은 우리가 생각하는 것처럼 일부러 그런 것이 아니라 다리를 뻗은 자세

의 요한이 예수 쪽으로 몸을 기대었다는 뜻일 뿐이다.)

처음부터 고압적이었던 시몬의 만찬은 어떻게 되었을까……. 어쨌든 잔치가 무르익기 전에 뜻밖의 사건이 일어났다. 프라이버시 따위는 처음부터 생각지도 않았던 당시 그 지방의 주택 구조상 잔치가 벌어지면 통행인을 비롯한 불청객들이 열어놓은 문으로 얼마든지 안을 들여다볼 수 있었으며 또 그렇게 하는 것이 극히 자연스러운 풍습이었다.

예수가 바리새파 시몬의 집에 와 있다는 말을 들은 여인이 하인들의 저지 없이 곧장 객실로 들어올 수 있었던 것도 그러한 풍습이 있었기 때문이었다.

호기심 많은 구경꾼과 다르다는 것을 바로 시몬이 눈치를 챈 것은 향유병을 든 한 여인이 어느 누구에게도 눈길을 주지 않은 채 곧장 예수 뒤편으로 다가가서 꿇어앉는 것을 보고서였다. 여인은 먼저 앨러배스터 향유병 주둥이를 손가락으로 눌러 열었다. 비싼 향유의 향기가, 주인인 시몬이 객실에 채워 넣었어야 할 그 향기가 방안에 넘실거렸다. 여인은 흐느끼고 있었다. 눈물샘이 터지기라도 한 듯 눈물이 뺨을 타고 한없이 흘러내렸고 발목까지 치렁치렁한 갈색 머리채는 흐느낌을 타고 물결쳤다.

"헌데……어디서 본 것 같은 여인이로군."

시몬은 여인을 한동안 바라보다가 이윽고 무릎을 치면서 말을 이어갔다. "그래, 그 여자다!"

유흥 도시인 이곳에서도 첫째, 둘째로 손꼽히고 있는 여인. 율법을 적당히 지키는 이곳에서조차 그녀의 품행과 행동에는 모두 눈살을 찌푸렸다. 그 때문에 몇 번인가 말썽이 되었던 여인. 남의 눈을 조금도 꺼리지 않고 제멋대로 행동하는 대가 센 여인. 막달라의 여인. 누구나 눈살을 찌푸리면서도 고개를 주억거릴 정도로 유명한 여인. 로마인 고급장교들과 자주 어울리는 여인.

그 여인이 지금 눈물을 비처럼 흘리며 그 눈물로 예수의 더러워진 발을 씻은 다음 긴 머리채로 닦아내는 것이었다.

예수는 꼼짝도 않고 다만 눈길을 돌려 여인을 흘낏 보았을 뿐이었다. 그러고 나서는 마치 아무 일도 없던 것처럼 여전히 접시의 음식을 집으면서 시몬에게로 시선을 돌렸다.

시몬은 입가에 냉소를 흘리면서 동석한 친구들과 눈길을 주고받았다. 일이 재미있게 되어간다, 예수가 어떻게 대응하는지 어디 한번 두고보자는 뜻이 담긴 눈짓이었다. 시몬이 먼저 입을 열었다.

"선지자라면, 평판대로의 선지자라면, 자칭하는 것처럼 선지자라면 지금 자기 발을 만지는 이 여자가 누구며 어떠한 죄인인지 알았을 것을……"

여인에겐 평소의 그 오만함이 눈곱만큼도 보이지 않았다. 오로지 눈물과 머리채로 예수의 발을 씻기는 데 정신을 쏟고 있을 뿐이었다. 예수의 발에 입을 맞추고(발에 입을 맞추는 것은 완벽한 존경의 표현이다) 시몬 정도의 사람들은 구경도 못한 비싼 향유를 아낌없이 붓는 것이었다. 제자들은 어안이 벙벙해진 듯 멍하니 바라보면서도 주인인 시몬의 냉소가 심상치 않음에 신경이 쓰이기 시작했다.

바로 그때 예수가 시몬을 향해 입을 열었다.

"시몬아, 내가 네게 이를 말이 있다."

여전히 냉소를 머금은 채 시몬이 대답했다.

"선생님, 말씀하소서."

"빚 주는 자에게 빚진 자가 둘이 있어 하나는 오백 데나리온을 졌고 하나는 오십 데나리온을 졌는데 갚을 것이 없으므로 둘 다 탕감하여 주었으니 둘 중에 누가 저를 더 사랑하겠느냐?"

시시한 질문이로구나! 시몬의 냉소는 더욱 크게 번졌다. 이런 정도의 사내였던가. 죄덩어리 같은 여인에게 발을 만지게 하더니 학문 깊은 사람을 상대로 이야기를 건다는 것이 시시하기 짝이 없는 것이나 물어보고…… 냉소에 쓴웃음까지 지어가면서 시몬은 만찬자리를 깨지 않으려는 한 가지 목적만으로 입을 열었다.

"제 생각에는 많이 탕감함을 받은 자니이다."

"네 판단이 옳도다."

예수는 맞장구를 친 다음 아직도 눈물을 흘리고 있는 여인을 돌아보면서 시몬에게 말했다.

"시몬, 네가 이 여자를 보느냐? 내가 네 집에 들어오매 너는 내게 발 씻을 물도 주지 아니하였으되, 이 여자는 눈물로 내 발을 적시고 그 머리로 씻었으며, 너는 내게 입맞추지 아니하였으되, 저는 내가 들어올 때부터 내 발에 입맞추기를 그치지 아니하였으며, 너는 내 머리에 감람유도 붓지 아니하였으되 저는 향유를 내 발에 부었느니라."

일단 말을 그친 예수는 목소리를 더욱 높여 뒤를 이어갔다.

"이러므로 내가 네게 말하노니, 저의 많은 죄가 사하여졌도다. 이는 저의 사랑함이 많음이라. 사함을 받은 일이 적은 자는 적게 사랑하느니라."

예수가 지금 한 말은 앞에서 한 말과 정반대가 된다. 즉 그는 사함을 받아서 사랑한다는 사실과 사랑이 있는 곳에 사함이 온다는 사실을 모두 말한 것이다. 말을 마친 예수는 비로소 몸을 일으켰다. 어느 사이엔가 바닥에 엎드린 여인을 응시하면서 그 여인의 개심(改心)을, 그녀가 표면의 허식 속에 오랫동안 지고 있던 괴롭고 무거운 짐과 외로움, 비애를 읽었다. 예수는 목소리를 낮추어 여인에게 말했다.

"여인이여, 네 죄사함을 얻었느니라."

여인은 꿈에도 기대하지 않았던, 기대할 수도 없었던 말이었다. 그녀는 다만 마음속 깊은 데서 때때로 은밀히 들려오기 시작한 소리를 듣고, 그 소리에 등을 떠밀리듯 하여 지금까지 삶의 허무함과 어두움을 깨닫자 지난 세월이 아깝고 슬픈 나머지 들어 알고 있던 위대한 선지자 앞으로 나와 회개와 함께 아직도 자신을 휘감고 있는 비애를 호소하고 싶었을 뿐이었다. 향락과 육신의 쾌락 밑바닥에 숨겨져 있다가 지금에야 비로소 눈앞에 모습

을 나타내기 시작한 두려움과 허무, 그리고 그에 따른 끝없는 혐오를 선지
자의 발 아래 드러내어 보이고 싶었다. 그러한 바람 때문에 여기까지 온 것
이었다.

그러나 유명한 선지자에 대한 그러한 믿음을 어떻게 표현해야 할지 여인
은 알 수가 없었다. 생각다 못한 그녀는 마침내, 비록 유복한 그녀에게도
비싸기 짝이 없는 고급 향유를 선지자에게 부어드리기 위해 가진 돈 전부
를 털어 사왔던 것이다.

"네 죄사함을 얻었느니라."

예기치도 않았던 새 삶의 희망이 봄바람처럼 그녀를 감싼 것은 바로 그
순간이었다. 가슴에 저며들던 허무에 대한 공포와 후회가 얼음 녹듯이 사
라졌다. 오랫동안 잊고 있던 투명한 기쁨이 솟아오르기 시작했다. 그녀는
고침을 받은 것이었다. 백부장의 하인처럼, 나인의 청년처럼 새로운 삶을
얻은 것이었다. 살아 있는 말씀으로. 여인은 거의 무의식적으로 자리에서
일어섰다. 그 동작을 뒤쫓듯이 예수가 다시 입을 열었다.

"여인아, 네 믿음이 너를 구했느니라. 평안히 가라."

전에, 손이 말라붙는 병에 걸린 사람을 고쳐준 뒤에도 했던 말이었다.

여기서 우리는 이 말을 통해 같은 말을 사용하면서 한 걸음씩 앞으로 나
아가는 예수를 보고 있다.

예수는 막달라의 시몬이라는 바리새파 사람 집에서 신앙과 사랑, 그리고
죄사함의 입체적인 상호관계를 처음으로 밝혀 말했던 것이다. 나아가서 신
앙과 사랑이 사함과 구원의 조건이라면, 죄는 불신과 증오, 이기, 무관심과
밀접하게 엮이어 있는 것임도 함께 알려주었다.

시몬은 말할 것도 없고 제자들도 예수와 여인 간의 영혼의 드라마 밖에
방치되어 있었다. 다만 한 가지 의문이 그들의 마음을 사로잡고 있었다. 제
자들의 마음은 경외감으로, 시몬의 마음은 경악과 의혹과 비난으로 얼룩져
있었다.

누군가, 이 사람은. 죄를 사한다니……. 죄를 사한다고 단언하는 이 사람은 도대체 누군가?


### 4. 여로

이후에 예수께서 열두 제자들을 데리고 각 성과 마을을 두루 다니시며 하나님의 나라를 반포하시고 그 복음을 전파하실 때(누가복음 8 : 1), 성과 마을은 이윽고 이방·이교도 거라사인들이 사는 지역으로 이어진다.

> 여우도 굴이 있고
> 공중의 새도 거처가 있으되
> 오직 인자는 머리 둘 곳이 없다.
> • 「마태복음」 8 : 20

선교의 여로가 멀고도 넓은 점에는 그저 놀랄 뿐이다. 연대적으로 조금 뒤처지는 감이 없지 않지만 서기 28년 11월(누가가 "이후에……두루 다니시며"라고 기록한 부분)에서 이듬해인 29년 12월 또는 서기 30년 1월까지의 약 13개월 간 예수의 발자취는 다음과 같다(지도 참조).

나사렛. 가나. 나인. 가버나움 등 이미 독자들에게도 낯이 익은 고을에서 갈릴리 호수와 요단 강 동남쪽과 지금의 요르단 근방인 동쪽 지역, 다시 지금의 시리아 동남 지대인 빌립보(필리포스)와 가이사랴(카이사레아)에서 지금의 레바논 베이루트 공항과 가까운 지중해 연안의 두로와 시돈, 거기서 또 요단 강을 따라 곧장 남하하여 사해를 서편으로 바라보는 베레아 지방(요르단)까지 포괄하고 있다.

네 복음사가 가운데 기록의 수법에서 가장 뛰어난 솜씨를 보이고 있는

마가에 의하면(마가복음 7 ; 8), 예수는 최단의 직선거리로도(직선거리로
여행하는 것은 도로사정 등을 감안할 때 불가능한 것이었다) 210킬로미터
이상이나 떨어져 있는 지금의 레바논 두로에서 사해 연변까지 지그재그로
남하했던 것이다. 이 여정의 도중에는 도보 여행자의 숨을 막히게 하는 레
바논 고지가 가로놓여 있다. 갈릴리 호수에서 사해로 흐르는 강을 북쪽으
로 거의 70킬로미터나 거슬러 올라가서 동쪽으로 건너가는 언저리에는 만
년설을 이고 있는 헤르몬 산(해발 약 2천 760미터)이 자리잡고 있어 어느
정도 시원한 바람이 불어와 이글거리는 태양을 식혀준다. 실제 발 아래 펼
쳐진 황량한 지역에서 열기가 치솟는 것 같은 무더위는 전갈과 독사와 함
께 나그네를 괴롭혔다. 그러므로 만년설을 이고 있는 헤르몬 산에서 불어
오는 시원한 바람이 옛날부터 얼마나 큰 축복이었는지는 다음의 「시편」을
보더라도 잘 알 수 있다.

> 형제가 연합하여 동거함이
> 어찌 그리 선하고 아름다운고.
> 머리에 있는 보배로운 기름이
> 수염 곧 아론의 수염에 흘러서
> 그 옷깃까지 내림 같고
> 헤르몬의 이슬이 시온의 산들에 내림 같도다.
> 거기서 여호와께서 복을 명하셨나니
> 곧 영생이라.
> • 「시편」 133편

그러나 축복의 서늘한 이슬도 잠시, 이윽고 길은 고지 요르단 계곡으로
이어진다. 계곡 양편으로 우뚝 솟아 있는 지벽(地壁)이 바람을 막고 있기
때문에 증기탕을 연상시키는 암석지대에는 뜨거운 습기만 넘실댄다.

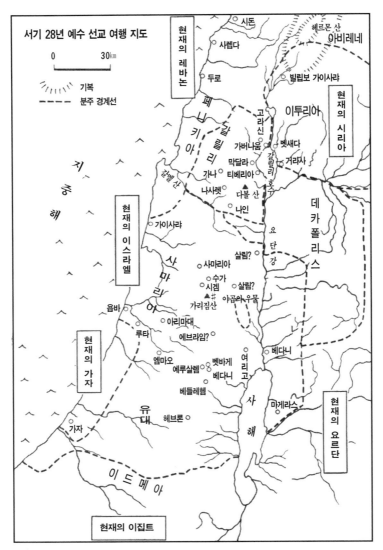

서기 28년 예수 선교 여행 지도

0          30km

기복

분주 경계선

현재의 레바논

현재의 시리아

현재의 이스라엘

현재의 가자

현재의 요르단

현재의 이집트

시돈

사렙다

두로

헤르몬 산

아비레네

빌립보 가이사랴

이투리아

고라신

가버나움

벳새다

거라사

막달라

가나

티베리아

갈릴리 호수

페니키아

갈릴리

갈멜 산

나사렛

다볼 산

나인

데카폴스

가이사랴

사마리아

살림?

사마리아

수가

시켐

살림?

가리짐산

야곱의 우물

요단 강

욥바

아리마대

에브라임?

루타

엠마오

예루살렘

벳바게

베다니

베다니

여리고

베들레헴

유대

헤브론

사 해

마게라스

가자

이드메아

지중해

프란체스코회 판에 따름

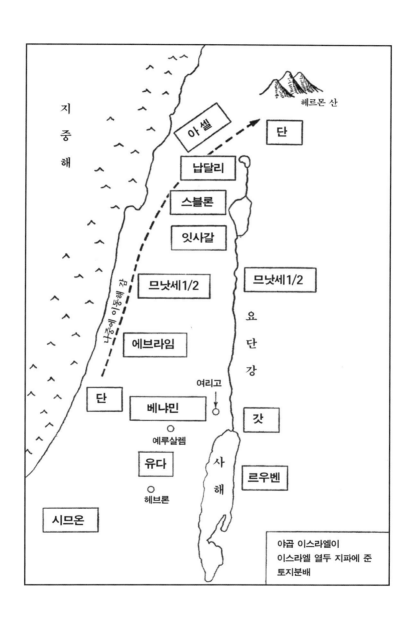

지중해

헤르몬 산

아셀

단

납달리

스블론

잇사갈

므낫세1/2

므낫세1/2

나중에 이동해 감

요단강

에브라임

여리고

단

베나민

갓

○ 예루살렘

유다

사해

르우벤

○ 헤브론

시므온

야곱 이스라엘이
이스라엘 열두 지파에 준
토지분배

예수는 무슨 까닭으로 이처럼 험한 길을 택한 것일까?

더욱 놀라운 것은 두로에서 빌립보, 가이사랴, 베레아로, 사해 동편의 데카폴리스를 두루 섭렵하는 한편, 13개월 동안 세 번이나 예루살렘을 찾았다는 사실이다.

왜 그랬을까?

그에 대한 대답은 오직 「이사야」에서 찾아야 할 것이다(앞의 지도 참조).

> 스불론 땅과
> 납달리 땅으로 멸시를 당하게 하셨더니
> 후에는 해변 길과
> 요단 저편 이방의 갈릴리를
> 영화롭게 하셨느니라.
> 흑암에 행하던 백성이
> 큰 빛을 보고…….
> • 「이사야」 9 : 1

납달리와 스불론, 그리고 해변길은 갈릴리 지방을 포함한 지금의 레바논을 가리킨다. 흑암은 이방 땅이라는 뜻으로 일신교를 믿지 않는 이방을 가리킨다. 다시 말하면 구약의 틀을 깨뜨린 예수는 선교 공생애 중심기에서 '만민을 위해' 복음을, 유대 민족의 틀을 초월하여 '이방' 곳곳을 직접 찾아갔던 것이다. 훗날 땅끝까지 흩어져 가는 선교사의 선구였던 것이다.

> 이 산에서도 말고
> 예루살렘에서도 말고
> 신령과 진정으로
> 아버지께 예배할 때가 왔기 때문이었다.

여행 길은 고독하지 않았다.

이제 예수는 한적한 곳으로 홀로 물러나는 사치로운 고독에 젖어 있을 수가 없었다. 가는 곳마다 군중이 몰려들어 옷자락만이라도 만져 보겠다는 사람, 키가 작아 잘 안 보이자 높은 나무에 올라가는 사람 등 수단과 방법을 가리지 않았다. 어느 때는 예수를 따르는 사람이 성인 남자만 4천 명이나 되었다(마가복음 8 : 9).

묻고 들으며 말하고 병 고침이 이어졌다. 권능을 받아 사도로 불리게 된 중핵 그룹의 열두 명도, 또 서서히 형태를 갖추기 시작한 중핵 외곽의 72명의 '제자' 그룹도 묻고 듣고 말하고 병 고치는 일을 도왔다.

즉 예수 주변을 따르고 있는 큰 무리는 방문 지역의 군중과 항상 예수를 좇는 사도와 제자 그룹으로 구성되었다. 그러나 후자인 사도와 제자 그룹에는 또 다른 한 무리가 섞여 있음을 잊어서는 안된다.


## 5. 여인들

또 다른 한 그룹에 대해 기록을 남기고 있는 것은 누가이다. 몇 번이나 언급한 것처럼 누가는 이방의 언어로 이방의 지식인 독자를 대상으로 복음을 기록하면서, 당시 사회에서 가장 중요한 사항으로 인식되고 있던, 모든 나라가 무시한 '여성'에 대해 단순한 선교 대상이라는 차원을 초월하여 새로운 종교에서는 남성과 나란히 적극적인 역할을 처음부터 수행하고 있었음을 특필하고 있다. 본질적으로 한 단계 낮은 인간으로 간주되고 있던 여성이 본질적으로 하나님 앞에서는 남성과 동등한 가치를 가지고 있음을 예수의 새로운 복음은 주장하고 있다고 누가는 이방 사람들을 향해 소리 높여 외친 것이다. 여기서도 옛 틀이 깨어진다.

예수는
병 고침을 받은 어떤 여자들,
병 고침을 받은 가족 가운데 여자들,
다른 여러 여자와 함께하여…….
• 「누가복음」 8 : 2~3

　자기들의 소유(재물)로 저희(예수와 그 제자들)를 섬기면서 그 중 적지 않은 사람들은 스스로 선교에 나서기도 했다. 이 부분에서 누가가 사용한 '섬기다'(돕다)라는 동사를 보다 알기 쉽게 현대영어로 번역하면 '미니스터'(minister)가 가장 적절하다고 본다. 단순한 '돕다'(help)가 아니라, '봉사하다'는 뜻이 강하게 풍기는 도움을 말한다.

　병 고침을 받은 여성 가운데는 현대 의학 용어로 말해서 심한 우울증과 망상신경증 등 '일곱 귀신'이 들어 오랫동안 미친 생활을 해온 막달라 사람 마리아도 들어 있다. 막달라란 지명을 나타내는 막달레나라는 이름으로 불렸기 때문에 이 마리아는 시몬의 집에서 눈물로 예수의 발을 씻기었던 '죄 많은 여인' 마리아와 혼동되는 경우가 많다. 그러나 근년의 성서고증학은 분명하게 별개인물임을 밝히고 있다. 막달레나 마리아에 대해 분명하게 밝혀진 사실로는 그녀가 베다니(예루살렘 동쪽 교외)에 살고 있는 세 남매(다른 형제는 나사로와 마르타) 중의 한 사람이라는 것, 이 세 남매가 나중에 예수의 가장 가까운 마음의 친구가 되어 그들의 베다니 집이 '머리 둘 곳이 없는 인자'의 유일한 쉼터가 되었다는 것 등을 들 수 있다. 막달레나 마리아에 대해서 우리는 예수의 마지막 때에 다시 한번 복음사가들의 기술을 읽게 된다.

　아들의 병 고침을 받은 헤롯 왕가의 청지기 구사의 아내 요안나와 신분이 높아 누가가 특별히 기억하고 있는 수산나라는 여인도 들어 있다. 그밖에 표현된 여러 여인들——나중에는 예루살렘 여인들도 추가된다——은 차츰차츰 고삐를 조이고 있는 험악한 분위기에도 두려움 없이 골고다 언덕까지 주님을 따라간다. 제자들도, 사도들도, 또 사도의 필두인 베드로까지 두려움을 이기지 못해 도망을 친 클라이맥스에서 오직 이 여인들만은 예수를 끝까지 따랐던 것이다.

나무 아래서 어정거리면서 하나님에게 등을 돌린 첫번째 여자인 하와를 대신하는 새로운 하와들은 십자가라는 나무 아래서 그리스도 예수의 사업 성취에 참가한 것이다. 그녀들은 사도시대라고 불리는 초대교회에서 대부분 디아코누스(보조 제사장) 역할을 맡아 요람기의 그리스도교를 육성한 용감하고도 행동력 넘치는 여성들이었다(『사도행전』 전편, 특히 8, 9, 18장. 예를 들면 아굴라의 아내 "브리스길라는 하나님의 길에 대해 자세하게 말했다", "욥바에 다비다라는 여제자가 있으니……선행과 구제하는 일이 심히 많더니……" 등등).

예수의 첫 기적은 이미 밝힌 바와 같이 한쌍의 남녀가 사랑으로 결합하는 혼인잔치를 무대로 하여 여성(하와)인 어머니 마리아의 중개로 행해졌다. 지평선의 넓이를 그가 처음 말한 상대는 사마리아 여인이었다. 사랑과 구원, 속죄의 관계를 처음으로 밝힌 것은 막달라 여인을 통해서였다. 그리고 옛 율법이 '불결', '부정'(不淨)으로 규정한 기간중에는 사람과 접촉을 금지한(레위기 15 : 25) 여성의 출혈이 부정한 것이 아니라는 것을 예수가 공적으로 밝힌 것은 '열두 해를 혈루증으로 앓는 여인'(누가복음 8 : 43, 마가복음 5 : 25)과 만난 데서였다.

이 여인과의 에피소드는 많은 것을 생각하게 한다. 약간 시기적인 차이가 있지만 여기서 언급해 두기로 한다.

여자는 열두 해 동안이나 혈루증을 앓고 있었기 때문에 인근에 잘 알려져 있었다. 창피함과 불결한 여자라는 낙인 때문에 그녀는 예수에게 말을 걸거나 그 앞에 부복하는 것조차 삼갔다. 군중에 둘러싸여 있는 예수에게 소리를 높여 자신의 고통을 호소한다는 것은 수백 명 앞에 스스로의 부정을 떠들어대는 것이 되기 때문이었다. 그러나 반드시 낫게 해줄 것이라는 확실한 믿음이 그녀를 깊은 신앙으로 인도해 주었다.

말로 사정을 이야기하지 않아도 된다. 다만 자신의 고통과 자신의 믿음을 가지고 예수의 옷자락이라도 만질 수 있다면 그분의 사랑과 자비를 얻을 수 있을 것이다!

그것은 어린아이와 같은 완전한 위탁심이었다. 아이는 병으로 인한 고통을 일일이 어머니에게 알리지 않는다. 다만 어머니의 옷을, 어머니의 손을 잡으면 어머니가 모든 것을 알아서 해줄 것이라고 믿고 있는 것이다.

사람들에게 보이지 않으려고 깊숙이 얼굴을 가리고 12년 동안이나 앓아온 혈루증에 따른 빈혈로 다리를 비틀거리면서도 그녀는 사람들에게 밀려 군중의 한가운데로 들어갈 수가 있었다. 그녀는 간절한 마음으로 사람들 사이로 팔을 내어밀었다. 손에 잡히는 옷자락 가운데 어느 것이 예수의 것인지 구별해 내는 데 한참이 걸렸다. 마침내 여인의 손은 예수의 옷자락을 스치듯이 잡을 수가 있었다.

'하나님, 저를 불쌍히 여기소서. 주님, 저를 구해 주소서!'

간절한 기도와 함께 그녀는 그 옷자락을 힘껏 부여잡았다. 예수가 여인 쪽으로 고개를 돌린 것은 바로 그 순간이었다.

"내게 손을 댄 자가 누구냐?"

여인은 깜짝 놀랐다.

두려움으로 쩔쩔매면서 옷자락을 잡고 있던 손을 얼른 놓았다. 그러면서도 제자 중의 한 사람이 웃으면서 예수와 주고받는 말을 어렴풋하게나마 들을 수 있었다.

"주여, 이만큼의 무리가……, 무리들이 그냥 미나이다. 주님 옷에 사람들의 손이 닿은 것이 이번이 처음이 아니잖습니까?"

"그렇지 않다."

예수는 깊게 울리는 목소리로 말을 이어갔다.

"분명한 소망을 가지고 만진 자가 있도다. 이는 내게서 능력이 나간 줄 앎이로다."

여인은 숨길 수 없음을 깨달았다. 등줄기를 타고 식은땀이 흘러내렸다. 두려움에 벌벌 떨던 여인은 갑자기 조용해진 사람들을 헤치고 앞으로 나아가 예수 앞에 엎드렸다.

"분명히……만지고자 했습니다……믿음으로 여기까지 왔습니다……불결한 몸인데도 불구하고……."

부끄러움도 창피함도 이젠 없었다. 다만 열심히, 그러나 두서없이 자신의 처지를 털어놓으면서 용서를 빌었다.

"딸아……."

믿었던 그대로의 부름이기도 했고 동시에 예기치 못했던 부름으로도 생각되었다. 예수는 그녀를 딸이라고 불렀던 것이다. 목소리에는 따뜻함과 자상함, 그리고 만족을 느낀 사람의 기쁨이 서려 있었다.

"딸아, 네 믿음이 너를 구원하였으니 평안히 가라!"

신앙이란 이 여자처럼 불결한, 부정한, 또 거기서 연유되는 괴로움으로 애통하는 자신의 존재 자체를 말없이 주 앞에 있는 그대로 드러내는 것이다. 있는 그대로를 드러내어 주에게 닿기를 바라는 간절한 마음은 '주여, 주여' 하고 외치지 않더라도 주의 '낮게 하는 능력'을 얻게 된다.

있는 그대로를 드러내는 것은 자신의 부정함을 샅샅이 깨달아 알고 그러한 불행을 끝없이 맛본 다음에라야 비로소 가능하게 된다. 있는 그대로를 드러내는 것은 주의 능력을 믿기 때문에 가능한 것이다. 다시 말하면 주와 나의 거리를 정확히 알아야만 비로소 가능하다. 거기에는 실존의 인식이 있다.

우리는 이런 종류의 실존 인식의 또 다른 예를 또 다른 여인을 통해 보게 된다. 시기가 비슷하기 때문에 여기서 한몫에 밝혀 보기로 한다. 펜을 들어 그 에피소드를 기록한 것은 마태이다(마태복음 15 : 21).

마태는 형해화(形骸化)된 타성의 종교적 습관에 대한 집착이 얼마나 하나님으로부터 인간을 멀리 떼놓는가를 밝힌 다음, 돌연 한 가나안 여인, 곧 유대 사람들이 통틀어 '개'라고 멸시하는 이방 여인을 등장시킨다(마태복음 15 : 21 ~28). 무대는 이방 두로였다.

여인에게는 흉악한 귀신이 들린 미친 딸이 하나 있었다. 현대의학으로 말하자면 간질을 앓고 있었다. 그 두 모녀가 얼마나 괴롭게 살아왔는가는 다른 사람들은 짐작도 못할 일이었다.

어느 날, 그녀는 바람결에 그처럼 훌륭한 평판을 듣고 있는 다윗의 아들, 이새 가(家)의 예수가 이 먼 벽지 이방의 땅에 와 있음을 알게 되었다. 여성 특유의 직관으로 그녀는 그처럼 유명한 선지자라면 동포와 이방을 구별함이 없이 위대한 사랑을 베풀어 줄 것이라고 확신했다. 여인은 어두운 색채로 얼룩진 레바논 고지대, 암석이 많은 들판으로 예수를 찾아 나섰다. 예수를 만나자마자 그녀는 외쳐대었다.

"다윗의 자손이여, 나를 불쌍히 여기소서."

사람들로부터 들은 대로 그 사람의 호칭을 되풀이 되풀이 불러대었다. 그러나 예수는 들은 척도 하지 않았다. 여인의 부동의 믿음을 극한까지 유도하려는 생각에서였다.

'시끄러워 견딜 수가 없사오니 무슨 말을 하려는지 들어보시고 얼른 돌려보내소서'라고 제자들이 간원할 때까지 예수는 여자를 못 본 척했다. 그러나 그것은 영원한 말씀, 즉 예수의 침묵을 뜻하는 것이 아니었다. 그는 인도(引導)하면서 지켜보는 것이었다. 마침내 여인은 말릴 틈도 없이 앞으로 달려 나와서 예수 앞에 엎드렸다. 그것을 보고 예수는 비로소 입을 열었다.

"자녀의 떡을 취하여 개들에게 던짐이 마땅치 아니하니라."

이 말의 뜻은 다윗의 자손은 다윗 가(家)의 자손들(유대 민족)에게 먼저 사랑과 구원을 베풀어야 하지 않겠느냐, 이방 자손을 우선할 수는 없지 않느냐라는 것이었다.

'개라니, 지독한 말을 하는구나' 하고 느끼는 것은 현대인인 우리들뿐이다. 가나안 사람들은 자신들이 유대 사람들로부터 개로 불리고 있음을 알고 있었다.

그러나 그렇다 하더라도 사람을 차별하지 않는다고 소문이 나 있는 예수가 지금 자신을 향해서는 차별을 두고 있었다. 소문과는 다른 사람이로구나 하고 쉬이 생각하기 쉬운데도 그녀는 그렇지 않았다.

이 여인의 외곬의 믿음과 희망은 무시당할수록 더욱 더 깊어지고 있었다.

그리고 예수도 그것을 알고 있었다.

얼핏 듣기에 지독히 차가운 예수의 말이 실은 이 이방 여인에 대한 예수 자신의 믿음을 나타낸 것이었다. 여인은 그러한 예수의 마음을 정확히 깨달아 정확하게 대답한다.

"주여, 옳소이다. 그러나 개들도 주인의 상에서 떨어지는 부스러기를 먹나이다."

예수가 감탄하는 장면이 묘사된 것은 복음서 가운데 이 부분 한곳뿐이다.

"여자야, 네 믿음이 크도다! 네 소원대로 되리라!"

신앙은 기초이다. 수목에 비유하면 뿌리에 해당된다. 신앙을 뿌리삼아 사람은 행하고 말하며 날마다 살아가는, 구원받는 존재로 성장해야 하는 것이다.

아버지의 원대로 되기를 원하나이다.

나라는 존재의 행동 하나하나, 말 한마디 한마디, 생각 하나하나까지 아버지의 원대로 되기를 원하나이다.

'아버지의 원대로'에서 '원대로'란 정권을 잡은 자의 명령과 같은 것이 아니다. 이것은 바로 생명 자체와 생명의 충일(充溢), 선(善)의 빛이다. 아주 비근한, 그러나 비교할 수 없을 정도로 작은 유추(類推)이지만 물리, 수학의 원리, 즉 진리를 생각하면 쉽게 이해될 수 있을 것이다. 그러나 만약 물리나 수학 등에 몰두하고 싶으면 솔직히 원리(진리)를 따르지 않는 한 한 걸음도 앞으로 나아갈 수가 없다. 원리에 따를 때에만 사람은 자유롭게 되는 것이다.

사람은 항상 '……이 되는 존재'이다.

구원의 성취를 간절히 바라는 모든 사람들의 선두에 서게 된 것은 이방 가나안의 한 가난한 여인이었다. 그러나 그녀에 앞서 또 하나의 여인이 가고 있음을 놓쳐서는 안된다.

'때에'라고 마가와 누가는 기록하고 있다. 사람들에 둘러싸여 설교하고 있는 예수를 어머니 마리아가 찾아왔다.

"어머니가 밖에서 기다리고 있다"고 알리자 예수는 이렇게 대답한다.

"누가 내 어머니이며 내 동생들이냐? 누구든지 하나님의 뜻대로 하는 자는 내 형제요, 자매요, 어머니이니라."(마가복음 3 : 31~35, 누가복음 8 : 19~21)

박정하게 들리는 이 말이야말로 어머니 마리아에 대한 최대의 찬사였던 것이다.

아베 마리아.

아베의 찬가를 천사로부터 받아 은총이 넘치는 자로 불리는 그녀의 삶은 '아버지의 원대로' 행함으로써 하늘을 그대로 비쳐내는 땅이었다. 땅을 새로운 하늘과 잇는, 말하자면 살아 있는 기도였던 것이다.

'아버지 원대로 되기를 원하나이다. 나는 주의 계집종이오니……'라고 저녁 노을이 찬란한 나사렛 오두막에서 처녀의 몸으로 천사에게 대답한(누가복음 1 : 38) 이래 마리아는 그 말씀대로 살아왔던 것이다.

누가 내 어머니이냐?

누구든지 하나님의 뜻대로 하는 자만이 내 어머니이니라.

그리고 나서 손을 제자들에게로 내어밀면서,

"누구든지 하늘에 계신 내 아버지의 뜻대로 하는 자가 내 형제요, 자매요, 모친이니라."(마태복음 12 : 50)

아버지와 어머니, 그리고 형제.

새로운 공동체가 거기 있었다.

그것은 하나님 아버지의 뜻대로 행하는 모든 믿음의 남자, 믿음의 여자였다.


## 6. 중간적 고찰

앞의 '여인들'은 시간상의 전후가 엇갈린 것이다(가나안의 여인 이야기는 서기 29년 6월경의 사건이다).

원래 복음서는 기년체(紀年體)의 예수 언행록(言行錄)이 아니며 또 복음사가 네 사람도 모두 예수의 전기를 연월(年月) 순을 좇아 기록할 생각은 처음부터 없었다. 네 사람의 목적은 '예수의 정체는 무엇이었던가', '예수가 가지고 온 메시지는 무엇이었는가', '그의 짧은 일생은 무엇을 의미하고 있는가'를 각자의 시각에 따라 해명하려는 데 있었다.

그러므로 요한은 훗날 "예수의 행하신 일이 이 외에도 많으니 만일 낱낱이 기록된다면 이 세상이라도 이 기록된 책을 두기에 부족할 줄 아노라"(요한복음 21 : 25)고 밝히고 있는 것이다. 다시 말하면 각 복음사가는 예수의 언행 가운데 앞에서 밝힌 세 가지 물음에 대한 보다 적절하고 명백한 대답으로 생각되는 몇 가지를 취사선택하여 의미가 같거나 비슷한 것들을 하나로 묶었던 것이다(예를 들면 산상수훈과 비유의 설교). 물론 최후의 초막절과 가이사랴의 베드로의 고백과 같이 획기적인 것, 또 '시기'의 중요한 사건 등은 네 사람 모두 별개로 독립시켜 기록함으로써 전후관계를 통해 연월일을 분명히 알 수 있도록 해놓고 있다.

　그러나 취사선택과 유사 내용의 일괄화, 그리고 기년체식 기술을 배제한 것 자체가 성서학·성서해석학 등 독자의 학문분야를 생성시킨 토양이 되고 있음을 잊어서는 안된다. 고고학·지리학·인문과학·언어학 등의 학자와 연구자가 동원되어 역사학·신학은 말할 것도 없고 특히 프로테스탄트, 가톨릭의 종파를 초월한 연구가 활기를 띠고 있다. 1974년 4월 미국 테네시 대학의 로저 러스크 박사는 프린스턴 대학 고등학술연구소의 골드스타인 박사와의 공동연구 결과를 발표했다. 그에 따르면 예수가 서거한 날은 서기 30년 4월 6일 목요일이었다. 이에 대해 일찍이 성서학(고고학·고문서학 포함)으로 명성을 높인 바 있는 프랑스의 샤노안 오스티는 4월 7일 금요일이었다고 말한다.

　이러한 단정은 오랜 세월에 걸친 방대하고 치밀한 과학적인 조사에 근거한 것이다. 그러한 조사 자체가 매우 흥미롭다. 동시에 방대한 조사 자료를 통해 알 수 있는 것은 외견상 치졸한 서술로 된 네 개 복음서가 사실은 목격자가 아니면 쓸 수 없는 생생한 정확성을 띠고 있다는 점이다. 4월 6일인가, 7일인가 하는 세부적인 것은 전술한 바와 같이 생략되고 있다. 그러나 극히 제각각인 것처럼 보이는 네 복음서를(방대한 작업이기는 하지만) 하나의 순서를 좇아 일람표(『성서 이야기』 신약편 하권 말미 참조)를 만들어 본 결과, 자연스럽게 '복음의 무브먼트'가 대체적인 기년체 형태로 나타남을 알 수 있었다.

　(그러나 그렇더라도 문제는 적지않게 남는다. 한마디로 '순서를 좇아'라고 말했으나 순서를 어떻게 정하느냐에 대해서 적어도 네 가지 학설이 있기 때문이다. 저자가 1954년부터 56년까지 배웠던 파리 가톨릭 대학 성서 강좌에서는 불가타 번역본 해설을 중핵으로 한 학설을 중심으로 했으나, 앞에서 말한 65년의 샤노안 오스티의 연구를 바탕으로 한 '종합'(시놉시스)의 출판, 하버드 대학 신학연구실의 새로운 발표 등, 그리고 영국 람제이

박사의 현지답사에 의한 조사결과 등을 보면 대폭적인 것은 아니지만 많은 차이가 나타나고 있음을 알 수 있다.)

결국 이렇게 말할 수 있는 것이다.

신약을 '읽는다'고 말하지만, 모든 위대한 고전과 마찬가지로 '어떻게' 읽을 것인가를 사전에 정하지 않으면 안된다고……

어떻게 읽을 것인가를 분석해 보면 수많은 연구서와 함께 종교고고학과 사상사로서 읽을 것인가, 좀더 거슬러 올라가서 고고·사상 연구서로 볼 것인가, 아니면 극단적으로 대조적인 많은 사람들이 그런 것처럼 어느 순간 펼쳤을 때 우연히 눈에 띄게 된 한 구절을 읽고 거기서 인생에 대한 어떤 빛을 얻으려는 것인가.

혹은 마태는 마태, 요한은 요한, 하나씩 신문을 읽는 속도로 후딱 읽어치울 것인가.

고전으로서 읽을 것인가.

교전(敎典)으로서 읽을 것인가.

자기 혼자만의 판단을 기준으로 읽을 것인가.

어떻게 읽든 그것은 읽는 사람의 자유이며 어느 것이든 나쁘지 않다. 그러나 40년 가까이 성서를 읽어온 나의 경험에 비추어보면 어느 것이든 나쁘지 않지만 어느 정도의 이해에 이르게 해주는 방법은 못된다. 특히 「마태복음」은 당시 현지의 습관이나 발상법을 알지 못하면 이해할 수 없다. 나 또한 오랜 세월 「마태복음」을 읽으면서 종잡을 수가 없어 몇 번이나 덮어버린 경험이 있다.

다시 말하면 안내가 필요한 것이다.

독서가 아무리 고독한 작업이라 하더라도, 또 그 때문에 가치가 높아진다 하더라도, 예를 들어 문자 해독이 가능하다는 한 가지 이유만으로 그 나라 고전에 도전해 깡그리 읽었다 해도 도무지 이해하지 못하는 것과 마찬가지인 것이다.

그렇다면…….

우선 무엇을, 좀더 자세하게 말하면 어느 학설을 기년체상의 안내자로 삼을 것인가.

다음에는 당시 현지의 독특한 표현법을 해석하는 데 누구의 연구 결과를 지표로 삼을 것인가.

여기서 여러 가지 복잡다단한 문제가 대두된다.

그러한 안내 역할로 졸저에서는 우선 저자 자신의 파리 가톨릭 대학 당시의 노트를 기초로 하여 오스티, 불가타, 람제이를 3년간 비교·검토하여 하나로 묶어 보았다. 그러므로 이에 대한 이설(異說)이 반드시 대두될 것으로 보고 있다.


큰 줄기에서 그러한 기년체 등의 문제가 일단 해결되면 그것으로 좋다는 것이 나의 입장이었다. 왜냐하면 첫째, 완전한 진(眞) 테제가 나오기를 기다리다 보면 언제까지나 작업을 끝낼 수 없으며, 본격적인 진 테제를 내놓으려 하면 나 자신이 직접 성서고고학의 실지, 다시 말하면 발굴 등에 착수하지 않을 수 없고 그것은 나의 일생을 다 바쳐도 모자라는 대작업이 될 것이다. 이 책을 쓰기로 착안하여 실제 집필에 착수하기까지 10년, 노트 정리에만 3년이 걸렸기 때문이다.

둘째, 이 책의 목적이 과학적인 진 테제를 세우는 데 있지 않기 때문이다.

이 책의 입장과 시각은 복음서가 원래 가지고 있던 입장과 시각을 그대로 답습했다. 즉 첫머리에 밝힌 세 가지 문제와 그에 대한 복음서의 답을 하나로 종합하여 당시의 현지와 멀리 떨어져 있는 현대 이곳의 일반 독자들이 읽기 쉽게 하는 데 그 목적을 두고 있는 것이다. 다시 말하면 예수를 맛보는 데 있다.

그것은 필자가 복음서란 결국 지식을 위한 것이 아니라 '살기' 위한 것이라고 확신하고 있기 때문이다. 살기 위한 책이기 때문에 일단 알지 않으면 안된다. 보다 구체적으로 말한다면 그것으로 살아갈 수 있는, 그래서 소화해야 할 양식——성서——은 현대인의 입에 알맞는 맛과 모양을 갖추지 않으면 안되는 것이다.

양식을 양식답게 하기 위해서는 무려 수천 권의 책에 달하는 학문적인 연구서와 조사서, 해석학 가운데에서 권위 있는 것을 어느 정도 사용하면 족하다고 생각된다.

가령 바로 이 항에 해당하는 서기 28년 8월에서 12월에 걸친 예를 들어본다면, 성서학의 태두 영국의 구디어와 프랑스의 오스티, 아카데미 프랑세즈의 다니엘 로프스의 사건 배열은 약간씩 차이를 보이고 있다.

그러나 그 만 4개월의 기간을 꿰뚫고 있는 의미 파악에서는 세 사람 모두 동일하다.

나 또한 4개월의 기간을 '꿰뚫고 있는 의미'를 중시하고 있다.

그러면 그 의미란 무엇인가?

정오를 앞둔 때.

12명의 후계 가운데 중핵자를 뽑는 것도 끝이 났다. 그들에게 특별한 권능인 복음을 전파하고 사람을 낫게 하는 사명도 부여했다(마태복음 10 : 1). 하나님 나라의 헌법도 설파했다.

본거지가 된 곳은 전통 유대 백성의 땅이면서도 이방 각지와 접하고 있는 갈릴리였다.

내가 붙드는 나의 종
내 마음에 기뻐하는

> 나의 택한 사람을 보라.
> 내가 나의 신을 그에게 주었은즉
> 그가 이방에 공의를 베풀리라.
> • 「이사야」 42 : 1

> 그는 실로 우리의 질고를 지고
> 우리의 슬픔을 당하였거늘…….
> • 「이사야」 53 : 4

그리고 사람들은 날마다 불어나 수천 명씩 그를 좇기 시작했다. 최후까지 따를 중심그룹을 둘러싸고…….

그러나 오전이 그늘 짙은 시각인 것처럼 예수에 대항하는 세력도 결집을 강화하고 있었다. 지상에서의 생──지상 자체──은 과도기에 지나지 않는다. 그리고 그 과도기에는 빛과 어둠이 서로 싸운다. 빛이 나타난 자체가 어둠이 존재한다는 증거이기 때문이다.

이미 어둠의 세력 가운데 극우파는 그를 죽여 없앨 생각을 하고 있었다. 남은 문제는 엄청난 군중을 거느리고 다니는 그를 군중의 격분을 사지않고 함정에 빠뜨리는 방법이었다.

지금 여기서 논하고 있는 '4개월간', 어둠을 대표하여 '새로운 것'을 배격하려는 세력은 군중을 자기 편으로 끌어들이는 작업에서 실마리를 풀기 시작했다.

귀신이 들려 눈멀고 벙어리가 된 사람을 예수가 고쳐 주었을 때, 그들의 제1단계 공작이 시작되었다(마태복음 12 : 24, 누가복음 11 : 15).

"……무리가 다 놀라 가로되 이(예수)는 다윗의 자손(메시아를 지칭하는 특수 형용어)이 아니냐 하니, 바리새인들이 듣고 가로되 이가 귀신의 왕 바알세불을 힘입지 않고는 귀신을 쫓아내지 못하니라 하거늘……."

사건은 예수의 본거지 가버나움에서 일어났다. 그것은 아주 의미심장한 것이다.

선교 본거지에서 그를 군중으로부터 떼어내려는 계획이 다시 한번 시도된다. 예수가 '본 동네'(마태복음 9 : 1)라고 부르고 사도와 제자들 역시 그렇게 생각하고 있는 '그곳'에서 먼저 대립이 첨예화한 것이다.

계기가 된 것은 회당의 직원 야이로의 딸이 죽자 예수가 그녀를 다시 살린 사건이었다(마태복음 9 : 18 이하, 마가복음 5 : 21 이하, 누가복음 8 : 40 이하). 그 사건에 대해서는 나중에 언급하기로 한다.

기술 순서로는 이 사건이 먼저 기록되어 있다. 그러나 오스티의 조사에 따르면 전체로 볼 때 먼저 사건이 시기적으로는 뒤가 된다.

경천동지할 이 사건은 그를 직접 목격한 군중의 입을 통해 소문이 삽시간에 그 온땅에 퍼졌다. '죽은 자를 소생시킬 수 있다면……' 하고 예수 앞으로 나온 두 소경도 고침을 받았다.

"지금까지 이런 것은 보지도 듣지도 못했다!"

감탄하는 군중을 향해 바리새파는 다시 한번 집요하게 찬물을 끼얹었다.

"귀신의 왕을 빙자하여 귀신을 쫓아낸 것일 뿐이다. 그는 다윗의 자손이 아니다! 사탄과 한편이다!"

이어서 그들은 조직적인 행동에 들어갔다. 군중의 틈에 섞여들어가 예수의 언행을 하나하나 추적하여 사탄과 한편인 증거가 될 꼬투리를 잡기로 한 것이다.

예수가 어조를 바꾼 것은 그러한 상황에서였다.

사람들의 마음에 뿌려야 할 종자가 아직 남아 있었기 때문에 예수는 무익한 갈등으로 씨 뿌리는 시간을 빼앗기고 싶지 않았던 것이다.

여기서 다시 한번 앞뒤가 바뀌는 감이 없지 않지만 중간적 고찰을 계속하기로 한다.

그것은 앞으로 자주 등장하게 되는 두세 가지 단어에 대한 것이다. 그들 단어는 '요한적 터미놀로지(terminology : 술어, 용어)'라고 불릴 정도로 특히 「요한복음」에서 빈번히 나온다.

하나는 '세상'(또는 '이 세상')이라는 말이다.

이 단어는 주의깊게 구별하여 읽지 않으면 안된다. 왜냐하면 같은 세상이란 말을 사용하면서 요한은 때때로 전혀 상반되는 의미로 쓰고 있기 때문이다.

예를 들면,

'너희는 세상에 있다.'

'하나님은 세상을 사랑하사……'

'평안이 있으라. 나는 세상을 이겼느니라.'

앞의 두 구절과 뒤의 한 구절이 말하는 '세상'은 의미가 서로 상반된다. 앞의 두 구절의 '세상'은 육신과 물질에 의해 생을 영위하는 현실의 지상세계를 가리킨다. '너희는 이 지상에서 살고 있다', '지상에 있는 인간을 하나님은 지극히 사랑하신다'는 뜻이다. 거기에는 '시간'이 있다. '형상'이 있다. '역사'가 있다. 그리고 그 모든 것은 선한 것이다.

그러나 '나는 세상을 이겼다'의 세상은 세상의 힘을 말한다. 세속적인 힘. 세상의 세력. 욕망, 선망, 증오, 일체의 악덕 그리고 그것들과 은밀하게 접착되어 있는 죽음. 다시 말하면 어둠.

그것들은 어두운 것이며 선이 아닌 것, 모든 사람들이 궁극적으로 '거기서 도망치고 싶어'하는 것들을 뜻한다. 좀더 자세하게 말한다면 그러한 것들에 칭칭 얽혀 구원해 달라고 외치는 심연(深淵)을 말한다. 인생의 불가사의로 불리는 것들이다.

요한적 터미놀로지에 속하는 말은 또 있다.

'진리'가 바로 그것이다.

그것은 수학적·과학적 진리라고 할 때의 진리와는 다른 것이다. 진리탐

구의 학도(學徒) 등에서 쓰이는 진리도 아니다. 그리스도교는 오만하다, 진리를 자기들만이 가지고 있다고 생각하는 경우의 진리, 다시 말하면 '갖는 것'이 가능한 학문적·지적 진리도 아니다.

요한적 전문용어로서의 진리는 생명을 말한다. 생명은 갖거나, 버리거나, 잊거나 할 수 있는 것이 아니다. 또 그리스도교만의 것도 결코 아니다.

그러면 생명이란 무엇을 말하는가? 존재 자체이며, 하나님을 말한다. 병도, 죽음도, 지성이나 이성의 병인 무지도, 광기도, 마음의 병인 증오와 선망, 질투, 거짓, 배신 등도 전혀 없는 충일을 말한다. 다시 말하면 '구원'을 뜻한다. 모든 가능성의 '개화'이며 희망의 '성취'이며 '복'이다.

사람이 학교에 가는 것은 지식을 닦기 위해서이며 지식을 닦고자 하는 것은 무지에서 한걸음이라도 벗어나기 위해서이다. 만인은 충일과 개화와 복——영원한 복——을 향해 나아간다. 거기에는 예외가 있을 수 없다. 이 지상에서 목표로 하는 충일에 도달하는 사람은 한 사람도 없다. 그것 역시 예외가 있을 수 없다.

항상 성취해가는 존재인 인간의 생명적·내적 목표인 그것을 요한은 진리라고 표현하고 또 생명, 사랑이라고 말하고 있다.

'유대인'이란 단어 역시 「요한복음」뿐만 아니라 각 복음서에서 예수의 공생애 후반부터 자주 나오기 시작하여 「사도행전」으로까지 이어진다.

왜 공생애 후반부터 많이 사용되기 시작한 것일까?

그 문제에 대답하기 전에 분명하게 염두에 두어야 할 한 가지 사실이 있다. 그것은 예수를 비롯하여 사도와 제자들, 그리고 「사도행전」의 중핵을 이루고 있는 무려 수천, 수만을 헤아리는 초대 그리스도교도들이 한결같이 유대인이라는 사실이다. 「사도행전」 후반의 큰 일꾼인 동시에 예수의 승천 뒤 열세번째 사도로 뽑힌 대선교자 바울은 "나는 유대인 중의 유대인"이라고 스스로 쓰고 또 말하고 있다.

중세의 정교일치 시대, 각지각국에서 강력하게 대두되기 시작한 그리스도교를 부정하는 민족으로서 유대인에게 행한 박해는 정교일치의 가장 큰 폐해의 하나인 동시에 앞에서 말한 사실을 완전히 또는 고의로 망각한 데서 기인한 것이다. 그리고 그러한 배척과 박해는 그 뒤 여러 가지로 형태를 바꾸면서 현대로까지 이어지고 있다. 여기서는 그러한 유대인 박해의 본질과 역사에 대해 언급할 여유도 없고 또 그것이 이 책의 목적도 아니다. 다만 불가사의하게도 망각된 한 가지 사실을 상기시켜 특히 염두에 두지 않는 한 각 복음서가 사용하고 있는 '유대인'이란 용어를 이해할 수 없음을 밝힐 뿐이다.

좀더 파고들어간다면 사람들의 완고성을 묘사할 때 태연하게 '유대인'으로 형용하고 있는 것은 복음서의 저자 네 사람이 모두 유대인이었기 때문이다.

혈통, 민족, 전통, 역사, 땅, 종교 · 문화 배경 그 어느 것을 보더라도 예수와 그 제자들은 틀림없는 유대인이었다.

복음서가 그러나 예수 생애 후반에 이르러 사용하기 시작한 '유대인'(이 책에서는 이 터미놀로지에 대한 오해가 없도록 가능한 한 옛 유대교 신봉자, 또는 옛 가르침의 백성 등으로 표기했다)의 뜻은 혈통, 백성, 역사, 땅 등에 의해 규정되는 하나의 민족을 가리키는 것이 아니었다.

공생애 중반을 지나면서부터 분명하게 옛 가르침을 뿌리로 하지만 크게 변혁된 새로운 가르침이 모습을 드러내기 시작한다. 새로운, 그리고 변혁에 마음이 끌려 그것을 보고 들으며 좇는 자, 아직 거기까지는 결심하지 못했으나 적어도 부정은 않고 관심을 가진 자, 그리고 한편에서는 새로운 것을 보았기 때문에 더욱 옛 것에 매달리려는 자, 이 양자의 대조가 뚜렷해진 것이다.

터미놀로지로서의 '유대인'이라는 말의 등장은 이렇게 명확한 용어의 대조가 이루어진 것과 시기를 같이한다. 즉 네 복음사가가 말하려 했던 터미놀로지로서의 유대인은 혁신의 때가 온 뒤에도 옛 율법과 민족적 우월감에

빠진 울트라내셔널리즘에 여전히 매달려 더욱 넓어진 지평선으로 뛰쳐나오
는 것을 거부하고 옛 유대의 틀 안에 머물러 있기로 마음을 정한 자들이었
다. 다시 말하면 그 유대인이라는 말에는 '민족 배척'의 뜻(예를 들면 나치
독일의 유대인 배척과 같은 것)은 전혀 들어 있지 않았다. 현대인이 알아듣
기 쉽게 말한다면 네 개 복음서 후반에 나오는 '유대인'은 편협한 초국수·
반동·회고주의자라는 뜻으로 쓰인 것이라고 할 수 있다. 그리고 그러한
의미에서의 유대인 대표는 옛 율법의 일획일점주의에 젖어 있던 바리새파,
율법학자, 대제사장 이하의 권위자들과 그 추종자들이었던 것이다.

'많은 유대인들은'이라는 표현에는 엄밀한 의미에서 일반 군중으로서의
유대인들은 포함되지 않는 경우가 종종 있다.

나는 이 책에서 터미놀로지로서의 이 유대인이라는 표현을 신중하게 사
용하고 있다. 그리고 드물게 일반 군중이나 그 지역 사람이란 뜻으로 사용
되는 경우에는 '유대 주(州) 일대의 사람들' 하는 식으로 사용했다.

말이 나온 김에 한 가지 덧붙이자면, 천학비재한 필자로서는 쑥스러운
일이지만 지금까지 성서 판독에 어려움을 겪었던 경험에서 하는 말인데 앞
에서 언급한 터미놀로지 주해를 포함하여 신구약 번역본이 왜 극히 중요한
인물의 이름에 내재된 의미를 주석란에 밝히지 않았나 하는 것이다.

히브리적 전통(넓게는 고대 오리엔트 일대의 전통)에서의 '이름'은 그 사
람의 '육신을 표현한 것'이었다. 동시에 구약 초기에서는 고유명사가 반드
시 하나의 인물만을 가리키는 것이 아니었다. 예를 들면 아브라함은 함(사
람들), 라(의), 아브(아버지)로서 '조상'이란 뜻이다. 아브라함이라는 특정
인물(이 학설이 유력하다)이었는지도 모르고 조상이 된 한 무리였는지도
모르는 것이다.

「창세기」 38장 6절의 "유다가 장자 엘을 위하여 아내를 취하니 그 이름
은 다말이더라"에서 다말이나 엘은 '마을'을 의미한다. 다시 말하면 마을의

주민을 뜻하는 것이므로 백성과 백성의 화합을 가리킨다.

일일이 주석을 다는 것은 번거로운 일이지만, 적어도 자주 의인적(擬人的)으로 사용되는 중요한 이름에 대해서만은 주석이 절실하게 필요하다고 생각한다. 그렇게 한다면 나아가서 고대 오리엔트의 발상법 ——'상징'을 숭상하는 발상법 ——도 이해할 수 있을 것이라고 본다.

"아들을 낳으리니 이름을 예수라 하라. 이는 자기 백성을 저희 죄에서 구원할 자임이라"라고 말한 구절도 예수의 이름에 대한 해명이 없이는 아무것도 알 수 없다. 히브리어(아람어도 히브리어계에 들어간다)는 옛날이나 지금이나 자음만으로 표기하는 언어이다.

따라서 예수라는 발음과 예수로 표기한 문자 사이에는 커다란 갭이 생길 수도 있는 것이며 예수와 동일한 표기의 이름은 구약은 물론 나중의 「사도행전」에도 다른 사람의 이름과 다른 발음으로 등장하고 있다. 그 발음을 만드는 것은 출산 직후 아이의 이름을 지어주는 부모의 취향인 것이다. 구약시대, 예수와 동일한 철자의 이름을 가진 사람 가운데 하나는 백성을 인도하여 처음으로 약속의 땅으로 들어간 여호수아이다. 「사도행전」에 등장하는 한 사람은 선교 최초의 사도 바울에게 숙사를 빌려주었던 야손이다.

그 이외에도 얼마든지 있다.

고유명사로 어린 양이라고 했을 때, 그 한마디 말의 배경에는 팔레스티나 목축의 습관이 함축되어 있다. 어린 양을 그 지역의 목자는 종종 어깨에 지거나 손으로 싸안고 간다. 너무 작고 어리기 때문에 암석지대의 구멍에 빠지거나 절벽으로 떨어질 염려가 있어서이다. 그러므로 어린 양은 잘 보살펴주어야 할 대상인 것이다.

반대로 다 자란 양은 아무리 귀여운 양이라 하더라도 저 혼자 걷게 한다. 지고 다니기에는 너무 무겁기 때문이다.

어린 양은 또 아직 교미를 한 적이 없어 정결하므로 제물로 드릴 수 있다. 어린 양은 그 해에 태어난 것과 동의어이기 때문이다. (나는 「성서 터

미놀로지 소사전」을 이 책 말미에 부가할 생각이었으나 책 부피가 방대해
질 우려가 있어 그만두기로 했다.)

　이야기가 한참 빗나가고 말았다. 다시 본 이야기로 돌아가자.
　마침내 지평선상으로 우뚝 솟아오른 암운(暗雲)──악의와 적의로 가득
찬 반대세력──을 지켜보면서 예수는 앞서 뽑았던 열두 명에 대한 실지 훈
련을 시작했다. 다시 한번 복음을 전파하러 가는 자의 마음가짐을 설명한
다음 비로소 그들을 독립적인 선교길에 오르게 했다(29년 2월 초순).
　그의 공생활은 그가 악마의 일당으로 몰리게 된 때를 고비로 말하는 어
조와 제자를 다루는 방법에 이르기까지 새로운 변화를 보이기 시작했다.
　이러한 사정을 알아야만 예수의 어머니 마리아가 그를 찾아와 회당 입구
에서 사람들 틈에 섞여 기다린 이유를 이해하게 된다. 그녀는 아무 뜻 없이
예수를 찾아온 것이 아니었다. 만나고 싶어서……. 물론 그런 이유도 있
다. 그러나 그녀는 안절부절못할 정도로 걱정이 되었기 때문에 찾아왔던
것이다.
　예수를 만난다 하더라도 뾰족한 대책이 있었던 것은 아니다. 그러나 어
머니의 마음은 그녀로 하여금 그냥 앉아 있을 수만은 없게 만들었다. 작은
마을을 휩쓸고 있는 험한 소문, 시기심, 그리고 타인의 곤경을 즐기려는 심
술. 그녀는 예수가 거대한 암운에 휩쓸리고 있음을 알았다. 안절부절못한
끝에 여인으로서는 벅차기 짝이 없는 험한 길을 나섰다. "저기 그 사람의
어머니가 간다"고 수군거리는 사람들에게 쫓기듯이 발걸음을 재촉했다.
　그 어머니는 회당에서 얼핏 박정하게 들리는 말을 하는 아들의 마음을
완전히 이해했다.
　누가 내 모친이라고 하느냐? 하늘에 계신 내 아버지의 뜻대로 하는 자
가…….
　아베 마리아.

어머니는 30년 전 나사렛의 저녁 노을 가운데서 천사에게 대답했던 그 말을 마음속으로 되풀이했음에 틀림없다.

주의 계집종이오니 말씀대로 내게 이루어지이다(에크체 안치라 도미니······).

복음서 가운데 이 부분과 십자가가 늘어선 골고다 언덕, 두 장면만큼 마리아와 예수의 마음과 마음이 맞닿는 감격적인 부분도 없다.

제4장 **비유의 시대·1**

1. 상극 가운데서

'그날에'라고 마태는 적고 있다(마태복음 13 : 1).

어머니에 대한 찬사를 말한 '그날'을 말한다. '집에서 나가사'라고 복음사가가 기술한 집은 잠깐 들러 오랜만에 마음을 주고받은 어머니가 살던 집, 그리운 나사렛의 '우리' 집이었을까? 그렇게 해석하고 싶은 마음 간절하다. 그러나 사실은 머리 둘 곳도 없이 이곳저곳을 편력하는 선교 도상에서, 찾아온 어머니와 함께 숨을 돌린 곳은 가버나움의 우거(寓居)였다.

마태는 '나가사 바닷가에 앉으시매'라고 적음으로써 이러한 사실을 뒷받침해 주고 있다. 나사렛에서 바닷가(호숫가)까지는 15킬로미터나 되지만 가버나움은 바로 호숫가 마을이기 때문이다. 더군다나 마태에 따르면 그날은 무척 바쁜 날이었는데다가 바리새인들로부터 악마의 일당이라고 규탄당하는 등 괴로움이 많은 날이었다. 오전 시간은 바리새파와 옥신각신하느라고 허송하게 되었다. 그러므로 찾아온 어머니와 집에서 한때를 보낸 다음 호숫가로 나왔을 때는 이미 태양이 서쪽으로 크게 기울고 있었던 것으로 짐작된다. 가을 저녁나절의 갈릴리 호수는 한여름과 달라 수면이 맑고 깨끗하다. 보라색을 띤 물그늘이 물과 맞물리면서 부드럽고 불규칙한 선을 그려내고 있었다. 타는 듯한 뜨거운 계절은 지나갔다. 물가에 앉거나 배를 저어 나아가는 것이 상쾌하기 이를 데 없는 계절이 찾아온 것이다. 하늘은 티없이 맑고 맑아 푸르름이 마음 구석구석을 시원하게 해주었다. 9월 23일에서 30일까지 예루살렘 언덕에서 벌어지는 초막절도 끝나 10월이 눈앞에 성큼 다가와 있었다.

그러한 호반의 오후 한때를 예수는 얼마 동안 홀로 즐기고 있었을까? 가을 정취에 잠겨, 하나님 아버지와 대화를 나누며 기도하며 사색하며 휴식했을 것이다.

그날은 그의 선교 중기에서 고비가 되는 날이었다고 해도 좋은 하루였다.

바리새인들은 그날 아침 예수를 가리켜 "이는 다윗의 자손이 아니다. 귀신의 왕 바알세불(원래는 다신교 블레셋 사람들의 '파리신'을 가리킨다. '세불류'는 지옥을 뜻한다는 설도 있다. 어쨌든 오염된 암흑의 신을 가리키는 말임에는 틀림이 없다)을 힘입지 않고는 귀신을 쫓아내지 못하느니라"고 규탄했던 것이다.

몰려든 군중을 향해 그렇게 말한 바리새인들은 예루살렘의 바리새파의 뜻을 그대로 좇는 가버나움의 극강경파였다. 단순한 반목과 증오가 아니었다. 단순한 배척도 아니었다. 그것은 최종적인 부정(否定) 선언이었다.

귀신이 들려 눈멀고 벙어리 된 자를 고쳐 주는 것을 본 직후, 그들은 군중을 향해 예수를 가리키면서 '속지 말라. 이 남자는 메시아 그리스도이기는커녕, 하나님에게 뽑힘을 받은 선지자이기는커녕 사탄의 사자이다. 암흑의 한패거리이다. 하나님과는 정반대 자리에 있는 자이다'라고 단정했던 것이다.

이때를 기점으로 바리새파(율법학파를 포함) 대 예수의 상극은 더 심각한 상황으로 치닫게 된다.

그에 대해 예수는 자신뿐만 아니라 하나님 자체를 변호하지 않으면 안되었다.

"누구든지 말로 인자를 거역하면 사하심을 얻되, 누구든지 말로 성령을 거역하면 이 세상과 오는 세상에도 사하심을 얻지 못하리라. 스스로 분쟁하는 나라마다 황폐하여질 것이요, 스스로 분쟁하는 동네나 집마다 서지 못하리라. 사탄이 만일 사탄을 쫓아내면 스스로 분쟁하는 것이니 그리하고서야 저의 나라가 어떻게 서겠느냐? 그러나 내가 하나님의 성령을 힘입어 귀신을 쫓아내는 것이면 하나님의 나라가 이미 너희에게 임하였느니라. 독사의 자식들아, 너희는 악하니 어떻게 선한 말을 할 수 있느냐? 이는 마음에 가득한 것을 입으로 말함이라. 선한 사람은 그 쌓은 선에서 선한 것을 내고 악한 사람은 그 쌓은 것에서 악한 것을 내느니라. 내가 너희에게 이르노니 사람이 무슨 무익한 말을 하든지 심판날에 이에 대하여 심문을 받으리니 네 말로 의롭다 함을 받고 네 말로 정죄함을 받으리라."

그러나 물음의 형식으로 바리새인들이 반론을 제기했다.

"선생이여, 우리에게 표적을 보여주시기를 원하나이다. 악마의 힘을 빌린 것이 아니라 하나님의 성령에 힘입어 귀신을 쫓아냈다는 증거를 보여주십시오."

"악하고 음란한 세대가 표적을 구하나, 선지자 요나의 표적밖에는 보일 표적이 없느니라. 요나가 사흘 밤낮을 큰 물고기 뱃속에 있었던 것같이 인자도 사흘 밤낮을 땅속에 있으리라."

하나님의 힘으로 바다 밑에서 다시 살아 돌아온 요나의 고사는 인자 예수의 부활——하나님에 의한 새로운 삶——의 전구였다. 즉 인자는 죽은 뒤 부활한다고 예수가 공적으로 밝힌 것은 이것이 처음이다. 부활이야말로 증거요 표적이라고 알린 것이다.

……한 사람(아담)이 순종치 아니하므로 많은 사람이 죄인 된 것같이 한

사람(새로운 아담, 즉 그리스도)이 순종하시므로 많은 사람이 의인이 되리라. 그런즉 한 범죄로 많은 사람이 정죄에 이른 것같이 의의 한 행동으로 말미암아 많은 사람이 생명에 이르게 되느니라. 그러므로 너희는 죄로 너희 죽을 몸에 왕노릇 하지 못하게 하여 몸의 사욕을 순종치 말고……(로마서 5 : 12~6 : 11, 고린도전서 15 : 12, 15 : 20).

그러나 부활을 말하는 것은 바로 부활의 조건인 동시에 전제가 되는 죽음──십자가상의 죽음──을 말하는 것이다. 죄의 결과인 죽음을 먼저 내 몸과 내 손으로 취하지 않으면 그것을 깨뜨릴 수 없기 때문이다. 호랑이굴에 들어가지 않으면 호랑이를 잡을 수 없다고 동양의 격언이 말하고 있듯이…….

이렇듯 말하면서 예수는 바리새인들을 통해 끝없는 저항을 보이기 시작한 '죽음', 즉 죄의 결과의 집적된 힘을 느꼈다. 심각한 상극이란 바로 이것을 말하는 것이다.

무척 피곤한 하루였다.

차츰차츰 조여오는 죽음의 중압에서 그를 생의 평안으로 이끌어 준 것은 마음을 푸근하게 해주는 어머니와의 대화였다.

집에서 나가사 바닷가(호숫가)에 앉으시매…….

그러나 집에서 호수까지는 얼마 안되는 거리였고, 그곳은 돌을 깐 좁은 길이 이어지며, 집과 집이 처마를 맞대고 있는 마을이어서 그의 모습은 금방 사람들의 눈에 띄게 되었다.

"저기, 예수가 온다!"

이른 새벽부터 일을 시작하는 어촌 마을의 장사꾼들은 저녁노을 무렵이면 할 일이 없었다. 그래서 예수의 뒤를 좇는 것은 심심풀이로도 그만이었다. 아니, 설령 일을 해야 하는 시간이었다 하더라도 호기심 많은 근동 사람들이라면 일손을 내팽개치고 달려왔을 것이 분명하다. 한 사람이 달려나오면 순식간에 열 명, 스무 명, 오십 명, 백 명이 몰려들었다. 그것은 오늘날에도 변함이 없다.

물가에 앉아 조용한 수면을 바라볼 틈도 없이 예수는 호숫가를 메우고 있는 큰 무리를 돌아보았다.

일단 사람들을——심심풀이 삼아 나온 사람들까지 포함하여——돌아본 이상 그들이 마음속에 갖고 있을 은밀한 희구에 대답해야 하는 것이 자신의 사명임을 생각지 않을 수 없었다.

그러나 어떻게 해야 계속 불어나는 엄청난 사람들 모두에게 목소리를 듣게 하고 모습을 보여 줄 수 있을 것인가. 문득 그의 눈길은 물가에 매어둔 작은 배 위에 머물렀다.

저 배를 타고 호수 복판으로 나가면 모두가 볼 수 있을 것이다.

그는 배를 밀고 나가서 올라탔다. 흔들리는 배 위에 그가 자리잡고 앉음과 동시에 모든 사람의 눈길이 그에게로 집중되었다. 많은 사람들이 호숫가에 자리를 잡고 앉았다.

예수는 오늘 낮에 있었던 바리새인들과의 일을 머리에 떠올렸다. 오늘을 분수령으로 두 진영은 완전하게 갈라졌다. 지금까지도 갈라져 있었으나 오늘로서 결정적인 분기점을 맞은 것이다. 저쪽 진영은 보고도 안 본 척, 듣고도 안 들은 척하기로 분명히 선언한 것이다.

'분명한 말씀을 듣고도 안 들은 척하면서 사람들을 선동한다면 비유로 말해보자! 강경 바리새파와는 달리 소박한, 그래서 더욱 솔직한 군중. 그러므로 앞으로는 비유로 말해주자. 그들 속에 섞여들어와, 일이 벌어지기를 기다리는 자에게 꼬투리를 안 잡히기 위해서. 또 비유는 사람으로 하여금 생각하게 만들지 않는가. 아, 그렇구나 하고 깨달을 수 있는 힌트를 그들 신변 가까이 있는 사물을 예로 들어 말해준다면 효과가 있을 것이 아닌가.'

이렇게 하여 후세에 예수의 비유화법이라고 불리는 시기가 시작되었다. 이때는 서기 28년 가을, 10월 초순이었다.

## 2. 경지와 경작

팔레스티나의 색채 지도를——예수 당시의 고지도를 포함——보는 사람은, 혹은 오늘날 비행기로 팔레스티나 상공을 날면서 하계를 주의깊게 관찰하는 사람은, 얼핏 보아도 알 수 있지만 적갈색 또는 하얀색의 암석 황야 곳곳에(정확히 말하면 '은총의 물'이 고여 흐르는 근처에) 불가사의하게도 물이 넉넉한 경작지가 산재해 있음을 발견할 것이다.

갈릴리 호수를 중심으로 한 일대의 경작지는 결코 넓은 것은 아니지만 아주 비옥한 땅이다. 요단 강 양편의 좁은 계곡 역시 마찬가지로 옥토이다.

아득한 옛날 모세 시대(기원전 1260년 무렵), 유랑하던 광야에서 사해와 요단 강변 계곡으로 보내었던 최초의 정찰대 12명은 젖과 꿀이 흐르는 풍요의 계곡이 펼쳐져 있음을 보고 경악하지 않았던가(『성서 이야기』 구약편 참조). 그들은 정찰을 떠난 지 40일 만에 사막의 모세에게로 돌아와 보고했다.

"젖과 꿀이 풍요하게 흐르는 땅이라고 하신 주의 비유는 사실이었습니다."(민수기 13 : 27)

이 정찰이 있은 한참 뒤, 마침내 40년간의 광야생활에 종지부를 찍은 이스라엘 열두 지파가 그 계곡에 첫걸음을 내디뎠을 때 성취의 기쁨에 취해 백성들은 잔치를 벌였다. '그 땅 소산을 먹되 그날에 무교병과 볶은 곡식을 먹었더니……'(여호수아 5 : 11)

성서고고학자이자 지지학자인 안드레 파로는 『그리스도의 대지』에서 갈릴리 호숫가에서 그 계곡 일대 지역의 밀 수확이 예로부터 예상을 앞지르는 수량이었다고 증언하고 있다. 성서에 빵(떡)이라는 단어가 수도 없이 반복되고 있는 자체가 빵(떡)의 원료인 밀을 손쉽게 구할 수 있었음을 말해주는 것이다.

예수는 작은 배에 앉아 뭍 쪽을 바라보았다. 물가에서 호숫가 저쪽까지

발디딜 틈도 없이 몰려와 있는 사람, 사람, 사람들. 그 뒤로는 시카모아와 키 큰 선인장들이 우거져 있었다. 저 멀리 암석지대에는 가시떨기나무와 작은 선인장, 그리고 관목이 들어찬 고지대가 보였다. 그 기슭에는 지금 호숫가를 메우고 있는 사람들이 경작하고 있는 밀밭이 펼쳐져 있었다. 어업을 생업으로 삼는 자도 마을 영세상인도 그 밀밭과는 인연이 깊었다. 그들 가운데 많은 사람이 밀 수확을 조금이라도 늘려보려고 고지대 기슭을 개간하는 데 적지않은 땀을 흘렸던 것이다.

예수는 밀밭으로 던졌던 시선을 군중에게로 되돌리면서 입을 열었다.

"씨를 뿌리는 자가 뿌리러 나가서 뿌릴새 더러는 길가에 떨어지매 새들이 와서 먹어버렸고, 더러는 흙이 얇은 돌밭에 떨어지매 흙이 깊지 아니하므로 곧 싹이 나오나 해가 돋은 후에 타서 뿌리가 없으므로 말랐고, 더러는 가시떨기 위에 떨어지매 가시가 자라서 기운을 막았고, 더러는 좋은 땅에 떨어지매 혹 백 배, 혹 육십 배, 혹 삼십 배의 결실을 하였느니라."(마태복음 13 : 3~8)

(파로에 의하면 백 배, 육십 배, 삼십 배는 놀라울 정도로 정확한 수치이다. 팔레스티나에서의 밀 수확률은 사실 씨 한 알에 대해 경지에 따라 각각 백 배, 육십 배, 삼십 배로 되어 있다고 한다.)

이 비유는 청중 가운데 가장 소박한 사람도 쉽게 알아들었다. 씨 뿌리는 방법의 묘사도 정확했다. 팔레스티나 근역에서는 일반적으로 씨앗이 경지 밖으로 흩어질 정도로 거칠게 파종하는 것이 보통이었다. 그들 자신들이 경험하고 있는 것이었기 때문에 잘 알고 있었다. 그러나 아는 것은 아는 것이지만……

그렇다고 그것이 어떻다는 말인가?

이 비유가 하나님 나라와 무슨 관계가 있단 말인가? 씨를 뿌리는 자는 누구란 말인가?

사람들은 서로의 얼굴만 쳐다보았다. 이런 일상적인 이야기를 들으려고 여기 온 것이 아니라는 표정들이었다. 도대체 어찌 되었기에 예수는 지금까지와는 전혀 다른, 이런 이야기를 하고 있단 말인가?

고개를 갸웃거린 것은 비단 군중들만이 아니었다. 사도들도 제자들도 적지 않게 놀라면서 서로 얼굴을 쳐다보았다.

예수는 그러한 반응을 물끄러미 바라보았다. 어떤 실망의 그림자가 예수의 얼굴을 스치고 지나갔다. 다짐하듯이, 지금한 말은 비유라고 알려줄 것도 없다는 듯이 그는 목소리를 높였다.

"귀 있는 자는 들으라!"

군중 가운데 적지 않은 사람들이 입을 멍하니 벌린 채 둔탁한 시선으로 예수를 바라보았다. 그러나 눈길이 둔했든 고개를 갸우뚱했든 그들은 여전히 예수 가까이 있으면서 그의 말을 듣고 싶어했다. 예수도 그것을 알고 있었다. 그는 말을 이어갔다. 이번에는 그들이 듣고 싶어하는 하나님 나라라는 말로 이야기를 시작했다.

"천국은 좋은 씨를 제 밭에 뿌린 사람과 같으니……."

예상했던 대로 이번엔 사람들이 자세를 바로하면서 귀를 기울이는 것이었다.

'뭐라구? 밭에 좋은 씨를 뿌린 사람이라구? 그렇다면 나 역시……그것이 천국과 비슷하다구?'

"그러나 (좋은 씨를 뿌린 뒤) 사람들이 잘 때에 그 원수가 와서 곡식 가운데 가라지(밭에 난 강아지풀과 같은 것으로 성서에서 '독보리'를 달리 일컫는 말—옮긴이)를 덧뿌리고 갔더니 싹이 나고 결실할 때에 가라지도 보이거늘 집주인의 종들이 와서 말하되,

주여, 밭에 좋은 씨를 심지 아니하였나이까? 그러면 가라지가 어디서 생겼나이까?

주인이 가로되 원수가 이렇게 하였구나.

. 종들이 말하되,

그러면 우리가 가서 이것을 뽑기를 원하시나이까?

주인이 가로되 가만 두어라. 가라지를 뽑다가 곡식까지 뽑을까 염려하노라. 둘 다 추수 때까지 함께 자라게 두어라. 추수 때에 내가 추수꾼들에게 말하기를 가라지는 먼저 거두어 불사르게 단으로 묶고 곡식은 모아 내 곳간에 넣으라 하리라."

이 이야기는 재미있는 비유였다. 밉살스러운 이웃사람의 밭에 가라지 씨를 뿌리지는 못하더라도 자갈을 던져넣는 사람이나 잡초를 뽑아준다면서 밀이삭까지 뽑아버리는 사람이 없지 않았던 것이다. 그들은 예수의 말을 들으면서 그런 것까지 들켜버렸는가 하고 열적은 웃음을 흘렸다.

"그래서, 그 다음은?"

그들은 다시 예수에게로 신경을 모았다.

그러나 예수는 거기서 돌연 이야기를 멈추어 버렸다. 더욱 알 수 없는 것은 배에서 몸을 일으킨 예수는 아무 말 없이 뭍으로 내려와 이미 어둑어둑해지기 시작한 마을을 향해, 숙사가 있는 방향으로 걸음을 재촉했다.

사람들은 그를 좇으려 하지 않았다. 뜻밖이었다. 서로 귓속말을 주고받으면서 무릎을 싸안은 채 생각에 잠겨드는 것이었다. 무엇인가, 알 수 없는 무엇인가가 예수의 말 속에 깃들어 있다고 생각했다. 그러나 그것이 무엇인지는 알 수 없었다. 또 그것이 하나님 나라와 어디서 어떻게 이어지는 것인지 알 수가 없었다.

비유의 시기에 예수는, 하나님 나라는 학자나 스승, 그리고 지도층 사람들로부터의 배움을 통해서가 아니라 각자가 자기 그릇에 맞춘 사색과 사고 그리고 관찰하여 '찾음'에 따라 나타나는 것이라고 가르치기 시작했다. 평범한 일상 사건과 사물, 그리고 생활을 둘러싼 모든 언행과 자연 등이 사실은 유일 실존(리얼리티)의 '비유'(아날로지)임을 '발견하라', '보라', '들으라' 하고 가르치기 시작한 것이다. 바꾸어 말하면 천국은 거기 있다. 바로 거기 언제나 있다는 뜻이었다. 천국은 보려고 하는 자와 들으려 하는 자에게는 언제나 열려 있다……. 반드시 밀이나 종자에만 국한되는 것이 아니다. 현대인의 경우 전기, 가스, 화·수력 발전력 등도 천국을 비유하는 재료가 되기에 충분한 것이다.

기록된 율법을 지킨다는 외견적(外見的) 접근에 익숙해 있는 사람들의 경우 처음엔 이 가르침이 어렵게 받아들여졌는지도 모른다. 그래서 떠나간 사람도 있었을 것이다. 그러나 종교가 내면적인 각자의 마음의 문제라고 한다면 각자의 사물을 보는 눈과 사색하는 마음은 당연히 훈련을 받지 않으면 안되는 것이다.

"귀 있는 자는 들으라!"

빠른 걸음으로 귀가를 서두르는 예수의 뒤를 당혹한 표정의 사도들이 쫓아갔다. 알 듯도 하고 그렇지 않은 듯도 한……, 그러나 들을 귀가 있는 자들은 들으라고 한 그 순간부터 그들은 오늘의 비유가 심각한 뜻을 함축하고 있음을 깨닫기 시작했다.

무슨 까닭으로 오늘 주님은 이야기 방법을 바꾼 것일까? 자세히 물어보자. 설명해 달라고 말씀드려 보자.

냉담하게 그냥 넘겨버릴 수 없을 만큼 갈릴리 젊은이들은 주 예수를 사랑하고 있었다. 동시에 또 존경하고 믿고 있었다.

아침부터 쉴 틈도 없이 질문공세에 대응하면서 가르쳐온 주를 혼자 쉴 수 있도록 해줄 지혜가 거칠기만 한 젊은이들에게는 없었다. 집으로 들어간 예수가 앉을 틈도 없이 그들은 서둘러 묻기 시작했다.

"주님, 씨 뿌리는 이야기, 그것은 도대체 무슨 뜻입니까?"

"가라지 이야기는 무슨 뜻인지 알 수가 없습니다."

"어찌하여 비유로 말씀하셨는지……."

오로지 자기만을 좇고 있는 젊은이들을 예수는 사랑스러움으로, 그러나 동시에 '아직도 모르겠단 말인가?' 하는 얼마간의 낙담과 그에 연유한 인내가 뒤섞인 눈으로 바라보았다.

"잘 들으라."

예수는 타이르듯이 입을 열었다.

"너희는 이처럼 솔직하게, 한결같이 들으려고 보려고 믿으려고 함으로써 나를 따르고 있다. 그러므로 마치 가진 자가 더욱 넉넉하게 되는 것처럼 천국의 깊은 뜻이 한 단계 한 단계씩 너희에게 나타나고 있다. 그러나 너희처럼 듣고 보기를 원치 않는 사람들도 있다. 뿐만 아니라 보지 않기로, 듣지 않기로 미리 결심한 사람조차 있다. 그러므로 직설적으로 말하더라도 효과가 없다. 아니 직설적으로 말하면 말할수록 그들은 더욱 완강하게 귀를 막을 것이다. 그래서 비유로 말한 것이다. 선지자 이사야 역시 일찍이 '너희가 듣기는 들어도 깨닫지 못할 것이요 보기는 보아도 알지 못하리라. 이 백성들의 마음이 완악하여져서 그 귀는 듣기에 둔하고 눈은 감았으니 이는 눈으로 보고 귀로 듣고 마음으로 깨달아 돌이켜 내게 고침을 받을까 두려워함이라'(이사야 6 : 9)고 말하지 않았느냐.

그러나 너희 눈은 봄으로써 너희 귀는 들음으로써 복이 있도다. 내가 진실로 너희에게 이르노니 많은 선지자와 의인이 너희 보는 것들을 보고자 하여도 보지 못하였고 너희 듣는 것들을 듣고자 하여도 듣지 못하였느니라."

젊은이들은 소박하게 기뻐했다. 그 유명한 선지자들보다 자신들이 더 훌륭하다지 않는가! 그들이 보지 못한 것을 우리는 보고 있다지 않는가! 단순히 즐거워하고 웃는 그들에게 예수는 다짐하듯 뒤를 이어갔다.

"그런즉 씨 뿌리는 비유를 들으라. 아무나 천국 말씀을 듣고 깨닫지 못할 때는 악한 자가 와서 그 마음에 뿌린 것을 빼앗나니 이는 곧 길가에 뿌린 자요, 돌밭에 뿌렸다는 것은 말씀을 듣고 즉시 기쁨으로 받되 그 속에 뿌리가 없어 잠시 견디다가 말씀으로 인하여 환난이나 핍박이 일어나는 때에는 곧 넘어지는 자요, 가시떨기에 뿌렸다는 것은 말씀을 들으나 세상의 염려와 재리(財理)의 유혹에 말씀이 막혀 결실치 못하는 자요, 좋은 땅에 뿌렸다는 것은 말씀을 듣고 깨닫는 자니, 결실하여 혹 백 배, 혹 육십 배, 혹 삼십 배가 되느니라.

그리고 가라지의 비유에 담긴 뜻은 이러하니라.

좋은 씨를 뿌리는 이는 인자요, 밭은 세상이요, 좋은 씨는 천국의 아들들이요, 가라지는 악한 자의 아들들이요, 가라지를 심은 원수는 마귀요, 추수 때는 세상 끝이요, 추수꾼은 천사들이니. 그런즉 가라지를 거두어 불에 사르는 것같이 세상 끝에도 그러하리라. 인자가 그 천사들을 보내리니 저희가 그 나라에서 모든 넘어지게 하는 것과 또 불법을 행하는 자들을 거두어 내어 풀무불에 던져넣으리니 거기서 울며 이를 갊이 있으리라. 그때에 의인들은 자기 아버지 나라에서 해와 같이 빛나리라. 귀 있는 자들은 들으라."

이 부분에서 예수가 얼마나 뛰어난 교사이며 교육학에 정통하고 있는가를 보여주고 있다. 그는 먼저 젊은이들을 얼마간 부추겨 기쁨과 득의를 느끼게 한 다음 그것을 바탕으로 자신에게로 끌어들여 일거에 핵심으로 유도하는 것이었다.

악이란 무엇인가? 어둠이란 또 무엇인가? 왜 이 세상에는 악이 존재하고 있는가? 각자의 마음속에도 역시 악과 어둠이 존재한다. 가라지의 비유는 분명히 모든 사람을 고뇌하게 만드는 악의 문제를 언급하고 있는 것이다. 먼저 고통을 포함하여 악의 존재가 허용되고 있는 것은 이 세상이 불완전하고도 아직 성취되지 않은 과도기 단계에서는 뽑아내지 않고 한동안 그냥 내버려둔 가라지와 같은 필연이며 또 그렇게 함으로써 선의 존재를 보다 강력하게 만들기 위해서이다. 그리고 뿌려진 악은 집요하게 예수가 지적하고 있는 것처럼 고의적 거부, 즉 자유로이 선택할 수 있는 능력을 가지고 있으면서도 선을 선택하지 않는, 다시 말하면 '자유의 오용'을 가리킨다. 개심(改心)은 바로 자유능력을 오용에서 올바른 사용으로 '바로잡는' 것을 말한다.

악를 뿌리는 강력한 어둠의 힘은 분명하게 존재한다. 그것은 선을 뿌리는 힘에 대한 대항으로써 나타난다. 그렇다고 해서 세계에는 선의 힘과 악의 힘 두 개가 맞서고 있다는 식의 이원론이 성립되는 것은 아니다. 왜냐하면 '성취'의 때, 일체를 빛 속에 드러내는 것은 오직 선의 힘이며 하나님의 능력이기 때문이다. 원래 최초의 악이 싹튼 것도 태초에 계셨던 말씀을 알려 하지 않고 들으려 하지 않고 배척한 자유선택에 근원한 것이며, 따라서 태초부터 하나님과 함께 있었던 것은 아니다.

"귀 있는 자는 들으라!"

악을 포함한 선택의 능력을 가진 자유의 신비를 예수는 차츰차츰 언급해 간다. 동시에 세상과 각자의 인생의 종말에 이르기까지 선을 도우면서 기다리는 하나님의 인내에 대해서도 언급하기 시작한 것이다.


비유의 설교는 산상수훈과 마찬가지로 여러 차례 며칠에 걸쳐 조금씩 전개되었다. 비유의 재료는 항상 군중들이 알기 쉬운 일상생활 가운데서 선택되었다.

"천국은 마치 사람이 자기 밭에 갖다 심은 겨자 씨 한 알과 같으니……."

팔레스티나 지방의 겨자는 다른 지역의 그것과는 달라 종자는 가장 작지만 싹이 튼 뒤에는 놀라울 정도로 크게 자라 가장 큰 야채로 꼽힌다. 아니 야채라기보다는 나무라는 것이 더 잘 어울린다. 그러므로,

"자란 뒤에는 나물보다 커서 나무가 되매 공중의 새들이 와서 그 가지에 깃들이느니라."

영혼 깊은 곳에 뿌려진 말씀에 성실하다면 천국은 그 사람 안에서 육성되어 그 사람의 우주가 되는 것이다. 왜냐하면 파종된 말씀은 생명이기 때문이다. 천사까지 즐겁게 그 사람의 영혼에 깃들일 정도로 빛을 발하는 우주가. 생명이 거기 있기 때문이다.

또,

"천국은 마치 여자가 가루 서말 속에 갖다 넣어 전부 부풀게 하는 누룩과 같으니라."

가루 속에 섞여든 누룩은 '여기 있다, 저기 있다' 하며 찾아낼 수 없다. 그러나 빵 안에 들어 있는 것만은 분명한 사실이다. 또한,

"천국은 마치 밭에 감추인 보화와 같으니……."

동서를 막론하고 특히 패자(覇者) 교체가 격심하여 이민족 침입이 빈번한 지역에서 사람들이 생각하는 바는 언제나 동일하다. 귀중품을 땅속 깊이 묻어 놓고, 예를 들면 우물 동쪽 열 걸음 되는 곳에서 다시 북쪽으로 일곱 걸음 되는 곳 따위로 자신만 알고 있는 장소에 묻어 놓고, 다른 곳으로 피난을 갔다가, 이제 괜찮겠다 싶은 때가 되면 돌아와서 파낸다. 그러나 때로는 숨긴 당사자가 죽었다든가 숨긴 장소를 깜빡 잊어버린 경우, 혹은 목표로 삼은 우물이 없어지는 등으로 해서 다시 찾을 수 없는 경우도 적지 않게 생긴다. 고고학자들이 발굴해내는 문화재의 많은 부분은 그러한 경위로 땅속에 남아 있던 것들이다. 그러나 고고학자들이 발굴하기 훨씬 이전에 운좋게도 밭을 갈다가 생각지도 못했던 땅속의 보화를 발견하는 사람도 적지 않았다. 군중 가운데는 그런 횡재가 없나 하고 찾아다녔던 사람들도 있을 것이다. 이웃의 밭에서 낡은 관이 발굴되어 그 속에 숨겨졌던 흙투성이 가보를 찾아낸 사람을 부러운 눈으로 바라본 사람도 있을 것이다. "흠, 이번 비유는 아무개네 이야기 그대로 아닌가!" 하면서 무릎을 친 자도 있을 것이다.

"보화를 발견한 뒤 숨겨두고 기뻐하여 돌아가서 자기의 소유를 다 팔아 그 밭을 샀느니라."

과연 그럴듯한 이야기라고 군중은 고개를 끄덕거리면서 내게도 그런 행운이 찾아왔으면 좋겠다고 탄식하기도 했다. 또,

"천국은 마치 좋은 진주를 구하는 장사와 같으니 극히 값진 진주 하나를

만나매 가서 자기의 소유를 다 팔아 그 진주를 샀느니라."

이 두 가지 비유는 산상수훈의 '심령이 가난한 자는 복이 있나니'의 변주곡이다. 복을 얻기 위해서는 가진 것 모두를 팔아서 가난해지지 않으면 안 된다는 변주곡인 것이다.

이때의 예수는 사랑이 깃들인 눈으로 열두 명의 젊은이를 응시했을 것이다. 그들이야말로 모든 소유를 버리고 값비싼 좋은 진주 한 개인 예수를 따라나선 가난한 사람들이 아니던가.

"또 천국은 마치 바다에 치고 각종 물고기를 모는 그물과 같으니, 그물에 가득하매 물가로 끌어내고 앉아서 좋은 것은 그릇에 담고 못된 것은 내어버리느니라. 세상 끝에도 이러하리라. 천사들이 와서 의인 중에서 악인을 갈라내어 풀무불에 던져넣으리니 거기서 울며 이를 갊이 있으리라. 이 모든 것을 깨달았느냐?"

제자들이 앞을 다투어 대답했다.

"그러하오이다."

그러나 예수는 제자들의 대답에 별로 신경을 쓰는 것 같지 않았다. 그러하오이다 하고 대답하는 그들이 앞으로 두 번, 세 번, 아니 몇 번이나 '그러하지 아니하오이다'라고 할지 알고 있었기 때문이다. 그러나 그것으로 좋았다. 그들에게는 불과 같이 뜨겁게 구하는 마음이 있었다. 그것으로 충분한 것 아닌가. 예수는 말을 이어갔다.

"그러므로 천국의 제자 된 서기관마다 마치 새 것과 옛 것을 그 곳간에 내어오는 집주인과 같으니라."

복음사가 마태는 특히 옛 가르침을 숙지하고 있는 유대 민족을 전제로 복음서를 기록했다. 마태만이 예수의 말씀을 기록함에 있어서 옛 가르침과 그 연장인 동시에 성취이며 개화이기도 한 새로운 가르침을 모두 알고 있는 집주인들이 한 사람이라도 더 나오기를 간절히 바랐던 것이다.

"사람이 등불을 가져오는 것은 말(당시 팔레스티나 지방에서 일반적으로 사용되던 말[斗]은 가루를 대량으로 계량하던 대형이었는데 다리가 달려 있었다—지은이) 아래나 평상 아래 두려 함이냐? 등경 위에 두려 함이 아니냐? 드러내려 하지 않고는 숨긴 것이 없고 나타내려 하지 않고는 감추인 것이 없느니라. 들을 귀 있는 자는 들으라. 너희는 무엇을 듣는가. 스스로 삼가라. 너희가 헤아리는 그 헤아림으로 너희는 헤아림을 받을 것이요 또 더 받으리니 있는 자는 받을 것이요, 없는 자는 그 있는 것까지 빼앗기리라."

군중은 조금씩 비유에 익숙해져 갔다. 익숙해지고 나면 들을 귀 없는 자들이라도 이야기 자체에 감동되어 알게 되는 것이었다. 그러므로 언제까지나 기억할 수 있게 되고 기억 가운데서 때로는 문득 뜻을 깨닫게 되는 경우도 있었다. 들을 귀를 가진 소수의 사람 역시 문자로 기록된 것이 아니라 일상 사물의 체험을 바탕으로 이야기된 것이기 때문에 집으로 돌아가서도 깊이 생각해 볼 수 있었다. 따라서 말씀의 깊은 맛을 알 수 있게 되었다. 동시에 다른 것에 적용시켜 보는 것도…… 파악과는 거리가 먼 것이기는 하지만 적어도 예수가 설파한 내용이 '지혜의 말씀'임을 알게 되는 것이었다.

"아, 아, 그는 슬기로운 사람이다."

"얼마나 뛰어난 지혜자인가!"

소문은 소문을 불러 새로운 군중을 불렀다.

그러나 등불의 비유를 말한 그날 저녁으로 예수의 비유 제1기가 막을 내린다. 비유의 설교 제2기는 훨씬 뒤, 적어도 다른 의미로 보다 장중한 빛을 바탕으로 시작되는 것이다.

• 『성서 이야기』 제4권에 계속

# 성서 이야기

## ③ 신약편 (상)

지은이 **이누카이 미치코**
옮긴이 **이원두**
펴낸이 **김언호**
펴낸곳 **(주)도서출판 한길사**

주소 413-756 경기도 파주시 교하읍 문발리 520-11
등록 1976년 12월 24일 제74호
전화 (031)955-2000~3
팩스 (031)955-2005
http://www.hangilsa.co.kr
E-mail: hangilsa@hangilsa.co.kr

SHIN-YAKU SEISHO MONOGATARI by Michiko Inukai
Copyright ⓒ 1976 by Michiko Inukai

Original Japanese edition published by Shincho-Sha Co., Ltd.
Korean translation rights arranged with
Nihon Bungei Chosakuken Hogo Domei
through Japan Foreign-Rights Centre

**제1판 제1쇄 1997년 9월 5일**
**제1판 제6쇄 2009년 4월 25일**

Published by Hangilsa Publishing Co., Ltd., Korea

값 10,000원
ISBN 978-89-356-0157-8 03900
ISBN 978-89-356-0160-8(전5권)
● 잘못 만들어진 책은 구입하신 서점에서 바꿔드립니다.